语言资源高精尖创新中心重大项目"'一带一路'语言资源应用与语言政策决策"

国家社科基金项目"中国全球语言治理面临的问题和对策建议"（项目批准号：21BYY080）

语言经济研究

Language Economics Research

梁昊光　焦思盈　等著

中国社会科学出版社

图书在版编目（CIP）数据

语言经济研究/梁昊光，焦思盈等著．—北京：中国社会科学出版社，2022.4
ISBN 978-7-5203-9874-9

Ⅰ．①语⋯　Ⅱ．①梁⋯　②焦⋯　Ⅲ．①语言学—经济学—研究　Ⅳ．①H0-05

中国版本图书馆 CIP 数据核字（2022）第 040692 号

出 版 人	赵剑英
责任编辑	刘晓红
责任校对	周晓东
责任印制	戴　宽

出　　版	中国社会科学出版社
社　　址	北京鼓楼西大街甲 158 号
邮　　编	100720
网　　址	http://www.csspw.cn
发 行 部	010-84083685
门 市 部	010-84029450
经　　销	新华书店及其他书店

印　　刷	北京君升印刷有限公司
装　　订	廊坊市广阳区广增装订厂
版　　次	2022 年 4 月第 1 版
印　　次	2022 年 4 月第 1 次印刷

开　　本	710×1000　1/16
印　　张	18.75
字　　数	281 千字
定　　价	99.00 元

前　言

随着经济全球化、社会信息化的程度不断加深，全球产业链、价值链、供应链呈现高度融合发展的态势，为数字经济、文化经济等新兴产业经济的发展创造了良好的条件，也成为推动语言经济全方位快速发展的驱动性力量。同时，未来 50 年将是全球治理体系深刻重塑的 50 年，当今世界各国之间关系日渐紧密，全球性热点问题此起彼伏，客观上要求各国携起手来共同努力推动全球治理体系变革，2001 年中国加入世界贸易组织，经济总量和综合国力日益提升，在全球中的地位越来越高，"汉语热"随之持续升温，中文在国际贸易中的应用场景越来越广，而发展语言经济，进行语言治理，提高人类整体语言能力，更好地参与全球治理，成为我们当下重要的使命。

2020 年秋天，北京第二外国语学院计金标校长和我在一次工作交流中提到：中国改革开放 40 多年来，经济发展取得了巨大的发展，中国的语言教育、外语教育、中文国际化在国家软实力中的重要地位逐步巩固，语言教育在经济社会中的贡献凸显，怎么评估和测量语言教育在国民经济增长中的贡献度，怎么通过价值、效用、费用和收益等经济学属性解释语言经济在社会主义建设中的经济作用？以及随着数字技术和互联网的兴起为语言竞争提供了新的手段和平台，加重了语言生态危机，凸显出全球经济发展面临的严峻挑战，语言作为信息承载手段、文化沟通桥梁和价值传递工具，语言在国际话语权力和全球治理体系中发挥更大作用。带着这些全新的命题，我立即带领中国"一带一路"战略研究院的研究团队就这些问题开展了深入的讨论、广泛的调研和技术性的攻关。

我们深切地感受到，中国经济进入了高质量发展阶段。做好新时代经济工作，立足新发展阶段，需要有新发展理念，构建新发展格局，促进中长期经济转型升级。首先，语言经济学是近年来新兴的一门跨经济学、语言学以及其他相关学科的经济学分支学科。其次，随着经济发展与科技进步，语言经济和产业对经济的贡献度日益凸显。语言经济战略和语言战略，是我国经济战略和文化战略的重要组成部分，始终以提升语言文字工作服务国家大局的能力为重要基础。同时，语言文字既是文化资源、经济资源，也是安全资源、战略资源，是国家主权、国家安全的重要支撑。系统研究语言经济对于国家语言产业发展、语言政策战略制定及实践等都具有非常重要的作用。

综合语言学、产业经济学、文化传播等学科，全面系统阐释了语言经济学的学理基础和实践范畴。在跨学科的研究范式下，依托丰富的数据和案例，采用事实分析和模型预测相结合的方法，着重研究如何提高语言文字在经济社会发展中的贡献度，助力科学合理制定语言战略政策，促进全球治理体系改革，进而为国家新文科建设和发展提供一定的借鉴和思路。全书共分为六个章节，内容涵盖理论基础、产业分析、产业发展、经济建设、文化传播、全球治理等重点热点话题。理论与实践相联系，历史与现实相映照，宏观与微观相结合，本书既立足于广阔的全球视野，又聚焦国家和区域发展，把握基础性、全局性、系统性等特点，力求在新时代推动国家语言文字事业实现新发展、新思路、新举措。

完善理论基础。基于已有的理论基础，进一步详细梳理了语言经济学的发展脉络，深入阐释了语言经济学的内在逻辑、理论进路、学科体系，并且通过理论实践相结合的方法，分析了语言经济学在中国生根发芽的过程，以及在新时代如何有效推动学科交叉融合、实现新文科建设。随着语言经济的跨学科学术价值不断凸显，语言经济与社会发展、"一带一路"、文化传播以及全球治理的关系也日渐紧密，成为语言经济学理论的重要延伸和现实表征。

立足全球视野。立足于宽广的全球视野和高度的理论站位，首先明晰了语言产业的相关概念，并根据全书的特点，对语言产业进行了全新的界定。基于产业经济学理论，从宏观、微观层面对全球语言产业的发展现状和语言产业的市场结构、行为、绩效进行了细致入微的分析。在总结回顾以往发展的基础上，本书提出了全球语言产业目前面临的挑战和风险，并对全球语言产业的未来发展进行充分展望。

结合中国实际。聚焦语言经济在中国本土的发展，主要分析了中国语言产业的发展现状和趋势。依托翔实的统计数据和案例分析，通过科学构建多维度、多层级、多方面的评价指标，利用主成分分析法，对国内城市语言能力、企业语言服务能力、语言类高校进行了综合排名，旨在为国家语言规划和语言战略决策提供一定的参考。

突出创新思维。本书创新性地运用量化与质性分析结合的研究方法，通过深度挖掘涉及以语言处理为内容的相关统计数据，基于指标选取、实证分析和案例研究等方法，量化评估语言经济在国民经济当中的贡献度，为搭建语言产业核算体系提供参考借鉴。在此基础上，本书紧跟时代发展，以国家宏观战略决策为导向，深入分析了语言发展在推动中国对外贸易投资和构建全面开放经济体系中的基础性作用，以及语言助力脱贫攻坚的理论和现实逻辑。

深化研究领域。依托话语权的理论内涵进一步深化了语言经济的研究领域，探索语言内在的经济属性，深刻把握语言在国际经济话语权中的经济价值和约束效力，分别阐释了如何利用语言经济效益降低信息不对称、设置议题并获取谈判筹码，以及打造网络效应实现制度套利。对此，本书建设性地提出了发展语言产业助力建构国际经济话语权的实践路径，通过发展语言内容产业、语言处理产业和语言能力产业等，优化对外话语传播体系，从而提升中国国际经济话语权。

提供决策参考。从语言经济再延伸到语言政策和规划层面，搭建了语言与国际政治经济格局变动之间的密切联系。当语言危机成为全球竞争的侧影和真实写照，语言规划则成为各国政府试图改善国家内部建构和提升国家话语能力的手段。在此背景下，本书明晰了语言规划的发展历程和演变逻辑，总结了现实世界语言发展问题的经验教训，为中国乃至世界各国的语言规划提供了决策参考。

综合以上来看，在如下几个方面对当前语言经济学研究进行了系统总结和深化。第一，拓展了语言经济学的研究领域，与"一带一路”、全球治理、国家话语权等重点热点话题紧密结合；第二，擘画了语言产业的未来发展蓝图，开辟新兴产业发展方向；第三，测度了语言经济对社会经济发展的贡献度，凸显了语言经济在经济发展中的战略性作用；第四，在语言层面为提升中国国际经济话语权提供了实践路径，为中国深度参与全球治理提供了借鉴意义。

从 2021 年 4 月启动以来到完成书稿，得到了来自多方面的支持。首先，项目研究得到了“语言资源高精尖创新中心——‘一带一路’语言资源应用与语言政策决策”项目的经费支持，该项目的目标是优化“一带一路”语言资源服务体系，构建语言资源智能服务平台，实现中文语言国际化，促进我国与“一带一路”沿线国家的语言文化融通和民心相通。在前期的项目论证会上，学校对于该课题也给予了高度的关照和积极的帮助，并把此项目列为校级重大规划项目，提供了长期的政策支持和保障。同时，在项目研究过程中，多位行内专家也针对此课题提出了很多宝贵意见和建议，指出了存在的不足和需要改进的地方。正是由于他们的支持和帮助，该项目才得以顺利推进。

其次，感谢所有课题组成员付出的辛苦和努力。该书是北京第二外国语学院校长计金标教授和中国“一带一路”战略研究院执行院长梁昊光教授进行框架设计、内容审定和方法指导，由中国“一带一路”战略研究院焦思盈（第一章）、秦清华（第二章）、陈秀（第三章）、边文佳（第四章）、秦培富（第五章）、张鹤曦（第六章）等同志具体执行。课题组在产业经济和语言战略领域发挥各自研究特长，充分建立和实现了学科融合、优势互补的合作机制，这种模式是北京第二外国语学院服务高质量建设“一带一路”实践落地和理论创新的重大需求，以“语言+”为核心，创新基于研教融合的“一带一路”教学的学科体系、学术体系、话语体系、研究体系和人才培养体系。这种模式的成果获得了 2021 年度北京第二外国语学院研究生教育教学成果奖一等奖。

希望此书的出版对于加强学科融合和“一带一路”中文国际化发展创新提供一定的借鉴意义和积极的推动作用，北京第二外国语学院作为国家外语教学和研究的重镇，要充分认识汉语参与国际语言竞争的能力和重要性，充分认识语言作为国家最重要的资源之一，在百年未有大变革背景下，语言如何参与国际竞争。我相信，语言竞争的能力将伴随中国国家综合实力的增强，尤其是经济发展实力而不断得到增长。我同时希望，随着近年来汉语在世界语言竞争中地位的极大提升，外国语院校将为国家新文科的发展建设做出更大的贡献。

最后，感谢中国社会科学出版社对出版的大力支持，期待行内的专家学者提出宝贵的批评和意见建议！

梁昊光

2022 年 2 月 1 日

目　录

第一章

语言经济的理论基础

第一节 语言的经济属性探析

一 语言的经济现象

人类社会诞生以来，语言使用与经济活动之间就存在密切的关系。经济活动是一种互动行为，语言作为人类用于交际和思维的最为重要的符号系统，离开语言人类就无法进行交际。经济学的主要创始人亚当·斯密早在18世纪就已经注意到了语言在人类经济活动中的基础性作用，在其《有关语言缘起的思考》（*Considerations Concerning the First Formation of Languages and the Different Genius of Original and Compounded Languages*）一文中，从逻辑角度和语言自然观的视角，深入探讨语言结构的形成问题，使其成为最早探索语言问题的经济学家。斯密认为，语言的进化和市场的发展有着相通之处，两者都是通过大量的社会博弈后得到进化和发展的。19世纪，恩格斯也指出："语言是从劳动中并和劳动一起生产出来的。"这个论断揭示了语言产生的经济动因，也表明语言从产生起就伴随着经济功能。[①]

美国的信息经济学家马尔萨克（Marschak）是最早研究语言经济

[①] 赫琳、张丽娟：《语言经济功能再认识》，《武汉大学学报》（人文科学版）2017年第6期。

现象的学者。他在其发表于 1965 年的一篇论文中讲述了这样一个故事：一组工程师在为一架小型战斗机设计通信系统的时候，为了不损害飞机的速度和性能，以及负载的燃料和弹药，要求机上通信设备尽可能轻便。其实飞行员需要和炮手、地面指挥、其他飞机，或是为应急和战斗做准备所交流的不同信息并不多，所以，工程师们认为不需要用电话进行口头交流，相反，只需要一组小的刻度盘和开关信号即可。之后，他们找来了一位心理学家去研究实际战斗中留下来的沟通记录，并且让他开展模仿战斗测试。最后，这组工程师还是认为应该把电话保留下来。因为人们在面临生命危险的时候，需要与他人交流，沟通内容不仅限于任务而是包含各种话题。如果没有口语的安抚作用和声音的交换，人们压力会过大甚至到崩溃的边缘，而且可能会导致在下一场战斗中表现不佳。一件往事、一个玩笑、一次欢呼，或许只是简单吹个口哨，都会帮助人们舒缓压力。但是，这就要求更多样、更生活化的语言，而不是最简单精练的、充满异国情调的按钮和刻度盘的字典。因此，机组成员值得拥有一套重达几磅的通信设备去缓解紧张情绪。其中，"值得"就是一个经济学词汇。这并不意味着"值得"是用金钱来衡量的，我们真正衡量的是飞机执行任务成功的可能性。在已有通信字典的基础上保留电话虽然会增加飞机的负载，但是却可以提升飞行员的心理状态。当优势和劣势达到如此平衡以至于任务成功的概率最大，那么我们可以说，这套通信系统就是最优选择，也等同于最有效率或者最经济的选择。这个故事本质上就是关于经济学的基本原理问题，特别是用不确定经济学来阐述和刻画人类之间语言信息传递的问题。这个故事也从侧面说明了语言具有效率和效用的基本属性。

博弈论大师鲁宾斯坦（Rubinstein）在解释语言与经济的隐藏关联时，试图回答以下两个问题：①

a. Why would economic theory be relevant to linguistic issues？（为什

---

① Ariel Rubinstein, *Economics and Language Five Essays*, Cambridge：Cambridge University Press, 2000, p. 4.

么经济理论与语言学问题相关？）

b. Why would economic theory be a relevant subject of research from the point of view of language?（为什么从语言的视角出发经济学理论会成为相关的研究主题？）

针对上述两个问题，鲁宾斯坦认为："第一，经济理论是对人们相互作用中的常规性（regularity）进行解释的一种尝试，而人类相互作用中的最基本和非物理性的常规性就是自然语言；第二，因为经济行为的主体就是人类，人类语言是决策和判断过程中的核心工具。"例如，人们在做决策的时候，决策者倾向于用有限的语言表达出自己的偏好，而这些语言通常为"规则"所决定，可以通过数学公式以最简洁的形式表达出来。

最早开始对语言经济效益进行统计的是欧美国家。美国1996年依附于语言的文化商品（如电影、书籍、杂志和电脑软件等）在其出口产品中占据最大份额，在美国财政收入中的比重不断提升。在2007年，加拿大政府也曾对本国语言产业在国民经济中的贡献度做出统计，统计结果表明，2004年加拿大语言产业产值为27亿美元，占GDP比重为0.2%。整个行业提供了约51700个工作岗位，大多数为商业服务类。据统计，在瑞士，2008年语言对GDP的贡献达到10%。英国每年从英语教育中获得巨额收益，英国在继续进口越来越多的家电、服装和其他物品的同时，可以出口一样东西来取得平衡，就是出口英语产品（包括英语教学、影像资料等），英语教学每年输出利润高达100多亿英镑，占英国GDP总值的1%和出口额总额的4%。[①] 另外，根据欧盟委员会于2009年完成的《欧盟语言行业市场规模报告》（*The size of the language industry in the EU*）介绍，2008年整个欧盟成员国语言市场总产值达到84亿欧元，2015年欧盟语言产业的总值预计达到165亿欧元。其中，据2007年数据统计，捷克共和国国内共有42家翻译中介结构，且总营业额呈现持续增长态势。尤其在捷克共和国加入欧盟以后，国内翻译行业经历了爆炸式的增长，并且从

---

① 王海兰：《语言的多层级经济力量分析》，《理论学刊》2015年第5期。

捷克国内日益增长的对外投资中获利。

二 语言经济学产生的基本属性

（一）语言的经济资源属性

语言与经济看似毫不相关，实则同根同宗。经济学是研究稀缺资源如何分配的学科，而语言虽然作为人类日常沟通交流的工具，实际上也是一种资源，具有价值、效用、费用和收益等经济学本质属性，蕴含着一定的经济潜能。本节将从语言资源观的角度出发，分别论述语言的四种经济学属性，并就每一种属性给出相应的实例来佐证。

随着社会经济的发展，人们自 20 世纪 70 年代才意识到语言是一种资源。杰努德和古普塔（Jernudd and Gupta，1971）首次提出语言资源说，把语言当成一种社会资源，是语言规划的内在逻辑。使用一种语言的成本和获益可以用衡量一般资源或商品的投入—收益方法进行测定。[①] 同样，里德勒和庞斯里德勒（Ridler and Pons - Ridler，1986）认为，语言可以像其他资源或商品一样进行投资或买卖：若投资语言，那么它就成了潜在资产，其效益可从与其他投资收益比较中得到估算；若把语言作为消费品，那么是否购买语言产品（商品），则取决于所花费的金钱同享用语言产品带来的方便和快乐是否相值。[②] 为某种目的而采用或使用某种语言，大到民族和国家，小到个体的人，都可以进行成本损益的衡量。[③] 因此，语言的资源属性和经济价值可以使国家和个人充分赚取语言资源产生的红利。费什曼（Fishman，1973）认为，语言从其具有价值的意义上讲是一种资源，但是，语言资源是不同于一般传统意义资源的特殊资源，很难用现行的成本—效益理论来管理。[④] 语言是一种珍贵的社会资源和文化资源，

① Bjorn Jernudd and Jyotirindra Das Gupta, *Towards a Theory of Language Planning. Can Language be planned? Sociolinguistic Theory for Developing Nations*, edited by Bjorn H. Jernudd and Joan Rubin（eds.）, University of Hawai'I Press, 1971, pp. 195-215.

② Neil B. Ridler and Suzanne Pons-Ridler, "An Economic Analysis of Canadian Policies: A Model and Its Implementation", *Language Problems and Language Planning*, Vol. 10, No. 1, 1986, pp. 42-58.

③ 范俊军、肖自辉：《语言资源论纲》，《南京社会科学》2008 年第 4 期。

④ 周庆生：《国外语言政策与语言规划进程》，语文出版社 2001 年版，第 422—423 页。

除具有资源的一般属性（可利用性和稀缺性）之外，语言资源的特点还体现在地域和生态关联性、专有性和共享性，分布的不均衡性，开掘与利用的无穷性及种群衍生性等。① 一些学者根据不同分类标准先后把语言资源分为不同类型，例如，根据语言活力的强弱以及按照语言本体结构来划分等。

1. 价值

资源本身具有价值属性。同理，语言的资源属性决定了语言必然具有价值。语言资源价值具有多方面表现：社会价值、经济价值、文化价值、信息价值、教育和政治价值。其中，对语言经济价值的追求是语言经济产生的基础和前提。语言的经济价值主要表现为语言的使用价值，即在语言使用过程中所体现的价值和作用。一方面，掌握某种特定语言可以扩大人们的就业范围和交际领域，从中获得一定的经济收益。另一方面，相关的机构和部门为促进语言使用者更好地使用语言和实现其经济利益，通过为语言使用者提供一定的语言服务而获取的必要的服务性经济收益。② 近些年来，随着经济全球化程度不断加深，各国之间的经贸联系日益紧密。语言作为信息传递的媒介，在国际贸易合作的每一个环节中都起着不可替代的基础性作用。诸如合同条款、业务订单、信用证等以语言为载体的商贸文本，或是双方的商务洽谈，都不可避免地涉及语言翻译及语言服务。由语言服务的需求所产生的经济效益，正是语言资源的经济价值所在。从广义上来讲，涵盖了各种语言服务的语言产业，具有一定的规模效应，其经济价值更具有较强的探索性。

2. 效用

在经济学中，"效用"指的是消费者从商品消费中得到的满足程度，如水可以解渴，食物可以饱腹，电影和书籍可以给人带来精神享受等。效用既是衡量人们幸福程度的指标，也是公共和私人行为的最终目标。语言也具有效用这一基本经济学属性，因为人们学习语言的

---

① 范俊军、肖自辉：《语言资源论纲》，《南京社会科学》2008 年第 4 期。
② 李现乐：《语言资源与语言经济研究》，《经济问题》2010 年第 9 期。

同时也在追求效用最大化。许其潮（1999）认为，语言的经济效用取决于诸多因素。某一语言的经济效用取决于该语言在不同市场上的使用程度，包括在劳务市场上是否急需；在私人和公共消费市场上的应用多寡；在人际交往中是否常用等。在某一特定区域内，使用某一特定语言的个人和机构的数量，即使用该语言的密度是决定该语言经济效用的首要因素。[①] 在目前的中国语言市场上，不同语言的经济效用也存在很大不同。例如，英语作为世界上第一大通用语，有超过 10 亿人把其作为第一语言或第二语言，使用英语能够满足绝大部分经济活动的需求，所以其具有较高的经济效用。但是，随着"一带一路"倡议的不断推进和深入开展，面对沿线国家语言的多样性状况，国内对于其他非通用语语种的市场需求也大幅上升，相应提升了其经济效用。

3. 成本

语言的习得与使用会产生经济费用（成本）。语言的经济成本具有三种形式：交易成本、机会成本、边际成本。[②] 首先，语言的交易成本可以被细分为三个大类别：语言的索引及信息成本、语言的议价成本，以及语言的执行成本。其次，语言的机会成本指的是决策者为了学习某种语言而放弃的价值最高的选择。最后，语言的边际成本指的是语言学习者在现有的语言基础上，每新学习一种语言所带来的总成本的增量。所以，经济学中的生产可能性曲线（Production Possibilities Frontier）是理解机会成本最有效的经济模型。图 1-1 为个人学习某种语言的生产可能性曲线。掌握一门外语可以为人们带来经济收益，但同时也要付出巨大的机会成本。如果把用于语言学习的时间投入到学习其他的技能上，或者仅用于工作，也能够为决策者带来经济收益。

---

① 许其潮：《语言经济学：一门新兴的边缘学科》，《外国语（上海外国语大学学报）》1999 年第 4 期。

② 王立非、王清然：《论语言研究中的"经济学转向"》，《外语教育研究》2017 年第 1 期。

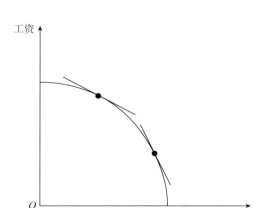

图 1-1　语言的生产可能性曲线

4. 收益

掌握一种语言可以带来经济收益。研究者普遍发现，语言学习是一种人力资本投资，可以为人们带来收益，语言能力对个人收入和发展具有正向影响。语言的经济收益主要体现在对工资收入的影响方面。人力资本理论认为，语言技能作为一种人力资本，外语能力的提升代表了人力资本的增加。大量理论和实证研究表明，语言技能与经济地位和工资收入有显著的相关关系。例如，赛兹和索伊多（Saiz and Zoido，2002）一项针对美国四年制大学毕业的大学生的研究表明，熟练掌握一门外语可以带来至少 2% 的回报率。[1] 大量的实证研究表明，语言技能与经济地位（特别是劳动收入）之间存在密切关系，语言与劳动者的收入呈现显著的正相关性。其中，加拿大蒙特利尔大学经济学教授弗朗索瓦·瓦尔兰科特（Francois Vaillancourt）的著作最丰富，也最具有代表性，综合了语言身份认同与人力资本两个重要因素。他在 1985 年对加拿大魁北克地区的语言状况和就业市场进行了分析。研究表明：第一，双语者在劳动力市场上参与度明显高于单语者；第二，语言流利程度与个体收入高低成正比；第三，语言技能对移民的收入有特别显著的影响。

---

① Albert Saiz and Elena Zoido, "The Returns to Speaking a Second Language", *Working Papers*, Vol 52, No. 35, 2002, pp. 171-192.

（二）语言的制度属性

语言的起源和演变是一个长期而又复杂的过程，因此学界对于语言起源问题尚未得出一致结论。事实上，经济学家也曾长期关注语言起源的问题。例如，亚当·斯密（Adam Smith）从言语博弈的角度出发，认为语言是演化的；马克思（Marx）、恩格斯（Engels）则认为劳动形成了人类语言；哈耶克（Hayek）认为，语言起源是自发秩序的结果。但是，对于语言的起源和产生问题，现在有两种基本的观点：一种观点认为语言是超智慧的构建，即由上帝或者其他超智慧的力量构建；另一种观点认为语言是人类行为自发演化的结果。目前，国内部分经济学家更倾向于语言演化论，认为演化在语言起源上最基本的特征就是新奇的创新，新习惯用语的发现以及多方的模仿与反复试错。

制度经济学认为，语言是人类的基本制度和元制度之一，在人类社会中的重要性不亚于空气和水。约翰·塞尔（John Searle）认为，语言是一种基础的社会制度，没有语言，将没有其他制度；没有语言，人们无法理解制度。索绪尔（Ferdinand de Saussure）也认为，语言作为一种表达观念的符号系统，本身是一种制度，更是一种社会制度，其中几点和政治、律法等其他制度不同。[①]

对语言是不是一种制度的问题，国内有学者认为，由于一切人类制度基本上是通过语言文字记载或通过语言言说所表达的，所以，语言既是一种特殊的社会制度，又是人类其他制度的信息承载物。有了语言这种制度作为基础，人类社会中其他的习俗、惯例、规范和法律等制度才有可能更好地发挥作用。因此，从制度经济学的角度看，语言是一种"元"制度。或者说，语言是制度中的制度。[②] 制度为调整、协调相关行为主体之间的利益、地位等相互关系，并指导和制约行为主体行为的一系列规则。制度产生的原因主要有两个：第一，交易行为主体的效用和利益最大化，即交易的各方具有自利性，符合经

[①] ［瑞士］索绪尔：《普通语言学教程》，高名凯译，商务印书馆 2003 年版，第 37 页。
[②] 张卫国：《作为人力资本、公共产品和制度的语言：语言经济学的一个基本分析框架》，《经济研究》2008 年第 2 期。

济学中的"理性人"假设。第二,降低交易成本。制度是人们在交易中各方自觉或不自觉、自愿或不自愿遵循的规则,省却了对交易环境不确定性和复杂性的再确定,省却了对交易条件和条款的再博弈,是对交易条件和环境等交易条款的替代,从而节约了交易成本。关于语言使用的政策和地位的规划可以制约和规范人们的行为,不同的语言制度安排具有不同的社会效率和成本。[①] 例如,国家实施的推广普通话、国家通用语言文字的政策,就是一种语言制度。然而,还有学者认为,基于语言本身的自然属性,以及制度的内涵及其产生的原因来说,语言不是制度,也并不是"元制度"。

(三)语言的公共产品属性

经济学对于公共产品的定义为:具有消费或使用上的非竞争性和非排他性的产品。非竞争性是指消费者数量的增加不会减少产品的供应,即不会影响供应者以及其他消费者;非排他性是指对群体内全体成员开放。从消费和使用的角度看,语言也是一种公共产品,具有非竞争性和非排他性,具有极强的网络外部性。在一个成分互补的社区群体(网络)内,语言被越多的人分享,它给人们带来的收益就越大,这就是语言公共产品的网络正外部性。如果不同群体间存在某种共同的语言,通过该语言的传播和使用,将会给不同语言群体的成员都带来潜在的收益。

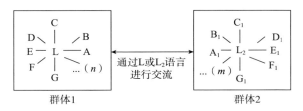

图 1-2 两群体间的语言交际

资料来源:张卫国:《作为人力资本、公共产品和制度的语言:语言经济学的一个基本分析框架》,《经济研究》2008 年第 2 期。

---

① 吕君奎:《语言与制度的内涵、起源及关系研究》,《新疆师范大学学报》(哲学社会科学版)2013 年第 1 期。

此外，一个语言群体的扩大会增加易波动的语言产品和服务（如学校、图书馆、书店、广播等）的需求，在规模经济下，就会使供给增加并改进群体内可能的服务种类。这也会给群体外的成员带来间接收益。语言的交际价值具体表现在，语言的传播可以增强贸易往来、知识共享以及推动大多数经济与社会相关活动的组织、协调及管理，尤其能降低不同语言群体相邻或交界地区的信息处理与交流、劳动力流动的成本以及不同语言人群中共享的服务成本。

语言公共产品的特性与其网络外部性可以相互强化。语言网络外部性的存在可以使所有进入某种语言网络的人以及那些与该网络有关联的外部成员都分享到这种语言所提供的交际机会，并获得收益，从而会吸引更多的人学习该语言，扩大语言的使用范围。由于语言是一种公共产品，这种因网络外部性而引起的语言使用范围的扩大，无疑会使语言的公共产品性质得以强化。反过来，由于语言的公共产品性质，个人获得的网络收益与他人获得收益并不冲突，语言所具有的公共产品特性又会强化其网络外部性的扩张。这个机制还有助于解释为什么一种语言一旦获得了凌驾于其他替代语言之上的优势，便趋向于崛起，而且这种优势越来越大。英语就是一个典型的例子。[①] 英语对外传播的正外部性效应，对推动汉语国际化发展也具有一定的借鉴意义。

三 语言与经济的双向动态影响

（一）语言及语言行为对经济活动的作用

从一定意义上来说，语言是人的思维范式、观念规约和行为规约。因此，人的经济活动无法不受语言的影响。可以推想，形成于一定经济基础之上的语言，逐步凝聚为一种约定俗成的规约，反过来又影响经济基础——包括经济观念、经济制度和经济活动等。[②] 同时，语言是经济活动的伴侣，语言也是一种劳动力，具体表现在社会生产的各个环节：劳动管理者需要良好的语言组织能力，生产和工艺

---

① 张卫国：《语言的经济学分析——一个基本框架》，中国社会科学出版社 2016 年版，第 27 页。

② 赵世举、葛新宇：《语言经济学的维度及视角》，《武汉大学学报》2017 年第 6 期。

标准需要用语言制定和传授，产品的推广也需要语言来宣传，产品销售如合同签订和网络销售带货等途径需要语言，产品售后服务需要语言进行沟通，经济活动的人才培养也需要语言。近年来，特别是在服务业成为支柱产业、数字经济成为重要经济形态的时代，语言能力是劳动力的重要构成要素，语言经济学界对于这一定义和说法也达成了广泛共识。

语言的人力资本理论阐释了语言对于个人经济水平和收入增长的正向作用。自20世纪80年代以来，已有许多学者针对劳动力的语言能力，包括普通从业人员以及移民的外语能力做了大量实证调研，发现在劳动力市场上双语者的工资收入明显高于单语者。从狭义上来讲，掌握一门外语能够提高工作者的工资水平；从广义上来讲，个人的经济水平提高也能相应提升生产效率和企业绩效，最后从宏观上带动国家整体经济发展。随着人工智能、区块链、大数据、云计算等技术的发展，数字技术已经全面融入社会交往和日常生活，数字经济成为国家经济社会发展新的增长点。其中，语言在数字经济的发展中也扮演着不可替代的角色。上文提到，语言能力是劳动力的重要构成要素。而且数据作为七大生产要素之一，是数字经济时代的重要生产资料。数据的80%是语言数据，并且具有生产资料性质。语言与数据之间的关系，赋予了语言数据在数字经济发展中的关键性意义。未来社会发展高度信息化、智能化，要求人类具有相应的语言能力和信息化能力。而现如今的语言教育能否帮助人类适应未来社会信息化发展？综上所述，语言教育并不仅是一种学术教育，更是一种劳动力教育，旨在培养人类适应未来信息化社会的能力。

社会整个经济活动都是伴随着语言的，每一个环节都需要语言支撑。目前，我国的语言意识和觉悟还是比较淡薄，并没有跟上国家经济的发展，甚至可以说严重影响和制约了经济的发展。当前，我国经济面临转型升级，语言产业作为新型第三产业，具有低碳、绿色、高科技附加值等特点，发展语言产业不但契合国家经济转型升级的长远目标规划，而且能够综合提升国家整体语言能力，赋予人类适应未来高度信息化社会发展的能力。

（二）经济在语言动态演变过程中的作用

经济在语言动态演变中起到了驱动的作用，原始经济活动驱动了语言的产生。此前，恩格斯就提出"语言是从劳动中并和劳动一起产生出来的"，语言是劳动的产物，虽然学界已经就此达成了共识，但是针对语言具体演变过程还缺乏有力的考证，也没有公认的定论。到目前为止，多位学者从不同视角出发，相继提出了"野人语言游戏（博弈）""演化论"等看法。

经济学的发展是如何促使语言演变的？经济学中的"理性人"假设认为：理性人是能够合理利用自己的有限资源为自己取得最大的效用、利润或社会效益的个人、企业、社会团体和政府机构。黄少安等认为，语言的发展趋势是趋同和趋简，有力地印证了经济学中的"理性人"假设，就是利用有限资源达到利益最大化。① 综观人类语言总体发展趋势，呈现出统一化和简化的特征，如中国的简体字和繁体字、语种大幅度减少、相较于书面语而言口语的简化等。语言是沟通交流的工具，但也是一种交易成本。为了提高交流效率和节省成本，人们通常会选择共同的语言进行交流。而且，一个国家的学生都在用类似的语言课本、进行类似的语言考试、看着相同的语言类节目，地区间的语言差异将会逐渐缩小。

语言同化、融合或语言统一是语言演变的重要现象，其与经济因素有着密不可分的关系。博弈论经济学家尝试从经济学最优化均衡的理论套路来模拟词语的演化生成过程。鲁宾斯坦认为，语言经济学研究的主要目标，"就是要解释自然语言的特征是怎样与某种'理性'函数的最优化相一致的"。② 这种解释把经济学理论嵌入了对于语言的根本性质的讨论之中，例如，语言的语义结构及其生成过程，是否受最优化选择法则所支配？思维决定语言结构，语言反过来影响思维。那么，如何看待人类语言和思维中看起来很符合经济学最优化法则的这一现象？对此，鲁宾斯坦从数理逻辑和博弈论的分析入手，把这种

---

① 黄少安、苏剑：《语言经济学的几个基本命题》，《学术月刊》2011 年第 9 期。

② Ariel Rubinstein, *Economics and Language Five Essays*, Cambridge：Cambridge University Press，2000，p. 9.

现象归结为人的语言或思维结构实际存在的某种线序（linear orde-ring）最优二元关系。对于经济在语言漫长演变过程中的作用因素，鲁宾斯坦选择了演化论，认为演化赋予语言以意义，并且演化过程生成了语言或人思维结构的线序优化特征。

（三）语言多样性与经济增长

语言多样性是指语言数量和语言分布的多样化程度，一般包括所用语言的丰富度和均匀度两个方面。[1] 费什曼[2]和普尔[3]在基于大规模调查数据和实证分析后得出结论："一个语言极其繁杂的国家总是不发达的或半发达的，而一个发达的国家总是具有高度的语言统一性。因此，语言统一性是经济发展的必要的但不是充分的条件，经济发展是语言统一性的充分的但不是必要的条件。"这一结论后来被称为"费什曼—普尔假说"（Fishman-Pool Hypothesis）。但是，后来陆续有学者在相关研究中得出不同甚至相反的结论，发现"费什曼—普尔假说"只在一定的条件下才能成立，然而对全球层面的语言多样性和人类发展指数的关联而言，假说则不成立。随着各个国际组织的统计数据不断完善，以及世界语言多样性丰富程度的下降，语言多样性与经济增长之间的相关关系也随之发生改变。近年来，多个实证研究表明，语言多样性和人均国内生产总值的相关关系并不是连续的，而是存在"拐点"，即拐点以上语言多样性与人均收入不相关，以下则呈现负相关，由此出现了"拐点假说"。曹贤文、张璟玮通过对 187 个国家的实证分析得出，语言多样性与国家经济社会发展的负相关关系并不适用于人均国民收入 17000 美元以上的国家。以人均国民收入 17000 美元为拐点，在此拐点之下，中低收入国家语言多样性与人均国民收入之间的整体呈显著负相关性趋势，仍然符合"费什曼—普尔

---

① 曹贤文、张璟玮：《语言多样性与社会经济发展相关性的再认识》，《语言文字应用》2020 年第 1 期。

② Joshua A. Fishman, "Some Contrasts between Linguistically Homogeneous and Linguistically Heterogeneous Polities", In Joshua Fishman, Charles Ferguson, and Jyotirindra Das Gupta（eds.）, *Language Problems of Developing Nations*, New York：Wiley, 1968, pp. 146-158.

③ Jonathan Pool, "National Development and Language Diversity", In J. Fishman（ed.）, *Advances in the Sociology of Language*, The Hague：Mouton, 1972, pp. 213-230.

假说";同时在此拐点之上,其他国家则呈现出显著正相关趋势。与其他影响人类发展指数的因素相比,语言因素的作用并不是特别明显。语言多样性是通过社会管理和国家凝聚力等因素的互动,传导到国家发展和社会稳定方面,成为国家的资源。因此,政府应重视语言政策、规划和管理在规范和引导社会语言使用方面的作用,采取积极的语言政策,辅以较强的社会管理和执行力,才可保证语言多样性对社会稳定不会产生较大负面影响。

(四)语言政策与语言规划的经济学分析

语言规划是指人类在一定限度内对语言选择过程进行的有意识干预。在语言规划研究中引入经济学的理论和方法具有开创性意义,主要体现在它使语言规划过程更加强调理性选择,同时在目标上更有益于社会福利的提升。①

语言政策和语言规划的传统研究主要立足于语言学理论,往往强调这一领域的概念和基本范畴,但是在公共政策的宏观层面上除了政治辩论之外很难提出切实可行的措施,特别是在语言政策的评价方面方法略显不足。随着经济发展和社会进步,国家语言文字工作中出现了很多新问题,产生了许多新需要,传统语言规划理论日渐无法满足这种新形势,语言政策和语言规划的经济学分析便应运而生,并给语言政策与语言规划研究带来新的思路。经济学工具在回答实证问题时是非常有用的,但是对于"某个政策是否可取"这样的问题,就要辅助规范分析的方法。语言经济学为语言政策分析提供了经济学的分析工具,拓宽了语言政策分析的研究范式。语言经济学视角下的语言政策与规划经济学分析主要集中在语言政策的选择、设计和评价三个方面。首先,理性选择理论有助于找到最为可行的方案和实施方法,从而设计和制定科学的语言政策;其次,经济学中的"成本—收益"分析模型可以使结果指标与每项政策的成本联系在一起,帮助构建评判语言政策的标准评价体系。目前,我们用经济学工具来分析语言政

---

① 张卫国:《语言政策与语言规划:经济学与语言学比较的视角》,《云南师范大学学报》(哲学社会科学版)2011 年第 5 期。

时，需要把变量选择作为首要任务，不可忽视语言学相关变量在模型预测中的基础性作用。

从经济学中"供需"关系的角度来看待语言问题，某种语言活动可以产生对特定语言产品的需求，进而人们可以从语言政策的角度分析这种产品的供需。如果某种语言政策失效，可以观察该政策是否完全偏向于或排除了供给与需求的某一方。例如，过去几十年内，随着中国对外开放程度不断上升，我国与各国之间的经贸往来频繁，各类国际贸易的合同签订、国际会议、国际赛事等都离不开语言的使用，都属于特定的语言活动。在一段时间内国家对于通晓外语的人才的需求也急剧上升，人们对语言培训、文本翻译等语言产品的需求也随之增长，这时表现出来的是需求大于供给，这说明国家的外语政策仍未失效，还可以继续推行。

（五）语言产业及其对社会的经济贡献度

语言产业（Language Industries）的概念早在 30 年前就已经出现。语言产业既是语言经济学研究的对象和出发点，也是语言经济最直观的表现形式。根据卡门森斯咨询公司（Common Sense Advisory）年度模拟数据显示，2020 年全球语言服务产业产值达到 500 多亿美元，并且呈现逐年上升的趋势。语言产业已经成为促进社会和经济发展的重要动力。目前世界上许多国家都存在语言经济现象，已形成一个庞大的产业——语言产业，且表现出很强的生命力。

欧美等国家的语言产业起步较早，语言产业的蓬勃发展，不仅创造了大量的就业机会，而且对国民 GDP 的贡献也逐渐上升。几十年来，随着语言产业的发展规模不断扩大，欧美国家也相应地在产业分类以及统计核算方式上建立起了比较成熟的体系框架。语言产业已经成为一股不可忽视的经济力量。中国的语言产业虽然相较于欧美等国家起步较晚，但是随着国家对语言文字工作的重视程度不断提升，颇有迎头赶上的态势。根据中国翻译协会出版的《中国语言服务行业发展报告（2020）》统计数据显示，中国拥有语言服务的在营企业403095 家，语言服务为主营业务的在营企业 8928 家，总产值为 384亿元，年增长率为 3.2%，为国民经济做出了一定的贡献。

语言产业研究旨在对国民经济中已经具有一定规模或者具有一定发展空间的语言行业进行分类研究，通过统计分析，掌握其对于国民经济的贡献度、在发展中面临的问题，并对语言产业的发展对策进行探究。[①] 目前，国内学者和相关研究机构对于语言产业的概念界定尚不一致，分别有"翻译产业""语言产业""语言服务产业"等。陈鹏在 2016 年提出一个相对完整的、涵盖更全面的语言产业概念，其中包括：语言出版、语言培训、语言翻译、语言技术和设备、语言创意和艺术、语言测试、语言资源整理和保护，以及其他专业语言服务。然而，目前国内学界对语言产业的研究多为宏观定性分析，就部分语言产业发展的基本数据进行描述评判，或是利用有关部门基本统计资料做较为抽象的理论分析，无法准确把握语言产业发展的动态。[②] 如果国内学界对语言经济学的研究仅囿于理论性阐释和宏观定量分析，那么中国的语言经济学则无法取得突破性学术创新成果。这一研究趋势集中反映了目前语言经济研究中存在的难以攻克的问题，具体表现在三方面：首先，在数据收集方面，语言产业在我国尚未获得明确定位，产业属性界定模糊。那么对相关数据进行辨析和剥离的难度则较大、耗时较长。其次，在确定测算的指标方面，目前尚未形成统一的针对语言政策的成本和收益的评价指标和测算体系。最后，在统计口径方面，目前各评价体系统计口径不统一，带来数据偏差，定量测评难度较高。因此，国家语委等相关语言文字工作的权威机构应该推动确立语言产业获得明确定位，建立统一的统计口径和测算标准，为中国语言经济学的未来发展奠定坚实的基础。

语言资源的经济价值是语言经济学的研究基础和理论支撑，语言资源的开发和利用需要语言市场和语言产业。本书根据相关学者对语言产业的定义，经过系统梳理和对比分析后，再结合本书的侧重点，对语言产业做出如下定义：语言产业是以语言为内容、材料，或是以

---

① 李艳：《语言产业经济学：学科构建与发展趋向》，《山东师范大学学报》（社会科学版）2020 年第 5 期。

② 李现乐：《语言服务的显性价值与隐性价值——兼及语言经济贡献度研究的思考》，《语言文字应用》2016 年第 3 期。

语言为加工、处理对象，以实现跨语言的文化交流和满足多层次的语言服务为目标，提供翻译、本地化服务、语言技术工具开发、语言培训和教学、多语言信息咨询等服务的产业。具体来讲，我们将语言产业分为以下十个类型：语言翻译业、语言文字信息处理业、语言培训业、语言学历教育业、语言出版业、语言艺术业、语言创意业、语言康复业、语言会展业、语言能力测评业。其中，关于每种类型的具体内容我们将会在第二章详细展开，并对每一种类型所包含的业态形式进行具体阐述以及给出相应实例。

四　语言经济在中国的历史沿革

语言经济主要研究语言因素所引起的经济现象。前文提到，西方对语言经济的研究起源于特定的历史背景和现实需求，官方语言政策的制定和语言民族主义之间的冲突，引发了西方学者对于语言经济的研究和思考。语言经济作为一个新兴的经济行为和现象，相关的概念虽然在 20 世纪末期才引入中国，但是对语言使用的需求在无形中已经为国家的经济发展和民族振兴做出了独特的贡献。从改革开放以来的国家外语教育政策，到形成全面对外开放格局，再到数字时代的语言智能产业体系，其背后蕴藏的经济价值早已凸显。

中国自改革开放后，国家外语教育政策根据国内外经济发展形势和要求适时而变，先后经历了几次重大调整，呈现出高度的政策性导向。例如，在改革开放初期，中国外语教育政策紧跟发展形势，为实现"四个现代化"培养外语人才，除了把英语纳入国民教育体系外，有条件的院校还开设了日语、德语、法语、俄语等语种。分别出台了合理布局语种、加强师资建设、完善外语教材等有关举措，体现了国家实现对外开放的态度和决心。中国开展外语教育已有很长一段历史，也已经培养了一批批外语人才。这些外语人才走向工作岗位后，在对外文化交流和商务合作中充分发挥自己的语言优势，加快了中国对外开放的步伐。其次，进入新时代以来，我国各项工作朝着更加注重内涵和全面协调发展的方向迈进，对外开放水平全面提升，走上一个新台阶。新时代的外语教育承担着扩大中外人文交流的使命、讲好中国故事的任务，以及构建人类命运共同体的责任，因此要求人们提高自身语言意识，深刻理解学

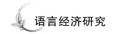

习和使用外语对增进我国与其他国家之间相互理解信任具有重要意义。中国通过引入和发展外语教育，在国际贸易交往中极大地降低了信息成本和议价成本，从而促进中国与其他国家双边贸易发展。通用语言的经济价值与国际贸易交往形成了良性正向互动。可见，语言及语言政策和规划在中国的社会经济发展中起到了战略性作用。

外语教育的兴起，催生了中国外语培训市场的蓬勃发展。面对巨大的市场需求，我国外语培训机构自 20 世纪末开始高速发展，在 21 世纪初实现爆炸式发展。以英语培训机构为例，英语学习长期以来都是我国语言培训市场的刚需，且呈现越来越低龄化的趋势。自 20 世纪 90 年代以来，由于国内外的经济发展程度和教育水平存在差异，国内出现了一股"留学热潮"。但是，当时的大学生英语水平普遍薄弱，为了抓住珍贵的留学机遇，很多学生纷纷加入学习英语的阵营中。并且，在需求和技术的驱动下，语培行业经历了多次变革，产生了多个细分行业，也诞生了如新东方等一批语言培训标志性企业。之后 2001 年，中国正式加入 WTO，很多外资企业开始进军中国市场，外企的高薪资吸引了无数人才应聘。很多求职人员为了提高自身竞争力，在职场中凭借语言优势脱颖而出，选择把目光投向职场英语培训。这一需求促使了商务英语等专门用途英语培训的兴起。2010 年后，移动互联网的兴起拉开了在线英语培训的序幕，许多在线英语培训机构如 51Talk 如雨后春笋般纷纷崛起。2015 年后，随着中国国内人工智能等技术逐渐成熟，造就了一批以 AI 技术驱动、无真人老师的语言培训业务模式。

中国对外开放格局不断扩大，在日益频繁的对外合作与经贸往来中，合同文本的语言转换、商务洽谈的同声传译等语际转换行为，产生了对语言服务的巨大需求。尤其是"一带一路"倡议提出之后，沿线国家的语言差异性之大，更是让一些针对小语种培训和服务的企业异军突起。随着新兴技术的不断变革，中国语言服务企业的产业业态的范围也越来越广泛，中国的语言产业发展空间广阔、大有可为。伴随着人工智能、自然语言处理、5G 等技术的成熟与运用，造就了以语言需求为导向、语言技术为驱动力的语言文字信息处理业。目前，市场上的语言文字信息处理技术和产品主要包括语音识别、语音合成、键盘输入、文字识别、字库字形技术、电子排版等方面。在自然语言处理（Natural Language Processing）技术方面也涌现了一批领军企业，包括科大讯飞、百度、北大方正等代表性企业。如科大讯飞公司开发的"讯飞翻译机""智能转写系统""智能录音笔"等语言科技产品，以及百度的自然语言处理能力引擎，致力于提高中文的信息处理能力，为中国的语言与知识技术领域做出了卓越的贡献。

可以看出，语言资源在中国本土产生的经济效益是紧跟国家发展政策、深深立足于国家经济发展需求的结果。特别是中国的语言政策和规划，随着时代要求不断调整变化，以服务于国家重大战略目标为导向，真正实现了语言与经济在实践意义上的相互促进、带动作用。

第二节 语言经济学理论述略

一 语言经济学理论的内涵

"语言经济"作为一种经济现象，随着人们对其的认识和理解不断加深，探寻出了一定的规律，在总结规律的基础上从理论建构层面发展出了相应的学说。由此，"语言经济学"应运而生。自20世纪初以来，在当代哲学和社会科学的理论研究中较为普遍地存在"语言转向"的现象。随着近现代工业革命和科学技术的不断发展，这一"语言转向"与人们在各学科领域中对自然和人类社会的认识不断加深密切相关。随着各学科的思想家对本研究领域问题的深入探索，人们开始感觉到语言的束缚以及对所用语言的困惑，因而不约而同地从各个学科和各领域的不同研究视角同时探及了语言问题。诸多科学家在日常研究中开始注意并思考语言问题，学术各界对语言问题的反思构成了当代哲学和多门社会科学领域中思想发展和深入理论探索的主旋律。①

---

① 韦森:《从语言的经济学到经济学的语言——评鲁宾斯坦〈经济学与语言〉》，第三届中国经济学年会论文，复旦大学，2003年。

经济学作为社会科学的重要领域之一，虽然长期以来被认为构建于数学分析工具和计量模型基础之上，在 20 世纪也毫不例外地发生了语言转向。其实，语言与经济的关系非常紧密，二者具有不少相似之处。语言与经济作为人类社会的两大主要交际活动——语言交际和经济行为被认为"从来就是同根同宗，两种活动起源一致，行为主体一致"。[①] 首先，经济学是研究人类的各种经济活动和解释各种相应的经济关系及其运行、发展的规律的学科。经济活动包括生产、分配、交换等行为，而人类之间的交易和交换行为却离不开语言的使用。其次，人类使用语言交际时所遵循的最优化法则，在某种程度上与人类经济行为中的最优化法则相一致。

从学科层面来讲，语言学与经济学本属于两类不同性质的学科，二者的研究范式和研究内容具有较大差异。但是，随着经济学领域中"语言转向"现象的不断发展，以及语言学领域中语言的经济资源属性不断发掘，语言学与经济学开始逐渐融合，由此产生了语言经济学这一交叉学科的概念。语言经济学是经济学研究的一个边缘研究领域，它起源于 20 世纪 60 年代的欧美国家。"语言经济学"最早是由西方学者马尔萨克在一篇发表于《行为科学》（*Behavioral Science*）杂志上的题为"语言的经济学"的学术文章中提出的。[②] 他在致力于信息经济学的研究过程中揭示了语言的经济学本质，认为语言作为人类经济活动中不可缺少的工具，也具有价值（value）、效用（utility）、费用（cost）和收益（benefit）等经济学本质属性。而且，他指出语言方面的"优化"（optimality）与经济学之间存在密切关系。马尔萨克无疑打开了语言经济学研究领域的大门，但是由于他未能依循原有研究线路继续深入探索，后续的语言经济学领域研究则另辟蹊径，着重于语言政策分析，这也是为了迎合民族主义和殖民地国家官方语言政策的现实需要。

语言经济学的出现不仅源于各领域科学家对研究问题的深入思考和

---

① 钱敏汝：《篇章语用学概论》，外语教学与研究出版社 2001 年版，第 119 页。
② Jacob Marschak，"Economics of Language"，*Behavior Science*，Vol. 10，No. 2，1965，pp. 135–140.

延伸，也产生于特定的历史背景和现实需求。第二次世界大战之后，民族主义势力在欧洲殖民地各国蓬勃兴起，特别是 20 世纪 70 年代后期欧洲各国纷纷制定官方语言政策，由此催生了对语言经济学研究的需求。语言是民族身份的重要象征和族际关系中的敏感元素，民族权利之争时常表现为对语言权利，特别是对语言教育权利的争夺。① 许多处于多语种环境下的民族独立国家都面临着如何制定官方语言的棘手问题。例如，当时加拿大国内英裔群体和法裔群体之间纷争不断，语言问题便成了长期困扰加拿大社会的突出问题。出于建立和维护联邦政治的目的，1867年《英属北美法》制定了加拿大双语政策。因此，从 20 世纪 60 年代后期起加拿大学者布莱顿（Albert Breton，1964，1978）率先从民族主义的视角开启了经济学对双语及多语现象的研究，进而拓展到对语言政策、双语教育以及语言与收入关系等方面的经济学研究。由于切入点是民族主义的视角，此时的研究更像是语言社会学或是社会语言学的工作，主要研究内容有语言与民族主义、语言不平等与社会经济地位等。②

大约在同一个时期兴起的理论还包括西奥多·舒尔茨（Theodore W. Schultz）创立的人力资本概念，以及作为经济学分支学科出现的教育经济学。这两种新兴理论为语言经济学提供了新的研究视角。以加拿大为代表的北美国家，由于大量移民涌入，为了帮助新移民更快地融入当地社会和进入劳务市场，政府每年都会投入一定资金，用于发展双语教育（Bilingual education）。因此，语言经济学的研究重心开始偏向于从经济学的角度分析国家语言政策与语言规划。

进入 20 世纪 80 年代以后，人力资本理论和教育经济学便成为语言经济学的研究主流。此后，研究人员开始将研究方向聚焦于语言技能与劳动收入差距问题上来，主要采取实证研究的方法，发表了数篇具有代表性意义的文献，取得了显著成果。受北美研究的影响，20 世纪 90 年代初，以瑞士、英国等为代表的欧洲国家也掀起了一股语言经济学研究的热潮。其中，语言政策与规划的经济学分析方面，最突

---

① 董希骁：《从语言名称争议看中东欧语言民族主义新动向》，《国际论坛》2019 年第 1 期。

② 黄少安等：《语言经济学导论》，商务印书馆 2012 年版，第 3 页。

出的代表是瑞士日内瓦大学的政治经济学教授弗朗索瓦·格林（Fran-cois Grin，1990，1995，1996a，1996b，2000，2003）；在双语能力与收入增长方面，以达斯曼、奇斯维克和米勒为代表的研究也颇为丰富（Dustmann，1999；Dustmann and Van Soest，2001；Dustmann and Fabbri，2003；Chiswick and Miller，1995，1998，2003，2007）；在语言与贸易方面，以库和祖斯曼（Ku and Zussman，2010）为代表。进入20世纪90年代末期，虽然语言经济学在研究主题上呈现多样化，但是研究方法和范式并未有全新的突破。进入21世纪后，随着跨学科领域的发展，以鲁宾斯坦为代表的学者尝试用博弈论的方法解决语言问题（Rubinstein 1996，2000；Glazer and Rubinstein，2001，2004，2006）。这种全新的方法拓宽了语言经济学的研究视角、研究内容和研究方法。鲁宾斯坦作为博弈论经济学家，是出于自己理论理性的直观以及当代主流经济学最优化推理的思想习惯而径直探及经济学与语言问题的。[①] 对于语言与经济理论相关背后的原因的问题，鲁宾斯坦强调，"经济理论是对人们相互作用中的常规性进行解释的一种尝试，而人类相互作用中的最基本和非物理性的常规性就是自然语言"。

语言经济学还关注经济学修辞学，这是语言经济学的另一个重要分支，有不少经济学家曾涉足该领域。经济学修辞学兴起于20世纪80年代，主要是对经济学话语和经济学者的语言运用的分析。但是，与其他主流语言经济学研究方向相比，经济学修辞学目前还处于研究探索的边缘地带，主要是以美国的经济学教授——戴尔德拉·迈克洛斯基（D. N. McCloskey）为代表的对经济学语言的研究。她认为，"修辞学是语言的经济学"。在她的专著《经济修辞学》（*The Rhetoric of Economics*）中，采用了文学批评和修辞学方法分析了大量经济语篇，她认为经济学家既是诗人又是小说家，强调了文学修辞方法在经济语篇中的运用。[②] 例如，她通过分析经济学家索鲁（Lester Thurow）

---

① 韦森：《从语言的经济学到经济学的语言——评鲁宾斯坦〈经济学与语言〉》，第三届中国经济学年会论文，复旦大学，2003年。

② Deirdre N. McCloskey，*The Rhetoric of Economics*，*Second Edition*，Madison：University of Wisconsin Press，1987，p. 12.

的《零和解决》(*The Zero-Sum Solution*)，来批判书中对于竞争词汇的隐喻用法不得当。不同于迈克洛斯基采用文学批评的方法，亨德森(Willie Henderson)则主要研究经济语篇的隐喻修辞，即采用语体文体修辞学的理论方法，弘扬古典修辞学问题风格分析传统，关注经济学文本的词汇、句法、语篇，用修辞学的手段达成经济学的目的。亨德森是最早研究经济语篇隐喻修辞的学者之一，在其"经济学隐喻"一文中，亨德森主要分析了隐喻对于经济学研究的价值功用。①

　　本书主要侧重于语言产业与经济发展和全球治理的互动研究，重点分析语言变量在经济活动中的影响，包括语言产业经济贡献度、语言政策与规划的经济效益分析等，所以对于语言经济学的另一大分支——经济学修辞学，则不做过多阐述。

　　二　语言经济学理论的外延

　　(一) 语言经济学与社会发展

　　社会之变、语言文字之变强烈驱动着语言文字事业之变，要求其开拓创新，全面提升国家语言能力，更好地服务于国家发展。经济社会发展需要语言服务。语言文字既是经济工具，也是经济资源，在经贸活动、资源开发和人力资源建设等方面的作用与日俱增。社会不断进步促使人民对社会服务要求更高，需要有健全的语言服务体系和强大的服务能力。语言文字事业的经济化、产业化发展，对优化社会语言环境、提高语言服务质量以及完善语言服务体系等具有独特的作用。教育部语言文字应用所所长刘朋建在第十三届中国语言经济学论坛主旨发言中提到，加大国家通用语言文字推广力度意义重大，有利于进一步强化铸牢中华民族共同体意识的政治基础，夯实中华民族共同体意识的经济基础，以及凝聚中华民族共同的文化根基。总的来说，在国家语言文字事业的发展历程中，语言对于社会发展的经济效益始终都是政策制定时需要考量的重要因素，可以说，语言经济为中国的语言文字事业发展做出了特殊而不可磨灭的贡献。

---

① Willie Henderson, "Metaphor in Economics", *Economics*, Vol. 18, No. 4, 1982, pp. 147-157.

1. 语言经济学是助力社会政治发展的积极影响

结合了语言的经济属性和政治属性，语言经济学最大限度发挥语言因素的政治效应。目前存在的普遍共识是：语言是多民族国家认同建构不可或缺的要素，在增强国家认同、助力国家统一以及争取政治权利等方面发挥着重要作用。母语是个体或集体身份认同重要标示之一。它往往与语言忠诚、语言民族主义、语言情结论等论题相关。母语之于民族，往往具有民族"图腾"的作用。19世纪，洪堡特提出，语言仿佛是民族精神的外在表现；民族的语言即民族的精神，民族的精神即民族的语言，二者的同一程度超过了人们的任何想象。①

自古以来，语言统一就是中国历朝历代统治者非常重视的问题，可以说，语言统一是中华民族的千年梦想、百年大计。协调语言与政治、经济、文化之间的关系，皆需要语言实现统一。据教育部统计的数据显示，2020年全国范围内普通话普及率达到80.72%，比2000年提高了27.66%，圆满完成语言文字事业"十三五"发展规划确定的目标。然而，目前中国仍有1/5（约2.7亿）左右的人口不能使用普通话进行交流。在世界主要大国中，我国国家通用语言文字的普及程度和普及质量还处在相对较低的位置。因此，今后一个时期国家通用语言文字推广普及的主要任务转向核心语言文字应用能力，工作重心将转移到注重提高普及水平和质量上来，尤其要提高少数民族地区的语言普及程度。推普助力脱贫攻坚，是语言经济学理论在中国的特色实践，生动地证明了语言因素在助力经济发展中的作用。挖掘中文的经济价值，通过在国内推广普通话、发展国内外中文产业等途径，最大限度凸显语言因素的政治效应。例如，2020年8月上线的商务印书馆《现代汉语词典》（第7版）App，秉持"专业、智能、个性化"理念，积极推动辞书的媒体融合、融媒辞书的编纂出版，开启国民语文生活数字服务、科技服务、智能服务的新时代。App上线以来，市场反响热烈，用户范围广，行销全国所有行政区域以及欧美、东南亚、

---

① ［德］威廉·冯·洪堡特：《论人类语言结构的差异及其对人类精神发展的影响》，姚小平译，商务印书馆1999年版，第52页。

非洲等海外 100 余个国家和地区，深受广大汉语学习者欢迎，付费用户逾 6 万人，取得了显著的社会、经济双效益。

正如上述词典编纂等国家语言政策规划，如何有效评估语言政策的成本和收益，则需要引入经济学的分析方法。语言政策和规划的经济学分析就是将经济学的理论和方法用于语言政策和语言规划问题研究，并考虑经济因素对相关语言变量的影响，过程中更加强调理性选择，目标上更侧重于社会福利的提升①，从而有利于政府合理制定语言规划和政策。积极推动语言经济学发展，依托经济学理论基础，有利于政府科学制定语言政策、合理规划语言战略等，为国家语言文字事业转型升级发展提供了坚实的学理支撑。

2. 语言经济学是推动经济社会发展的新增长点

语言与经济之间存在千丝万缕的联系。当今世界的语言传播，背后几乎都有经济因素的拉力。一方面，跨国企业并购和交易等行为日益频繁，企业的语言使用取向反映着经济体的实力，也会给其他领域的语言使用带来影响；另一方面，二语习得、互联网发展以及网民数量特别是语言信息技术的发展，也更加依赖经济力量。经济本来是语言工具功能的间接参项，就某种意义而言，当今世界语言格局几乎就是世界政治经济格局的附属产物，每种语言的地位及其工具功能的强弱，与其国家的政治经济地位密切相关。② 表 1-1 展示了世界主要语言的经济实力排名。

表 1-1	世界主要语言的经济实力排名				单位：10 亿美元	
	2005 年		2008 年		2013 年	
	次序	GDP	次序	GDP	次序	GDP
英语	1	12717	1	19837	1	21949
汉语	5	2400	2	5210	2	14655
西班牙语	4	3204	5	4364	3	6568

---

① 黄少安等：《语言经济学导论》，商务印书馆 2017 年版，第 52 页。
② 王春辉：《当代世界的语言格局》，《语言战略研究》2016 年第 4 期。

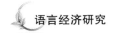

续表

	2005 年		2008 年		2013 年	
	次序	GDP	次序	GDP	次序	GDP
印地—乌尔都语	11	215	15	570	4	5004
日语	2	4598	3	4924	5	4729
法语	6	2215	6	4097	6	3526
德语	3	3450	4	4504	7	3227
俄语	10	584	8	1959	8	2980
葡萄牙语	9	872	10	1913	9	2906
意大利语	7	1207	7	2332	10	1805
阿拉伯语	8	984	9	1914		
孟加拉语	12	113				
印度尼西亚语	13	38	13	931		

资料来源：王春辉：《语言治理的理论与实践》，中国社会科学出版社 2021 年版，第 144 页。

语言产业作为一个新兴第三产业，具有知识经济、低碳绿色经济以及科技附加值高等特点。大力发展语言产业十分契合国家"十四五"规划纲要的内容和目标，服务国家战略性规划。经济发展背后的"语言之手"起了统一语言文字的作用，帮助降低学习的成本，激励人力资本提升，从而推动经济增长。王春辉将语言对市场和经济发展的影响称为经济背后的"语言之手"，并在不同场域发挥着作用。① 除此之外，经济背后的"语言之手"还可体现在语言距离对于经济发展、国际贸易、国际劳动力流动的双向作用；世界主要语言与经济体规模呈现规则性对应；作为一种制度形式，语言异质性会成为技术扩散、劳动力流动等的阻力；作为一个常规研究领域，语言能力对于家庭、个人社会经济地位的提升影响明显。在后殖民国家、全球金融市场的发展中，也纷纷展现出了"语言之手"的作用。② 随着国家经济

---

① 王春辉：《经济背后的"语言之手"》，第四届国家语言战略高峰论坛论文，南京大学，2019 年。

② 王春辉：《语言治理的理论与实践》，中国社会科学出版社 2021 年版，第 15 页。

由高速发展向高质量发展过渡，加快构建区域经济、加速发展数字经济以及加强科技创新能力，成为推动国家整体经济实力转轨升级的核心要素。

（1）语言服务与区域经济。加快构建以国内大循环为主题、国内国际双循环相互促进的新发展格局。语言经济在服务构建"双循环"发展格局中，需要语言文字更好地发挥服务大局和桥梁纽带的关键性作用。截至 2020 年，中国已经陆续建立了 21 个自贸试验区。围绕国家区域发展战略，加强粤港澳大湾区、雄安新区、自由贸易试验区等语言服务和语言规划，综合提升语言服务在促进区域经济一体化建设中的支撑功能。在区域经济发展当中，语言学可以在如下几个方面起到关键性作用：第一，帮助确定城市群管理者的工作语言。具体来讲，关系到管理者的内部工作用语和外部沟通用语。第二，语言是经济活动的伴侣，贯穿于整个社会生产活动的始终。发展区域经济的过程中，应该以高度的语言意识为指引，形成统一的语言沟通体系，降低沟通成本，提升沟通效率。第三，引领经济区语言产业的发展。如何在区域经济中发展语言产业，以及如何在生态经济带发展语言产业，是未来语言经济学的重要研究方向之一。其中包括：把语言数据看作数字经济的关键生产要素，提高计算机的算力，让计算机在算得更多、更快、更准的同时，还要兼顾低耗能的需求。除此之外，推广语言是最重要的数据的理念，发展语言数据产业与职业。通过对语言数据进行集聚、管理、规范、共享，以实现语言数据的市场化、数字化、智能化和洁净化。第四，解决经济区应急语言服务的问题。

我们以粤港澳大湾区为例来说明语言服务在区域经济发展中的作用。中国的粤港澳大湾区是继美国纽约湾区和旧金山湾区、日本东京湾区之后的世界第四大湾区，包括香港特别行政区、澳门特别行政区和广东省广州市、深圳市、珠海市、佛山市、惠州市、东莞市、中山市、江门市、肇庆市，总面积 5.6 万平方千米，2017 年年末总人口约7000 万人，是中国开放程度最高、经济活力最强的区域之一，在国家发展大局中具有重要战略地位。建设粤港澳大湾区，既是新时代推动形成全面开放新格局的新尝试，也是推动"一国两制"事业发展的新实践。[①] 多语言、多文字是粤港澳大湾区最鲜明的语言特征，融汇了汉语、英语、葡萄牙语，以及汉语方言粤语等。因此，在湾区大力推广国家通用语言文字、构建和谐语言生活、增强语言与国家认同，是粤港澳大湾区语言文字事业的重要任务。需要围绕和依据大湾区建成国际一流湾区和世界级城市群的目标战略，进一步完善湾区的语言文字服务，打造国际语言环境和多语种人才聚集地。在具体举措上：第一，面对香港"两文三语"的现状，要大力推广国家通用语言文字，在法律上明确普通话与简化字的地位、将普通话教育适度融入考评体系、粤港合作推进普通话教学；第二，粤港澳三地应加强语言人才培养协同规划，香港发挥英语辐射英语系国家作用，澳门发挥葡语辐射葡语系国家作用，强化英语和葡语人才培养基地作用，广州、深圳等面向"一带一路"沿线国家加强相关多语种外语人才的培养和储备；第三，持续完善语言服务在促进大湾区互联互通方面的质量和效益。语言环境建设要将信息传达的速度和效率作为第一诉求，立足当下、面向未来、科学规划。[②] 优质的语言服务有助于粤港澳大湾区建成宜居宜业宜游的优质生活圈，在城市轨道交通、旅游、酒店、高校和医疗机构、居民住宅小区等公共场所提供语言服务配套措施，有助于打造良好的语言文字环境、塑造优质生活、提升居民的融合度与生活舒适度。总而言之，在国家经济结构转轨升级、国内外经济双循环的新发展格局推动下，做好粤港澳三地的语言政策和规划的必要性和紧迫性进一步凸显。加强通用语言文字推广与国家认同，挖掘语言资源红利，做好语言能力和语言服务建设，使语言学能够更好地在服务粤港澳大湾区建设和"一国两制"事业发展中发挥作用。

（2）语言服务与数字经济。数字经济的兴起，语言作为数据信息的一种重要形式，发挥了独特的作用，语言经济在未来社会数字化发展浪潮中方兴未艾。智慧城市是当前城市建设和发展的重要趋势。当

---

① 新华社：《中共中央国务院印发〈粤港澳大湾区发展规划纲要〉》，新华网，http：//www.xinhuanet.com/politics/2019-02/18/c_1124131474_5.htm.

② 中华人民共和国教育部：《〈粤港澳大湾区语言生活状况报告〉有关情况》，教育部政府门户网站，http：//www.moe.gov.cn/fbh/live/2021/53486/sfcl/202106/t20210602_534892.html.

前智慧城市语言服务具有语言服务数据化、计算机中介交流普遍化和人机耦合三大特征。语言数据对智慧城市建设具有重要作用。智慧城市的语言服务更加依靠新技术解决城市语言管理中的问题，以实现相应目标。语言数据是最为重要的数据，是数据这一生产要素的组成部分，也与其他一些生产要素发生各种各样的关系。[①] 在智慧城市建设中，由于算力和数据的大规模增长，语言不仅是传统意义上个人发出的声音或者文字符号，还可以以语料数据的形式存在。[②] 智能机器随着智慧城市的建设逐渐进入生活，机器和人同时成为语言产生和传播的主体，进而改变了传统的人类交际，催生出了人机交际和人机共生模式。在自然语言处理、大数据、云计算等新技术的辅助下，智慧城市的语言服务在过去 10 年间诞生了不少服务商，催生了语言服务产业的智慧化业态转型。其中，机器翻译作为语言服务产业领域重要分支之一，与人类协同配合，提供翻译、咨询、引导等多种服务。

（3）语言服务与科技创新。随着新技术的不断发展，语言服务在未来会向着更加智能化和集中化的方向发展，达到"语言+科技"的双轮驱动发展。"集中化"指的是语言服务产业高度产业化发展、集中度增强，由于技术和资本的集中化，少数科技企业有能力重构产业链，为全国乃至全球提供特定类型的语言服务。科技创新需要语言文字事业协同，语言作为数据信息的重要载体之一，语言文字信息化、智能化是社会智能化、数字化的基石。一些核心语言科技如自然语言处理、人机对话、语音识别等，在信息留存、语料库建设等语言文字事业中的作用不可或缺。但是由于数据和算力的缺乏，特别是相较英文标准下的中文开源数据集的匮乏，成为制约中文信息处理领域发展的"瓶颈"。对此，可以发挥产业协同作用，通过共建中文自然语言处理数据及算力支持、中文语言人工智能等服务和技术，推动中文在互联网、金融、医疗、教育等诸多领域发挥作用，综合提升产业智能

---

① 李宇明：《数据时代与语言产业》，《山东师范大学学报》（社会科学版）2020 年第 5 期。

② Rodrigo Agerri et al. , "Big Data for Natural Language Processing: A Streaming Approach", *Knowledge-Based Systems*, Vol. 79, 2015, pp. 36-42.

化水平。不仅如此，语言文字未来或许还可以引领计算机编程语言的创新，进而实现使用人类的自然语言编写程序。

（二）语言经济学与"一带一路"建设

语言的资源属性决定了语言产业化发展是必然趋势。"一带一路"倡议，是中华文化"走出去"的地缘基础。语言产业可以成为共建"一带一路"倡议中除基础设施互联互通和贸易投资外新的经济增长点，为"一带一路"合作伙伴提供更多市场机遇、投资机遇、增长机遇。"一带一路"沿线国家语言种类众多、资源丰富、状况复杂。截至 2021 年 6 月，中国已经与 140 个国家、31 个国际组织签署了 205 份共建"一带一路"合作文件。①

"一带一路"互联互通，语言先行。"一带一路"语言服务在"一带一路"旅游、经贸合作、医疗等方面可以为沿线国家贡献语言红利，减少沟通交流成本。重视沿线国家语言问题，做好"一带一路"语言战略规划，平衡沿线国家多元语言利益诉求，实现沿线国家语言互联互通，把握语言政策产生的经济效益，对推动新时代下中国经济转型升级、建设更加紧密的"一带一路"伙伴关系具有重大意义。语言互通是"一带一路"沿线国家开展合作的前提，是政策沟通、设施联通、贸易畅通、资金融通、民心相通的基础。面对"一带一路"沿线国家千差万别的语言状况，需要各方共同努力攻关语言翻译技术、提高语言服务质量、克服语言之间的障碍，推动语言服务产业化、规模化发展，使语言产业在竞争中实现完善与发展，最终实现共建"一带一路"语言互联互通。

目前，语言服务面临三大问题：一是小语种人才不足；二是语言与专业结合不足；三是整体市场化不足。为此，根据时代的新要求推动"一带一路"语言服务，可以从以下几个方面着手：第一，加强对"一带一路"沿线国家和地区语言状况的研究，特别要重视语言政策、语言习惯和语言差异的研究，详细了解各地语言发展的情

---

① 新华社：《习近平向"一带一路"亚太区域国际合作高级别会议发表书面致辞》，中国"一带一路"网，https：//www.yidaiyilu.gov.cn/xwzx/xgcdt/178059.htm。

况。第二，注重培养语言人才，提高通用语和非通用语的教育质量，为高质量共建"一带一路"储备丰富且高质量的语言人才。第三，紧密贴合数字"一带一路"的发展态势，充分利用信息技术开展语言服务、发展语言产业，发挥"数字+"在"一带一路"语言建设中的优势作用。

随着"一带一路"基础设施互联互通合作项目规模不断扩大，很多共建国家对于既懂语言，又具备专业知识技能的复合型人才的需求也逐渐上升。从中国国内对小语种的教育方面来说，自 2015 年以来，国内已有多所高校响应国家非通用语外语语种人才培养的号召，开设"一带一路"非通用语或小语种语言课程，旨在为"一带一路"建设提供语言支持。根据中国翻译协会发布的《中国语言服务行业发展报告（2020）》数据显示①，截至 2020 年 6 月，2020 年全国外语类计划招生专业涵盖的语种在 10 种及以上的高校共计 20 所，同比增加了 4 所院校。其中，北京外国语大学依旧处于领先位置，目前不但开设了 100 多个语种教学，而且其 2020 年招生专业涉及的语种数量位居全国第一，共有 42 种。其次是上海外国语大学（28 种）、广东外语外贸大学（25 种）、天津外国语大学（22 种）、西安外国语大学（21 种）、北京大学（19 种）、北京第二外国语学院（19 种）和中国传媒大学（18 种）。

从其他国家民众的中文教育方面来说，作为中国向"一带一路"共建国家提供的国际公共产品，中国有必要为各国民众学习中文提供力所能及的帮助，推动中文的国际有效供给。因此，需要加大培养"中文+专业"人才，促进中文教育为其他产业赋能，助力中国与世界各国共同发展繁荣的案例和项目，高质量服务"一带一路"建设。例如，在沿线国家建立"中文+职业"或"中文+职业技能培训"的培养模式，包括"中文+航空、铁路、农业、商贸、旅游"等，实实在在立足于当地需求，为实现互联互通提供便利。实践表明，此举不

---

① 中国翻译协会：《中国语言服务行业发展报告（2020）》，中国翻译协会 2020 年版，第 11 页。

仅为当地中文学员扩大了就业渠道，也为增进各国语言文化交流发挥了独特作用。

"一带一路"语言经济价值的实现机制也应包括应急语言服务。应急语言服务成为疫情冲击下维持"一带一路"合作伙伴关系的重要纽带。2020 年面对突如其来的新冠肺炎疫情，"一带一路"沿线国家守望相助，共克时艰，推动共建"一带一路"继续前行。其中，应急语言服务及语言产业为全球抗疫合作和经济复苏做出了重要贡献。具体表现在以下几个方面：第一，疫情防控需要通过应急语言服务来提高防控效率、普及防疫知识、加强舆情引导等，有利于共建国家之间高效地"通心""通事"；第二，构建"一带一路"健康卫生共同体，应急语言服务在医患沟通、医疗救助等工作中起到越来越重要的基础性作用。完善语言产业结构，发挥应急语言服务关键作用，综合提升"一带一路"共建国家联防联控机制效率。

（三）语言经济学与文化传播

语言具有文化功能，包括一般文化功能和语言认同功能。[①] 一方面，就语言的一般文化功能来说，语言是文化最重要的承载者。在语言文字发展的各个阶段，人们通过不同的语言形式来保存和记录文化，如口头语言、楔形文字等。同时，语言也是文化最主要的阐释者之一，文化通过语言得以凸显，其表现力得到充分展示。另一方面，就语言的认同功能来说，语言认同是文化的认同、身份的认同。如何量化评价语言的文化功能，抑或是语言对于文化传播的作用？对语言的文化功能进行评估，可以采用以下几个参项：①书面语的有无。②文献出版量。语言产生的文献（历时和共时）数量越多，声望越高，其文化功能便越大。③翻译量。文献翻译是跨语言产生文化影响的活动，既是文献声望的一种表现，也是语言文化功能的重要表现。目前，汉语作为翻译的中枢地位还比较弱。④名人、名物数量。一个民族或国家，其拥有的世界名人越多，世界有名的物质——非物质文化遗产越多，与之对应的语言，其文化功能会越大。

---

① 王春辉：《语言治理的理论与实践》，中国社会科学出版社 2021 年版，第 203 页。

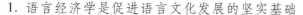

1. 语言经济学是促进语言文化发展的坚实基础

语言文字事业在中国特色社会主义"五位一体"总体布局中明确定位于"文化建设"。构建和谐的语言生活，除了要继续关注语言的工具职能，更要关注语言的文化职能，语言本体背后根植的深厚思想为中文语言产业发展提供了强劲的根基。

当今世界，要实现世界经济再平衡必然要处理好经济与人文的关系。未来的风向是经济与人文学科的深度融合，呈现出经济文化化、文化经济化的态势，经济文化一体化的趋势越来越明显。[①] 在经济的视角下探索语言的经济属性，以及在语言的视角下剖析经济变量的作用，深入挖掘两个学科之间的交叉契合点，为促进语言文化的发展奠定坚实基础。文化自信需要语言文字发力。汉语言文字作为优秀的文化资源，其背后潜藏的巨大价值有待深入挖掘。提振语言文字自信、利用语言文字传播文化。国际发展需要语言铺路搭桥。根据服务国家发展战略、建设语言强国的要求，正式将"语言服务"和"中华语言文化传承传播"确立为工作任务，极大地丰富了新时代语言文字事业的内涵和外延。

2. 语言经济学是提升中华文化传播力的重要途径

汉语国际推广（国际中文教育）是提升中华文化对外传播力、向世界讲好中国故事，以及构建高水平国际传播体系的关键依托。据统计，截至 2020 年年底，中国已经在全球 160 多个国家和地区建立了 500 多所孔子学院和 1100 多个孔子课堂[②]；受新冠肺炎疫情影响，2020 年全球已有 100 多个国家的 22 万余名考生在 600 余个考点参加了各类汉语水平考试。国际中文教育事业经过近十年的发展，在国际语言传播市场已经形成了一定规模的影响力，为缓解国家就业压力、提升全球软实力、增强中文国际化等发挥了重要的作用。[③] 随着中国不断接近世界舞台的中心，我们应该趁势而上，加快推进中文产业和

---

① 赵磊：《"文化经济学"的一带一路》，大连理工大学出版社 2016 年版，第 33 页。

② 数据来源于教育部中外语言合作交流中心发展规划处王甬处长在北京语言大学的演讲（2020 年 11 月 22 日）。

③ 王春辉：《语言治理的理论与实践》，中国社会科学出版社 2021 年版，第 164 页。

国际中文教育事业的发展进程，依托现有资源如孔子学院、孔子课堂等语言机构，进一步优化教师、教材与教学资源建设，完善人才队伍培养机制，结合数字技术大力开发中文语言产品，构建更加开放、更加包容、更加规范的现代国际中文教育体系。完善中文产业的发展体系和机制，促进优质资源整合、核心要素流通，加快形成以中文语言为内容或加工处理对象的中文产业形态。推动中文进一步成为国际公共产品，在获取经济价值的同时，也极大地提升了中文在世界语言格局中的地位和功能。例如，提高中文在国际组织和国际会议中的使用程度、增强中国的学术知识供给和表达能力。以语言经济学学科为理论支撑和学理基础，深度挖掘中文的经济价值不仅可以为国家贡献新的经济增长点，而且可以提升中文作为国际通用语的新高度。

（四）语言经济学与全球治理

全球治理指的是通过具有约束力的国际规则解决全球性的冲突、生态、人权、移民、毒品、走私、传染病等问题，以维持正常的国际政治经济秩序，并提出了全球治理有五个要素：价值、规则、主体、对象、结果。[①] 全球治理是由国家或经济体构成的多权力中心的国际社会，为处理全球问题而建立的具有自我实施性质的国际制度、规则或机制总和；或在没有世界政府的情况下，各国博弈者通过集体行动克服国际政治中市场失灵的努力过程。[②] "二战"以后，建立起了以联合国为核心的全球治理体系，在联合国体系中各国地位平等，以一国一票的方式来达成应对全球问题的决议。当今的全球治理体系包括联合国安理会支撑下的全球安全体系，世界贸易组织、国际货币基金组织和世界银行支撑下的全球经济体系，以及其他联合国专门机构，如世界卫生组织、联合国教科文组织、国际劳工组织等支撑下的全球社会体系。"二战"以后形成的全球治理体系，虽然在维持世界总体和平稳定上做出了很大贡献，但是由于区域经济发展不均衡，导致现有体系在解决全球性贫困问题上常常失灵，全球治理体系的裂缝正在逐渐扩

---

① 俞可平：《全球治理引论》，《马克思主义与现实》2002 年第 1 期。

② 张宇燕、任琳：《全球治理：一个理论分析框架》，《国际政治科学》2015 年第 3 期。

大。新时代呼唤新的规则体系，中国作为世界上发展最快的国家，有必要与其他国家携手积极推动全球治理体系变革，为改革和完善全球治理体系贡献中国智慧。语言经济和语言产业是一个新兴的第三产业，其背后潜藏的巨大经济价值和政策意义还没有被社会普遍认识到，然而语言经济却在很多方面对提升全球治理效能起到重要作用，具体表现在如下几个方面：第一，发展语言经济、语言产业有助于推动我国构建双循环新发展格局。当前，我国教育培养、科技创新、区域建设等都面临较大的语言文字需求，生产语言产品、提供语言服务能够在国内大循环体系下，有效满足人们的市场需求。第二，中国大力发展国家语言文字事业，积极推广国家通用语言文字，发挥语言的经济效益，在一定程度上解决了贫困问题。语言经济在中国的发展为其他发展中国家总结和提供了语言脱贫的成功实践经验，有利于解决发展中国家自己的问题，携手推动和完善全球治理体系。

1. 语言经济学是解决全球性语言问题的关键途径

首先，在国家治理层面，语言因素是国家治理的重要领域。从宏观层面来讲，在应对语言濒危、语言赤字等全球性语言问题，并且当这些问题已经对经济社会发展造成阻碍时，全球经济增长中的"语言之手"便起到了关键性作用。在全球目前已知的大约 6700 种语言中，其中约有 40% 成为濒危语言。然而，随着社会信息化、智能化发展，语言数据已经成为信息时代的生产要素，而且很多语言承载着极其重要的历史信息，是一国文化遗产保护的关键性资料来源。其次，在全球治理层面，语言文字服务能力直接关系到一国的信息资源保护以及国际空间开拓。例如，为保护国家语言资源，中国语言资源保护工程近几年在全国各地开展了数以千计的田野调查，持续推出各项标志性成果。其中，以中国语言资源保护工程采录展示平台为代表的语言数据平台，以及中国语言资源有声数据库等，是国家语言资源建设工程的重要组成部分，主要任务是保存和管理大规模汉语方言和少数民族语言调查点采集的多媒体数据，利用科学化、规范化和具有前瞻性的技术手段，实现所有语言资源的数字化存储管理、整理分析和应用展示，并利用互联网面向社会大众采集语言资源。① 工程的标志性成果还包括《中国濒危语言志》系列丛书的出版，丛书包括"少数民族语言"和"汉语方言"2 个系列，收录我国濒危少数民族语言和汉语方言共 30 种。建立语言数据库、互联网、博物馆、实验室，向公众提供语言文字服务等，是保护一国语言文化资源的必要手段。工程的成功经验和成果得到联合国教科文组织高度评价和积极借鉴。中国语言资源保护工程的成功实践，对引领和指导全球保护语言资源和语言多样性的政策和行动发挥了重要作用；为世界解决全球性语言问题、提升语言治理水平贡献了中国智慧。

2. 语言经济学是推动全球治理主体多元化的重要手段

与传统意义上的"管理"相比，"治理"更强调多元主体管理，民主化、参与式、互动式管理，而不是单一主体管理或命令式的管理。语言产业作为语言因素对于经济社会贡献的最直观的表现形式，涉及多元主体，包括语言服务企业、语言培训机构、高校、出版社、科技公司等，各主体在不同层面、方式和维度上利用语言资源获取红利，这是有效规划和管理语言资源的手段之一。在这种多元主体管理的发展模式下，政府统一管理的作用被弱化，多元主体作用突出并且更加灵活。语言治理辅助国家治理成效。语言文字不仅是社会治理的重要工具，也是治理的主要对象，直接关涉国家的长治久安。如何处理复杂的语言关系和国家语言认同问题、网络空间语言生活治理、机器语言管理等，都是社会治理亟须解决的重大现实问题。因此，亟须健全语言文字治理体系，提升治理能力。

3. 语言经济学是促进中国深度参与全球治理的实践路径之一

目前，中国已经成为世界第二大经济体。随着中国综合国力不断上升，其经济增长速度、政治影响力度以及文化传播程度均位居世界前列。但是当下中国的对外传播仍处在一个有理说不清，说了没人听，听了没人信的尴尬境地，根本原因在于没有建立起自己的话语体

---

① 国家语言文字工作委员会：《中国语言文字事业发展报告（2020）》，商务印书馆 2020 年版，第 69 页。

系。2021年5月31日，习近平总书记在主持第十九届中央政治局第三十次集体学习时强调："讲好中国故事，传播好中国声音，展示真实、立体、全面的中国，是加强我国国际传播能力建设的重要任务。要深刻认识新形势下加强和改进国际传播工作的重要性和必要性，下大气力加强国际传播能力建设，形成同我国综合国力和国际地位相匹配的国际话语权，为我国改革、发展、稳定营造有利的外部舆论环境，为推动构建人类命运共同体做出积极贡献。"要广泛宣传介绍中国主张、中国智慧、中国方案，随着我国日益走近世界舞台的中央，作为一个负责任大国，有能力也有责任在全球事务中发挥更大作用，同各国一道为解决全人类问题做出更大贡献。自改革开放以来，语言因素为中国的经济发展和民族振兴做出了独特的贡献。近年来，随着国民语言意识日渐提高，语言在经济社会中的作用也逐渐凸显。除此之外，李宇明教授在第十三届中国语言经济学论坛的主旨演讲中提到，国家出行，语言先行。发展语言经济对促进中国深度参与全球治理的理论和现实逻辑在于，语言经济凸显了语言在经济社会中的贡献度，尤其是语言产业的发展，让语言资源得以通过规模化、专业化发展从而达到其最大效用。

4. 中文有效供给是全球治理的公共需求

近年来，随着世界各国相互依存程度不断加深，全球性热点问题此起彼伏，全球治理的必要性与紧迫性进一步凸显。中国作为负责任大国，积极参与和推动全球治理体系变革，而全球治理效力的提升需要中国提供更多物质性、理念性和制度性的国际公共产品。谋划中国和中文在构建人类命运共同体中的重要意义，为语言全球治理提供中国方案和中国智慧。中文不仅是国际社会认知、理解和享受中国所提供的各类国际公共产品的钥匙，而且其自身也因各国居民的语言教育和国际交往需求，正在成为一种国际公共产品。中国将以更优化、更有效的方式向世界提供中文国际公共产品，从而为全球治理和人类命运共同体的建构贡献更多中国智慧和中国方案。[①] 目前，中国在参与全球治理的过程中，面临的一个矛盾现象是：中国的经济实力已经充分给予了中国推动全球治理体系改革的重要角色，但是由于中国的语言意识相对薄弱，未能建立完善的对外话语传播体系，导致中国并没有充分做好深度参与全球治理的准备，主动设置议题的能力亟须提升。具体表现之一就是，中文有效供给能力不强，包括中文在国际组织中的影响力偏弱、在国际会议中的使用比例不足，以及在学术领域的发展力偏低。中国已经承担了世界上 4/5 的翻译业务，但是中文始终未能成为跨语言服务中的轴心语言。李宇明把轴心语言定义为：处于信息中心地位的语言。当下，全球翻译市场的轴心语言仍然为英语，即英语仍然是两种语言转换的中间语言。处在轴心地位的语言也就处在语言信息中心地位，具有数据生产、信息转换的优势。中文目前不具备这样的优势，而为中文争取相应国际地位的条件有以下几种：中国的经济工业能力、中国独特的文化传承、中国的科技创新力和生产力、中国的信息化和数字化能力，以及大城市和旅游业语言使用现状。其中，中国的科技生产力已经达到了一个前所未有的高度，语言技术已经成为人工智能领域的掌上明珠，引发各类语言科技产品层出不穷。那么，如何利用先进技术为语言产业赋能，综合提升国家整体语言能力，提高中文的国际地位和国际话语权，是我们走向社会主义现代化国家之路上必须要思考的问题。

随着越来越多国家和地区将中文纳入国民教育体系，越来越多的外国大学开设中文院系专业，国际社会对中文的需求持续上涨。中国作为中文的母语国，有责任、有义务为各国民众学习中文提供力所能及的帮助，推动中文的国际有效供给。从供需角度来讲，供给不充分、不平衡，所以国际中文教育应当从供给数量和质量上充分满足日益增长的全球中文学习需求。另外，个性化、差异化和多样化的语言学习需求与日俱增，对国际中文教育的理念、产品、发展模式等提出

---

① 王海兰：《中文有效供给是全球治理的公共需求》，光明日报网，https：//news. gmw. cn/2020-08/18/content_ 34094838. htm。

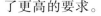

了更高的要求。

5. 语言是全球治理的安全战略资源①

一方面，国家安全需要语言的基础保障。语言是国家安全的治理工具、资源和要素，在安全威胁日趋复杂的背景下，国家安全需要语言事业支持。另一方面，语言是全球治理的安全战略资源。具体来讲，语言资源观认为，语言的经济属性、文化属性、政治属性、智识属性和社会属性，分别对应经济安全、文化安全、政治安全、教育安全、社会安全、公共安全等诸多安全领域的深层次问题。从语言经济学角度看，语言经济则是全球经济治理领域的安全战略资源：通用语言能力的提升在降低交易成本、实现扶贫减贫、推动区域经济发展中的作用不可低估。当前在人工智能和大数据加速发展的浪潮下，语言智能产业是方兴未艾的"朝阳产业"。从国际经济安全角度看，例如，在"一带一路"建设中，面对沿线国家的具有高度多样性的语言与文化背景，制定健全完善的外语规划，可以合理调动外语资源配置，以此降低和应对海外投资的安全风险，化解国家在海外利益拓展中可能遇到的跨文化语言风险。

第三节　语言经济学的学科体系

一　语言经济学的学术进展

语言经济学及其相关研究目前大体有五个取向：一是人力资本理论框架下的语言与经济关系研究，如语言与收入、语言动态发展、语言政策的经济学分析等传统语言经济学研究；二是用经济学方法来分析语言的结构、现象及相关语言问题，如鲁宾斯坦等所进行的语言结构、语义及语用的博弈分析等；三是用经济学的方法研究不同语言本身的产生、演化；四是经济学语言的修辞，即以麦克洛斯基（McClo-skey）为代表的对经济学语言的研究；五是具体研究语言产业、语言

---

① 沈骑：《语言在全球治理中的安全价值》，《当代外语研究》2020 年第 7 期。

经济战略及其与经济增长的关系。① 目前，中国国内的语言经济学发展方兴未艾，已经从最初仅对西方的理论阐释到如今构建出具有中国特色的理论体系框架，语言扶贫就是最佳例证之一。自改革开放以来，脱贫攻坚就是我国全面建成小康社会的艰巨任务。2020 年，我国脱贫攻坚取得了全面胜利，完成了消除绝对贫困的艰巨任务，创造了又一个彪炳史册的人间奇迹。在这场脱贫攻坚战中，我国语言文字事业做出了特殊的贡献。

近十年来，国内有关语言产业的研究较多，基本上围绕语言产业的业态、语言产业在国民经济中的贡献度、语言作为人力资本提高个人工资收入这些研究问题展开。然而，基于大规模统计数据，对语言产业在国民经济中的贡献度的量化研究还是比较欠缺的。自"一带一路"倡议提出后，"国之交在与民相亲""民心相通，语言先行"的概念深入人心，"一带一路"语言服务便成为前沿和热点研究趋势，有关"一带一路"语言经济价值实现机制的研究也不断涌现。实现"一带一路"语言互联互通，是在贯彻落实习近平总书记提出的从"大写意"到"工笔画"的建设方针下，对高质量共建"一带一路"实践途径的有益探索。

中国的语言经济学论坛迄今为止已经举办了十二届。在 2021 年 7 月 15 日召开的第十三届语言经济学论坛上，国内外多位知名学者从不同研究视角出发，围绕国家通用语言文字推广、国家翻译能力、语言扶贫、方言经济学、语言文化特质、语言战略规划、语言能力对经济因素的影响、语言文化与社会发展等热点话题进行了充分的讨论。由此可见，国家语言能力建设、语言对经济社会发展的影响和语言战略规划，是国内语言经济学领域学者比较关注的前沿话题，充分体现了服务国家战略全局的政策性导向，也有力地促进了语言学界和经济学界的思想互动与话语沟通。未来几年，语言经济学要继续以国家"十四五"规划为政策指引，以前沿科技和产业变革领域为依托，前瞻谋划未来语言产业发展。加快语言智慧服务、语言知识技术、语言

---

① 黄少安等：《语言经济学及其在中国的发展》，《经济学动态》2012 年第 3 期。

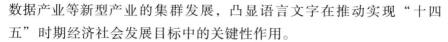

数据产业等新型产业的集群发展，凸显语言文字在推动实现"十四五"时期经济社会发展目标中的关键性作用。

二　语言经济学的研究方法

语言经济学主要采用经济学的理论、方法及工具，把语言和言语行为当作研究对象的交叉学科。下文将分别从经济学和语言学两个角度出发，详细介绍两种理论研究视域下的主导研究范式和方法。

从经济学研究的角度出发，语言经济学研究的主导范式为实证研究，研究方法主要包括计量实证回归法、模型构建、案例研究等。主要以贸易引力模型和部分经济增长模型为主，考察语言变量与贸易等诸多变量之间的相关关系和影响。和语言学传统研究相比，语言经济学的长处在于基于定量的实证分析对研究问题进行整体把握。最常见的、一般意义上的实证研究是指利用大规模数据库进行计量回归分析。其中，实证分析中存在的三个问题需要考虑：第一，包括因果推断、内生性在内的计量回归技术与手段问题；第二，数据的可得性以及数据的结构问题；第三，在提出假设和设定理论模型时，假设要与现实相符。

从语言学研究的角度出发，话语分析是语言经济学另一种比较常用的研究范式，主要是以经济学理论为指导，分析经济学中使用的话语，包括语法、结构、修辞等方面的特点，以及不同话语结构和片段如何反映经济思想和观点。一般来说，经济学用语也应该符合其所承载文字所规定的"省力、简约"的原则，以最简洁的文字阐明原理和观点。另外，就是通过话语分析，考察经济学原理和方法在人类语言起源和变迁中的作用。

结合现代技术发展背景，未来"语言+人工智能"领域大有可为。因此，学术研究也应充分考虑到研究结果的实际应用层面，扩展现有研究方法，纳入大数据处理、算法和模型预测、知识图谱和情感分析等自然语言处理有关研究方法，力求将语言学、经济学等社会科学更好地融入现代社会发展图景，也为学科未来发展奠定坚实的理论和技术基础。

三 语言经济学的学科支撑

语言经济学主体上是语言学与经济学的交叉学科，题目宏大且含义广泛，不同学科背景的研究人员对其有不同的理解和认识。语言经济学与其他学科也密切相关，例如，社会学、教育学、人口学、信息学、传播学等学科，相互吸收、相互借鉴，具有多元学科交叉融合的背景。但是其研究对象不能脱离两个主题，一个是经济活动对语言的影响，另一个是语言及语言行为对经济的作用。[①]

首先，语言经济学与语言学和经济学两个学科既有联系又有区别。联系在于：语言学和经济学是语言经济学学科体系的主干，也是最重要的两个研究视角，起到了基础性的支撑作用。语言学中的语言特征、语言属性，是语言经济学研究的起点；经济学中的经济成本、效益，是语言经济学研究的落脚点。语言学与经济学，共同形成了两条研究主线，而绝大部分的研究也都遵循着这两条逻辑主线。而且，语言经济学就是研究语言本身的产生、演变规律及其与经济活动关系的经济学分支学科，它可以从语言学中汲取有意义的素材。其次，区别在于：语言经济学是采用经济学的方法研究语言以及语言与经济活动的关系，属于经济学科。而语言学界的著名语言学家如布隆菲尔德、乔姆斯基等学者非常注重确立学科的界限，语言学通常被定义为研究语言的科学，或对语言的科学研究，是一个内涵丰富而又激动人心的领域。

近年来，随着以语言为服务产品的语言产业的快速发展，语言经济学出现了产业研究趋势，"语言产业经济学"应运而生。语言产业经济学是在产业经济学的视野下，运用产业经济学的方法对语言产业进行研究的新兴学科，是产业经济学的一个分支。从现阶段的学科定位来看，语言产业经济学是介于微观、宏观经济学之间，对中观层面经济活动及规律进行研究的、理论与应用并重的经济学学科，以解决语言产业实践问题、推动语言产业发展作为重要任务。[②]

社会数字化、信息化、智能化的发展浪潮不可阻挡，促使语言数

---

① 苏剑等：《语言经济学及其学科定位》，《江汉论坛》2012年第6期。
② 李艳：《语言产业经济学：学科构建与发展趋向》，《山东师范大学学报》（社会科学版）2020年第5期。

据成为未来社会生产要素之一。语言经济学最早就是由一位信息经济学家所提出的。语言经济学的研究路径将继续拓宽，未来可能融合信息经济学、教育经济学、社会语言学、心理语言学，以及文化传播学等众多学科，丰富语言经济学研究的理论体系。其中，语言经济学和社会语言学之间很多研究主题存在重合现象，语言经济学在某种程度上也借用了社会语言学的研究方法。语言是一种社会行为，语言学就是一门社会学科。也就是说，社会语言学就是语言学。

语言经济学与地理语言学之间也存在密切的相互交叉的关系。地理语言学是指从地理学的角度出发，专门以绘制地图的方式来研究语言（或方言）的地理分布和差异的学科。它把某语言集团的地理位置和该语言集团的历史发展联系起来，阐述一个区域中某地区的语音、语法和词汇在类型上是怎样相似的，在此基础上研究语言或方言的分类，以发现语言变迁的痕迹。地理语言学研究可以为语言经济学研究提供更广阔的视角，扩充语言经济学的研究范围。地理语言学中关于语言谱系的研究、世界小语种语言数据的调查、小语种语言的保护、语言地图的描绘等都扩充了语言经济学的理论体系。

语言的信息传递功能是语言作为一种信息载体最突出的功能。把语言纳入信息经济学研究范畴，或者借用信息经济学研究的方法论来研究语言问题或是语言经济学未来研究的一个新方向。[1] 信息经济学是信息科学与经济学的一个交叉学科，是一门研究信息的经济现象及其运动变化特征的科学，其主要研究信息的经济作用和效果、信息的经济成本和价值、信息产业结构、信息系统和技术等内容。人类从起源到现在，一共经历过五次信息革命，每一次都以一种传播媒介的革命而引发。语言作为人类特有的传递信息的载体，是人类社会最基本的生活及生产元素，语言的产生就是人类史上的第一次信息革命。有了语言系统，人们得以有效地组织社会关系和生活。第二次信息革命是书写技术的成熟，使信息超越了时间和空间的限制，大大提高了人

---

① 宋景尧：《语言经济学研究路径的演变与信息经济学视角下的新探索》，《山东大学学报》（哲学社会科学版）2019 年第 4 期。

们存储信息的能力。第三次信息革命伴随着印刷技术成熟应运而生，加强了人们信息分享和传播的能力，深刻地影响着社会政治经济的发展。19—20世纪，通信技术的进步引领了人类第四次信息革命。直到计算机与互联网技术的诞生，社会进入了第五次信息革命阶段，我们迎来了一个前所未有的信息大爆炸的年代。由此看来，人类语言的变迁始终伴随着信息革命的发生。①

四 语言经济学与新文科建设

2021年4月19日，习近平总书记在清华大学考察时强调，建设一流大学，关键是要不断提高人才培养质量。要用好学科交叉融合的"催化剂"，加强基础学科培养能力，打破学科专业壁垒。习近平总书记还指出，我们要建设的世界一流大学是中国特色社会主义的一流大学，要立足中华民族伟大复兴战略全局和世界百年未有之大变局，讲好中国故事，传播好中国声音，是加强我国国际传播能力建设的重要任务。外国语言文学学科要立足于加强中国国际传播能力这一现实需要，通过外国语言文字扩大国际传播受众面。我国外语类院校肩负着为贯彻落实习近平总书记外交思想提供人才支撑的重要职责，要主动适应国家发展战略，不负时代，不辱使命，乘势而上，在新文科背景下，突破传统的思维模式，守正创新，主动与其他毗邻学科交叉融合，为我国国际传播能力建设培养更多复合型人才。在培养人才时积极应变、主动求变，建设新文科，培养"一精多会、一专多能"的国际化复合型人才。

新文科相对于传统文科而言，以全球新科技革命、新经济发展、中国特色社会主义进入新时代为背景，在传统文科基础上继承、突破、创新，把现代信息技术融入哲学、文学、语言等课程中，促进多学科交叉与深度融合，推动传统文科更新升级。在中国，文科实际上包括人文学科与社会科学，而倡导新文科对于一向处于边缘地带的人文学科来说，实际上具有更大的意义，也意味着更大的发展机遇。学

① 李葆嘉：《语言学的渊源、流派及其学科性质的变迁》，《江苏社会科学》2002年第5期。

界通常认为新文科之"新"主要体现在三个方面：一是超越传统文科的观念与边界；二是打破传统文科的学科体系与人才培养模式；三是构建传统文科所不具备的方法论，包括使用现代科技手段研究人文学科。[①] 最近几年，为了适应新时代哲学社会科学发展的新要求，加强和推进新文科建设是推动学科体系提质升级的必要途径。新文科建设，是指哲学社会科学与新一轮科技革命和产业变革交叉融合形成交叉学科、交叉融合学科及交叉专业的新文科的一系列建设事项和建设工作，即文科教育的创新发展。在 2019 年第四届全国高等学校外语教育改革与发展高端论坛上，教育部高等教育司司长吴岩指出："从世界发展来看，世界的新变革呼唤新文科建设；从中国发展来看，新时代呼唤新文科；从教育改革发展来看，教育方针呼唤新文科建设。"2020 年 11 月，由教育部新文科建设工作组主办的新文科建设工作会议在山东大学召开，会议研究了新时代中国高等文科教育创新发展举措，发布了《新文科建设宣言》，对新文科建设做出了全面部署。新文科建设对推动文科教育创新发展、构建以育人育才为重心的哲学社会科学发展新格局、加快培养新时代文科人才、提升国家文化软实力具有重要意义。《新文科建设宣言》突出了以下几点共识：新时代新使命要求文科教育必须加快创新发展。其中包括：提升综合国力需要新文科、坚定文化自信需要新文科、培养时代新人需要新文科、建设高等教育强国需要新文科、文科教育融合发展需要新文科。在坚持走中国特色的文科教育发展之路的基础之上，明确构建世界水平、中国特色的文科人才培养体系的重要任务，以弘扬中国精神、凝聚中国力量、践行中国道路为方向指引，将中国新文科建设成为具备世界一流水平的学科体系。国内多所高校依托传统优势学科，构建新型学科体系，创建了一批新型交叉学科。外语类院校突破单纯外语教学，增设国别与区域研究课程。

新一轮智能化科技革命蓄势待发，推进智慧城市建设，培养适应智慧时代发展的语言人才，需要打破学科壁垒，推动融合发展。应以

---

① 郭英剑：《新文科与外语专业建设》，《当代外语研究》2021 年第 3 期。

新文科的发展趋势和要求，在过去"外语+专业"复合型人才培养方式的基础上，以现代科学技术和手段赋能，为传统学科知识体系注入时代的力量。在创新人才培养模式和体系的过程中，需要特别注重提升人才的技术意识、工具意识和数据意识。在掌握语言技能和知识的大前提下，能够具备运用技术工具、处理语言数据、创造性地解决理论和现实问题的能力。在新文科背景下，语言学研究不仅要进一步探索语言学内部的融合，还要探索语言学与自然科学、社会科学的交叉融合。随着人工智能、大数据、智慧教育等领域的不断发展，关于语言智能、语言服务等新学科、新专业和新方向的探讨也更加活跃。语言服务可能涉及语言经济学、语言技术学、语言数据挖掘与分析、人工智能、国际组织等不同领域，体现出语言学与教育学、计算机科学、经济学、政治学等的交叉。① 这是站在"语言数据是最为重要的数据"的理论高度上，把语言当作数字经济时代的重要生产要素之一，并且成为新基建的必要条件。集聚、管理语言数据并使其发挥最大作用，将成为人类发展生产的重要任务，语言产业、语言职业将成为数字经济的一大重要支柱。语言经济学作为语言学与另一门基础的社会科学的交叉融合，创造性地把研究人类社会两种基本行为的学科结合起来，实现了学科研究价值和效益的最大化。语言经济学的发展，对于语言学等外国语言文学学科而言，不仅能够帮助实现其社会经济价值和效益，更好地服务于国家"以经济建设为中心"的战略目标，对于经济学而言，有助于拓宽其研究领域和视野。

---

① 戴炜栋等：《新文科背景下的语言学跨学科发展》，《外语界》2020 年第 4 期。

第二章

全球视角下的语言产业分析

语言经济学中一个最重要的研究对象就是语言产业。语言产业目前还不是一个独立的产业，而是分散遍布在许多不同的传统产业之中，与很多传统产业（如文化产业、教育培训产业等）都有交集，学术界和业界也尚未形成语言产业的清晰定义，对语言产业的范围也很难给出明确的界定。并且语言产业的内涵外延也一直随着市场需求的变化不断更新拓展，其存在形态不断推陈出新。

语言产业是语言经济的理论与实践相结合的产物，既是语言经济学研究的出发点与落脚点，也是主要的研究对象。从属关系上，语言产业涵盖的范围要比语言经济小，语言产业是语言经济的重要组成部分，但不是语言经济的全部内容。语言经济活动不仅包含着产业化内容，同时也涵盖经济现象、经济体制、经济结构等领域。但是，语言产业和语言经济都和语言经济学有着密切的关系，语言经济学是利用宏观原理和学理方法来研究和分析语言产业、语言经济的具体问题，对语言及其相关变量进行系统性的研究，如语言产业对贸易和经济增长的贡献、语言政策与文化软实力的关系等。

语言经济的发展对语言产业的带动力和影响力是十分巨大的。以语言教育培训为例，自20世纪80年代以来，随着改革开放和中外跨文化交流活动的频繁展开，越来越多的外国人因为中国文化的独特吸引力来学习中国语言，并从汉语中了解中国文化。2004年，中国借鉴英国文化委员会、德国歌德学院、法国法语联盟和西班牙塞万提斯学院等机构的经验，开始在海外设立以教授汉语和传播中国文化为宗旨

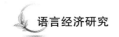

的非营利性公益机构，取名为"孔子学院"。孔子学院作为非营利性的教育机构，其宗旨是增进世界人民对中国语言和文化的了解，发展中国与外国的友好关系，促进世界多元文化发展。第一所孔子学院于2004年在韩国首尔建立，之后每年都有孔子学院在世界各国开办。"汉语热"在全球持续升温，将汉语作为第二语言学习的人数急剧增加，教育、经济、语言、文化在这一层面上紧密地结合起来了。这是语言产业所带来的语言经济的飞速发展，语言产业在语言经济的驱动下展开多样的态势，同样对语言经济产生了促进作用。例如，来自东南亚国家的"孔子学院"学生可以在本国凭借汉语优势在跨国企业中找到一份收入稳定的工作，将从事对华贸易和外交等工作。这是他们热衷于学习汉语的原因，也是汉语热在多元经济体制下为语言产业开辟的另一番天地，同时也是"一带一路"的发展模式。由语言引起的文化互动直接地反映在经济的提升上，这是语言经济与语言产业相结合的最佳表现。

本章我们从语言产业的概念内涵、业态类型和发展历程出发，梳理、总结和分析全球语言产业的发展概况和发展现状，并从产业经济学的视角分析全球语言产业的市场结构、行为和绩效，并在此基础上揭示语言产业的发展趋势和未来前景。

第一节　语言产业导论

语言是人类最重要的交际工具和文化载体，人类活动中产生的80%的信息都是由语言文字来承载和传递的。语言与文化之间有着相辅相成的密切关系，因此语言也能够走向产业化，形成语言产业。本节，我们介绍语言产业的概念、业态、发展历程及语言服务和技术的类型。

一　语言产业的概念

从"语言产业"的字面意思上来看，语言产业要么是把语言做成产业（指语言本体），要么是利用语言去做产业（指以语言为工具），创造出一定的经济效益和社会效益。如果从这两个维度来定性，那么语言产业早就已经存在渗透于人们的生活之中，既有产品形态的，也有服务形态的，例如，国际性活动的各语种翻译、外语教育培训，以及最近在高科技领域兴起的自然语言处理等。

但学术界和业界将"语言产业"作为一个专属概念和行业术语，只是近几年的事情。对"语言产业"的学理性研究，目前都处于萌芽阶段，甚至都没有形成明确和统一的定义。这里我们对近年来学界和业界对"语言产业"的讨论和研究做一个简单的梳理：

2009 年 8 月 17 日，一家位于英国伦敦的语言市场咨询、服务和软件分发企业——语言技术中心（The Language Technology Centre Ltd. ，LTC）向欧盟翻译总司（Directorate General for Translation of the European）提交了一份关于欧盟语言市场规模的调研报告。[①] 该调研历时 6 个月，对欧盟语言产业规模做了综合的、系统的分析，并且分析了当前产业的总体形势和未来发展态势。调研报告中提到的"语言产业"，涵盖了提供笔译、口译、软件本地化及网站全球化、语言技术工具开发、语言教学、语言咨询、多语种国际性会议组织等服务的企业和组织。研究估计，在 2008 年，整个欧盟成员国的语言产业市场总产值达到 84 亿欧元。虽然因行业信息不全，该数字的估算成分较多，但已经是一个保守的数字。

除欧盟之外，一些知名的全球咨询机构也会对全球语言产业进行定期的独立调研并发布相关的研究报告，其中最具代表性的机构是卡门森斯（Common Sense Advisory Research，CSA）、尼姆兹（Nimdzi）和斯莱特（The Slator）。这些机构主要的调研对象是语言服务提供商（Language Service Providers，LSPs），是指提供翻译（包括笔译、口译、机器翻译和译后处理）和本地化服务的公司。

中国国内对"语言产业"的研究基本始于 2009 年前后，在中国知网的学术论文数据库中，以"语言产业"为关键词，分别以篇名、关键词、摘要、主题等作为检索条件，可获取到中文文献 205 篇，其

---

① 调研报告原文地址：http: //ec. europa. eu/education/languages/news/news3725_en. html。

中，2009 年以前的文献仅有 6 篇。2009 年成为"语言产业"研究发展的一个重要时间节点。北京语言大学的李宇明教授，作为国家语言生活的高层管理者和著名语言学专家，在他的著作《中国语言规划论》和《中国语言规划续论》以及演讲、报告中，提出了语言资源、语言红利、语言产业、语言职业等一系列命题。2010 年 9 月 26 日，中国翻译协会在北京举办 2010 中国国际语言服务行业大会暨大型国际活动的语言服务研讨会，在中国国内率先提出了"语言服务行业"的概念。2011 年 4 月，《国家语委"十二五"科研规划》发布，"语言经济与语言产业发展战略研究"被列入《国家语委"十二五"科研规划 2011 年项目指南》。①

以上事件体现了国内行业协会、科研机构、政府机关和专家学者对"语言产业"的重视，但根据中国国家统计局发布的《国民经济行业分类标准》（GB/T 4754—2017）来看，统计部门并没有将"语言产业"作为一个单独的经济部门来进行统计。从学术研究的角度来看，目前不同学者和研究机构对于"语言产业"也有着不同的定义，表 2-1 总结对比了不同学者和组织对"语言产业"这一概念的界定：

表 2-1　　　　　　　国内外研究对语言产业概念的界定

概念定义	年份	作者	释义
语言产业	2010	屈哨兵②	包括 3 个分支：语言翻译服务产业、语言教育服务产业和语言支持服务产业
语言产业	2010	中国翻译协会③	语言产业包括语言服务内容产业、翻译技术产业以及语言服务能力产业

① 贺宏志：《发展语言产业，创造语言红利——语言产业研究与实践综述》，《语言文字应用》2012 年第 3 期。
② 屈哨兵：《关于〈中国语言生活状况报告〉中语言服务问题的观察与思考》，《云南师范大学学报》（哲学社会科学版）2010 年第 5 期。
③ 中国翻译研究院、中国翻译协会：《中国语言服务行业发展报告（2010）》，2010 年，第 3 页。

续表

概念定义	年份	作者	释义
语言产业	2012	黄少安、苏剑和张卫国①	语言产业主要采取市场化的经营方式生产语言类产品或者语言服务，满足国家或者个人对各种语言类产品或者语言服务的多层次需求
语言产业	2012	贺宏志和陈鹏②	通过提供不同类型的语言服务来满足语言市场需求的新兴产业，可以进一步被细分为语言内容产业、语言处理产业和语言能力产业
语言产业	2014	王传英③	既包括统一传统的翻译服务、本地化服务，也包括统一语言技术研发、多语信息咨询和语言服务人才培养等内容
语言产业	2015	李玉和赵迎迎④	语言产业是一种全新的产业形态，它最明显的特征就是以语言为内容，或者以语言为加工、处理对象，生产出各种语言产品，或提供各种语言服务，并进入语言市场，以满足各种语言需求
语言产业	2016	司显柱和郭小洁⑤	语言产业是指提供与语际信息转换有关的服务或技术的企业的集合，具体包括翻译、口译、字幕翻译与配音、软件与网页的本地化、语言技术工具的开发、国际会议的组织、语言培训、多语信息咨询等
语言服务	2016	李现乐⑥	语言服务是以语言作为工具手段或产品内容的服务行为

---

① 黄少安、苏剑、张卫国：《语言产业的涵义与中国语言产业发展战略》，《经济纵横》2012 年第 5 期。

② 贺宏志、陈鹏：《语言产业导论》，首都师范大学出版社 2012 年版，第 4 页。

③ 王传英：《语言服务业发展与启示》，《中国翻译》2014 年第 2 期。

④ 李玉、赵迎迎：《语言产业的经济价值研究和发展设想》，《华东经济管理》2015 年第 6 期。

⑤ 司显柱、郭小洁：《试析中国翻译市场现状：基于柠檬市场理论》，《中国翻译》2016 年第 5 期。

⑥ 李现乐：《语言服务的显性价值与隐性价值——兼及语言经济贡献度研究的思考》，《语言文字应用》2016 年第 3 期。

续表

概念定义	年份	作者	释义
语言产业	2016	张士东和彭爽①	通过生产语言产品和提供语言服务来满足语言需求的所有经济活动的总称
语言产业	2018	张慧玉②	通过提供翻译与本地化服务、语言咨询与培训服务和语言技术开发及应用服务来满足生活与商务需要的行业
语言产业	2018	罗慧芳③	包括传统的翻译业务、依托于信息技术的本地化服务和咨询服务
Language Industry	2009	Directorate General for Translation of the European Commission	Including translation, interpreting, software localization and website globalization, language technology tool development, language teaching, consultancy in linguistic issues
Language Services Market	2010	Common Sense Advisory Research④	Including companies that offer services and/or technology related to the transfer of spoken or written information from one language into another

资料来源：笔者根据文献整理。

　　通过对表2-1中"语言产业"的概念进行对比分析，我们发现，相关学者均是通过界定产业的核心内容和业务范围，对语言产业与传统产业进行了区分，并对语言产业进行概念界定。综上所述，本书对语言产业（Language Industry）做出如下定义：语言产业是以语言为内容、材料，或是以语言为加工、处理对象，以实现跨语言的文化交流和满足多层次的语言服务为目标，提供翻译、本地化服务、语言技术工具开发、语言培训和教学、多语言信息咨询等服务的产业。

---

① 张士东、彭爽：《中国翻译产业发展态势及对策研究》，《东北师范大学学报》（哲学社会科学版）2016年第1期。
② 张慧玉：《"一带一路"背景下的中国语言服务行业：环境分析与对策建议》，《外语界》2018年第5期。
③ 罗慧芳：《我国语言服务产业发展与对外贸易相互关系的实证研究》，博士学位论文，中国地质大学，2018年。
④ Common Sense Advisory Research, The Language Services Market: Lowell, 2010.

其中，语言产业的供给方（生产者）主要包括提供语言服务的公司和翻译技术开发公司、国际语言服务软件公司、自由翻译专业服务人员等。语言产业的需求方（消费者）主要包括购买和消费语言翻译、本地化、语言教育培训等语言服务的企业、政府和居民。

二　语言产业的业态和分类

按照不同的业态，我们可以将语言产业分成许多不同的类型。贺宏志、陈鹏的《语言产业导论》是中国最早的研究语言产业的著作，该书把语言产业划分为九大业态：语言翻译业、语言文字信息处理业、语言培训业、语言出版业、语言艺术业、语言创意业、语言康复业、语言会展业、语言能力测评业。[①] 本书在此基础上，加入语言学历教育业作为一种新业态，将语言产业划分为十大业态。

（一）语言翻译业

翻译是在人类互动的过程中，将口语或文字在不变更原文意思的前提下，由一种自然语言转换为另一种自然语言的活动。翻译有四种活动形态，即口语翻译、文字翻译、手语翻译与机器翻译。翻译活动已广泛地融汇在人们的生活、工作、学习中。

当翻译这种活动越发职业化、专业化时，其产业化趋势也越发明显。语言翻译业这个名称的提出便是基于翻译产业出现的背景。所谓产业必有生产者、产品和消费者。翻译产业的生产者，即翻译服务供给者，包括翻译公司、译员、编录排辅助人员等；产品即笔译服务和口译服务，表现形式为译文、译著和口译表达，特殊形式有手势、盲文翻译；消费者即翻译服务需求者，包括政府、企业、团体、会议、个人等。作为产业，翻译产品的出炉同样要经过一定的规范化的生产流程。语言翻译业的典型企业有：创博（Transperfect）、莱博智（Lionbridge）。

（二）语言文字信息处理业（自然语言处理业）

语言文字是人类社会最重要的交际工具，它是人类区别于其他动物的最显著标志之一。21世纪，随着人类社会进入信息化时代，人们

---

① 贺宏志、陈鹏：《语言产业导论》，首都师范大学出版社 2012 年版，第 56—78 页。

对语言文字信息的保存和传播提出了更高的要求，语言文字信息处理具有重大的意义。语言文字信息处理，简单来说就是用计算机对自然语言进行信息化处理，也称自然语言处理（Natural Language Processing，NLP）。自然语言非常复杂，它包括语素、词、短语、句子、段落、篇章等几个层次，这些层次通过语音、文本、图像的形式表现出来，计算机就是通过对这些表现形式的处理来完成对自然语言的信息化加工，包括输入、输出、存储、转换和搜索等。可见，语言文字信息处理技术是一种人机互动技术，它不仅涉及语言学领域，还涉及计算机科学、声学、数学、信息学等多学科领域。

目前，市场上的语言文字信息处理技术和产品主要包括语音识别、语音合成、键盘输入、文字识别（Optical Character Recognition，OCR）、字库字形技术、电子排版、观点提取、文本分类、文本语义对比等方面。代表性企业有科大讯飞、北大方正、汉王集团。

需要注意的是，大多数非语言经济的文献都将机器翻译归入自然语言处理的业务，但此处为了避免重复，我们将机器翻译归入语言翻译业。

（三）语言培训业

语言培训是一种有组织的语言知识传授和文化认知的行为，旨在通过目标规划设定、语言知识和技能的习得、作业达成评测、结果交流公告等流程，让学习者通过一定的教育训练，达到所培训语言水平的全方位提高。语言培训业可进一步细分为商务语言培训、留学语言培训、英语考试培训、少儿外语培训等。典型企业有英孚教育集团、新东方教育集团。

20世纪90年代以来，国际教育服务贸易获得了飞速发展，为教育水平比较发达的国家带来了巨大的经济利益。同时，随着全球经济一体化进程的加快，各国对熟悉国际行业规范和国际法律、了解国际惯例、精通多国文化和思维方式的国际型人才产生了巨大的需求。语言是进行国际教育服务贸易的重要工具，语言培训是国际教育服务贸易的重要组成部分。

在很多国家，尤其是英语国家，如美国、英国、加拿大、澳大利亚、新西兰、爱尔兰等，英语培训在某种意义上已成为这些国家文化教育输出的重要收入来源。根据华尔街英语发布的《全球英语研究报告（2019）》显示，全球潜在的英语学习人数有 14 亿，仅中国就有 4 亿多人在学英语，约占中国全国总人口的 1/3。另据全球市场研究和调研公司 HTF Market Report 发布的报告显示，2017 年全球英语培训市场价值超过 280 亿美元，预计到 2023 年将增长到 500 多亿美元。相比之下，全球中文教育的发展就显得任重道远。根据中国教育部国际合作与交流司的消息，目前中国以外正在学习中文的人数约 2500 万人，"十三五"时期全球参加 HSK（中文水平考试）、YCT（中小学中文考试）等中文水平考试的人数为 4000 万人次。①

（四）语言学历教育业

学历教育，是指受教育者经过国家教育考试或者国家规定的其他入学方式，进入国家有关部门批准的学校或者其他教育机构学习，获得国家承认的学历证书的教育形式。根据教育法等法律法规及国家有关规定，学历教育包括以下形式：小学、初中、高中、专科教育、本科教育、研究生教育等。

语言学历教育是指以语言为教育教学目标的学历教育，如小学、初中、高中开设的语文和英语课程，高等院校开设的英语、日语、小语种等外语类专业，以及应用语言学、语言文学等语言类学科。语言学历教育的卖方是提供语言学历教育的小学、中学、大学等学校组织及社会机构，买方是从事语言相关学科学习的学生及负责管理公共教育支出的政府部门。

（五）语言出版业

传统意义上的出版就是将书刊、报纸、图画等成批制作出来向公众发行。具体到语言出版业，它是出版业的一个主要分支。在此，我们必须区别广义的语言出版业与狭义的语言出版业。附着在出版物上的主要是语言文字，在这个意义上出版业就等同于语言的出版业，这

---

① 教育部：《70 个国家将中文纳入国民教育体系》，中华网，https：//news. china. com/socialgd/10000169/20201222/39101249. html，2020 年 12 月 22 日。

是广义的语言出版业。而本书所说的语言出版业是狭义的语言出版业，它是指以语言本身为内容的反映语言知识、语言教育、语言研究、语言资料等的出版行为。而随着音像电子出版物中的涌现，又有关于语言本身的语音形态出版物。比如，出版《三国演义》是一种广义的语言出版行为，因为作为一种图书，《三国演义》的呈现形式就是语言。但是，它不是我们在此要讲的语言出版业，因为它的内容是讲一个故事，而不讲语言本身。严格的语言出版业的内容必须是针对语言本身的，语言类的工具书和语言教育类图书是其中的两大主要类别。典型企业有外语教学与研究出版社（外研社）。

（六）语言艺术业

语言是人类敞开心扉的交流形式，是人类搭架心灵桥梁的快捷方式，是人类情感交集的抒发模式，是人类释放悲喜的表达公式。如何淋漓尽致、唯美完善地运用语言，既是一种学问，更是一门艺术。文字是人类用来记录语言的符号系统，而广义的语言包含文字。

语言艺术是艺术的一个门类，是运用语言的手段创造审美形象的一种艺术形式。广义地说，文学、曲艺、戏剧、广播、影视、书法等都具有语言艺术的属性，但像电影、电视、戏剧、戏曲等属于综合性的艺术形式。狭义的语言艺术指纯粹的以语言为手段来创造审美形象的一系列艺术形式，比较典型的有相声、评书、二人转等说唱艺术（曲艺）和朗诵、播音主持、书法等。语言艺术具有形象创造与形象感受的想象性、叙事与抒情的兼长性、语言结构与话语情景的多样性等特征。

自语言成为人类最主要的交际工具后，语言的任务就变得不再单纯。当语言承载文化，进而形成艺术门类，具有了欣赏性和良好的受众基础，语言艺术进入人类经济活动领域，其消费需求及市场随之产生，这样也就形成了语言艺术产业。在人类艺术生产、生活中，依托语言表达的艺术形式占有很大的比例。如今，语言艺术业实际上已经成为比较成熟的业态，被包含在文化产业或文化创意产业之中，而"语言艺术产业"独立范畴在人们的观念中似乎还未普遍形成。

（七）语言创意业

与语言培训、语言翻译、语言文字信息处理、语言艺术等行业不尽相同，语言创意并非局限于某一具体行业，而是作为一种元素、一种方式存在于某些行业当中，如广告业及新兴的命名业等。典型企业如奥美集团（Ogilvy）。

语言创意业的基本特征是以语言文字作为产品设计、表达的主要符号，以创意作为实现产品差异化的重要手段，使产品在众多竞争者中脱颖而出，获得目标受众的青睐。

（八）语言康复业

语言康复是康复医学的重要组成部分，是对各种语言障碍和交流障碍进行评定、诊断、治疗和研究的综合医学门类，集临床医学、听力学、语言学、教育学、心理学、言语病理学及电声学等多学科为一体。

作为语言康复体系的核心环节，语言治疗是一门较新但发展较快的学科，美国在这一学科领域起步最早，约有90年发展史，处于世界领先水平。亚洲国家中日本发展相对较早，约有40年发展史，韩国和中国香港约有30年的历史。

在中国，语言治疗像康复医学的其他分支一样，是一门新兴学科，开始于20世纪80年代末。随着语言康复业的发展，已由初期只对成人失语症、构音障碍进行治疗和评价发展到现在可以对各种语言障碍进行评价、诊断、治疗和研究。截至2017年年底，全国已有提供听力言语残疾康复服务的机构1417个，全国各大中型医院多设有语言康复相关科室，如北京博爱医院听力语言治疗科、北京同仁医院儿科听力言语康复等。

（九）语言会展业

语言会展业是指为实现语言产品、语言服务领域的物质交换、精神交流、信息传递等目的，将语言产业所涵盖的相关业态的人与物聚集在一起进行展示与交流的一种社会活动。

语言会展业是随着语言产业概念的确立而提出的。巴黎、柏林、伦敦等国际性大都市都会举办一年一度的国际语言文化展会（博览会），语言文化、语言产业的发达已成为世界城市的标志之一。法语文化区的中心——巴黎每年举办国际语言博览会，德语文化区的中心——柏林每年举办国际语言文化展，英语文化区的中心之一——伦敦每年举办国际语言展。语言文化展会的举办，为世界语言文化的交流和语言产业的合作搭建了平台，促进了语言产品、语言服务的贸易发展和举办国语言文化的国际传播，提升了举办城市的国际影响力、文化软实力和语言产业对经济增长的贡献率。

（十）语言能力测评业

语言能力测评业是在语言文化融合冲撞的大背景下不断发展壮大起来的，是语言教学的必然结果。旨在为有需要的群体提供语言能力测试，如出国、移民或工作需要等；或者是对语言学习者的语言掌握程度进行检测与评定，并由相关机构出具有效力的语言能力认定证书。

语文能力测评业在项目形态上的具体显现不仅是丰富的、多层次的，同时也在不断发展和变化，其内涵与外延的边界都是在不断移动和扩大。目前，我们可以看到规模不断扩大的托福考试（Test of English as a Foreign Language，TOEFL）、雅思考试（International English Language Testing System，IELTS）、GRE 考试（Graduate Record Examination，即美国研究生入学考试）等语言能力测评项目，还有那些为了通过大学英语四、六级等外语能力测评而挑灯夜读的莘莘学子。同时，随着中国经济实力的不断提高以及"软实力"的增长，"汉语热"开始在全世界范围流行开来。汉语语言能力测评、普通话水平测试等，如雨后春笋般遍地开花。

为了建立覆盖听、说、读、写，以及分别针对母语为汉语的人士、母语为非汉语的人士的全方位的语文能力测评体系，近年来，中国国家语委相继推出汉字应用水平测试（HZC）、汉语口语水平测试（HKC）、汉语综合能力测试（HNC）。

三　语言产业的服务和技术类型

语言产业的业务主要可以分为三大类型——语言服务业务、语言技术业务、非语言服务业务。语言服务业务主要包括文本翻译、语音翻译、本地化等，语言技术业务主要包括管理和交付、机器翻译、语音处理、翻译记忆、配音字幕等，非语言服务业务主要包括人员配备、单语种内容创作、音频转录、培训等。① 本节我们重点介绍语言服务业务和语言技术业务的具体内容。

（一）语言产业的服务类型

语言产业提供的服务大致可以分为如下四种类型：①文本翻译（笔译、译创、机器翻译译后编辑等）；②语音翻译（现场、电话、视频、会议等）；③本地化（软件、手机、多媒体、游戏、网站等）；④其他（搜索引擎优化、测试检验、转录、桌面排版、项目管理、配音、旁白、字幕、画外音等）。

1. 文本翻译

文本翻译是将书面语从一门语言转化为另一门语言的活动，其具体表现形式可以分为笔译、译创、机器翻译译后编辑三类。

（1）笔译（Translation）。笔译是语言产业的支柱，占整个行业的总营收六成以上。绝大多数的语言服务提供商都提供笔译服务，笔译也一直保持其最大业务板块的地位。除翻译实践外，笔译服务还包括译后编辑、校对等服务。

（2）译创（Transcreation）。与传统笔译的不同之处在于，译创更重视对文字背后的思想、信息的传达，而不拘泥于简单的文字对应。译创服务通常涉及创作与再创作过程，在原文基础上，针对目标语言的特点对原文进行大幅的艺术加工和改写。一般而言，译创相比传统笔译具备更高的附加值，所以随着传统笔译的收费不断降低，译创越来越受到语言服务提供商的青睐。

（3）机器翻译译后编辑（Machine Translation Post-Editing）。目前，机器翻译已蔚然成风，但其翻译质量仍然与人工翻译存在一定差距。机器翻译译后编辑业务是指，在机器翻译结果的基础上，通过人工审查、编辑提高机器产出的质量和效用。该业务具有良好前景，因

---

① 王清然：《国际贸易、神经机器翻译与语言服务企业绩效》，博士学位论文，对外经济贸易大学，2019 年。

为相比纯人工翻译，其速度更快而成本更低。

2. 语音翻译

文本翻译处理书面语，语音翻译（Interpreting）则使说不同语言的人们能够进行口语交流。值得注意的是，语音翻译也包括为听力障碍人群提供的手势语翻译服务。基于不同的场景，语音翻译可以分为现场口译、电话口译、会议口译、视频口译等。

（1）现场口译（On-Site Interpreting）。现场口译要求口译员在现场为语言不通但需要交流的双方提供翻译服务，典型地点包括法庭、医院、警察局以及其他公私场合。现场口译服务在语音翻译业务中所占的比重最大。

（2）电话口译（Over-the-Phone Interpreting）。电话口译利用电话连接口译员和语言不通但需要交流的双方，口译员通过电话将一门语言转换成另一门语言。电话口译能够节省翻译的成本，并减少日程安排的困难，电话的高普及率也使这项服务具有很强的泛用性。今天，电话口译被越来越多地用来代替现场口译。

（3）会议口译（Conference Interpreting）。会议口译一般需要多个口译员合作完成，他们通过耳机听发言人讲话，然后通过麦克风把发言内容转换为口标语，传达给与会人员。会议口译是高级的语音翻译服务，是政府间对话、大型国际组织会议、大型商业会谈等场合中最常用的沟通方式。目前，多数会议口译均采用同声传译方法。

（4）视频口译（Video Remote Interpreting）。视频口译与现场口译的应用场景较为相似，主要区别在于其使用视频进行辅助。视频辅助能够为听力障碍人群提供便捷，也能够营造比电话口译更加真实的环境。

3. 本地化

本地化（Localization）服务使软件、手机应用、网站等信息化产品能够满足不同市场上的用户对语言和功能的需求，帮助这些产品更好地在国际范围内流通。本地化服务不只对文字内容的翻译，还包括但不限于针对当地货币、日期、时间、法律法规等的调整。根据应用场景的不同，本地化服务可以分成软件本地化、多媒体本地化、手机应用本地化、网站本地化、游戏本地化、国际化等类别。其中，国际化（Internationalization）相比其他本地化服务更加基本，该服务在软件的开发设计阶段帮助其优化代码、框架，使其日后更易于实现本地化。

4. 其他

文本翻译、语音翻译和本地化并不能涵盖所有的语言服务类型。其他重要的语言产业业务有搜索引擎优化、国际化测试、转录、桌面排版、项目管理、配音、旁白、字幕、画外音等。搜索引擎优化（Search Engine Optimization，SEO）针对搜索引擎的排名原理，对网页进行优化，从而提高网站在有关搜索引擎内的自然排名，最终达到提升网站访问量的目的；国际化测试（Internationalization Testing）可用来检验软件的国际化支持能力；转录（Transcription）将视频、音频文件转化为文字格式；桌面排版（Desk top Publishing）指用计算机进行文字编辑、版面设计、图像处理等排版工作，使产品符合出版要求；项目管理（Project Management）指对翻译或本地化项目进行全方位的统筹、规划、监控和复查，目前一些领先的语言服务提供商已经开始运用人工智能进行项目管理。

（二）语言产业的技术类型

近年来，技术在语言产业中的作用与日俱增，且很大程度上决定了语言产业未来的走向。本节将从语言技术业务出发，介绍当前语言产业中主要的技术类型。

语言技术业务主要提供三大类型的语言技术：①管理和交付（内容管理集成连接器、笔译管理系统、口译管理系统等）；②翻译和语言处理（机器翻译、语音处理、本地化工程、术语管理、质量评估和检查、翻译记忆、翻译环境等）；③内容创建和发布（视听工具、内容管理系统、风格检查、信息提取和发现、出版辅助、自动内容丰富等）。

1. 管理和交付

这一类型的语言技术主要负责对翻译项目进行支持和管理，可以分为三种类型，即内容管理集成软件、笔译管理系统和口译管理系统。

（1）内容管理集成软件（Connectors for Content Management Integration）。这一工具可以将内容管理系统（Content Management System，CMS）和翻译过程相联系。通常，这一软件负责把文本从 CMS 中提取出来，然后重新打包成合适的格式，供译者进行翻译。有些情况下，这项功能会被集成到翻译管理系统中，否则必须依赖独立的软件实现。

（2）笔译管理系统（Translation Management Systems，TMS）。TMS 能够实现的功能包含但不限于：中心化的翻译记忆、术语管理、自动化语言处理、各种商业数据的存储。一些 TMS 的目标客户是语言服务提供商，向他们提供企业资源管理和商业管理等服务；另一些 TMS 的目标客户则是翻译服务的需求方，帮助他们解决资产管理和采购需求等问题。

（3）口译管理系统（Interpreting Management Systems，IMS）。IMS 能够为口译服务的提供商和需求方提供帮助。基于笔译和口译工作模式的不同，IMS 通常会提供如下功能组件：用于上传口译需求的客户端口，跟踪任务进程的管理软件，自动分配口译员的人工智能系统，用于领取任务、提交时间表的口译员端口。

2. 翻译和语言处理

这一类型的语言技术为具体的翻译过程提供帮助，能够实现的功能有：在计算机的帮助下生成完整的翻译（机器翻译）；重新利用之前的翻译结果（翻译记忆和翻译环境）；管理专有词汇以保持一致性和规范性（术语管理）等。上述功能可依靠单独的软件实现，也可能被整合到翻译环境或翻译管理系统中。下面对几种具有代表性的翻译和语言处理技术做简单介绍。

（1）机器翻译（Machine Translation，MT）。顾名思义，机器翻译利用计算机将一门语言翻译为另一门语言。按原理划分，主要的机器翻译方法包括基于语法规则的机器翻译（Rule-Based Machine Translation，RBMT），基于对大量平行语料进行统计分析的机器翻译（Statistical Machine Translation，SMT）和综合运用两种方法的机器翻译

（Hybrid MT）。最近兴起的神经机器翻译（Neural Machine Translation，NMT）将神经网络技术用于机器翻译，取得了革命性突破。谷歌公司的研究表明，神经机器翻译的翻译质量显著高于统计机器翻译，并且在准确度上高度接近人工翻译。当然，NMT 与专业人工翻译的差距依然存在。因此在现阶段，MT 往往与其他类型的语言服务和技术结合使用，如译后编辑和翻译记忆。

（2）翻译记忆（Translation Memory，TM）。翻译记忆技术的原理很简单，用户通过建立数据库，将句子和对应的翻译存储起来。在翻译过程中，TM 会自动搜索数据库中相同或相似的翻译资源，给出参考译文，帮助用户避免重复劳动。除此之外，TM 还有助于确保翻译的一致性。

（3）翻译环境（Translation Environment）。翻译环境指一种集成化的翻译辅助工具，为翻译人员提供良好的工作环境。翻译环境集成的功能组件一般有翻译记忆、术语管理、质量检测等。

（4）术语管理（Terminology Management）。术语管理工具帮助语言服务提供商和翻译者把专有词汇归档。该类软件通常能实现两个功能：在交互界面管理术语和对应的信息，基于源内容自动补充建议使用的术语，以保证术语使用统一、规范。

（5）翻译质量评估/检测（Translation Quality Assessment/Checking）。此类软件能自动检测甄别翻译结果中的错误，典型的如标点错误、拼写错误、遗漏、术语不统一等。

3. 内容创建和发布

这一类型的语言技术能够对翻译结果进行润色提升。视听工具（Audio-Visual Tools）能够为视频、音频提供实时的字幕、配音。出版辅助（Authoring Assistance）协助翻译者对内容进行编辑，使其符合公司标准、国家法律和行业规范。内容提取和发现（Information Extraction and Discovery）能够对翻译结果进行分析，生成关键词、摘要等信息，或在现有的文件中匹配相关内容。内容自动丰富（Automatic Content Enrichment，ACE）是一种较新的语言技术，它能够对翻译结果按标签分类，并链接一些外部信息，以起到丰富内容的作用。ACE

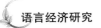

技术难度较高，需要针对不同语言进行定制化设计。

四　语言产业的发展历程

目前，全球有 200 多个国家和地区、70 多亿人口和 7000 多种现存语言。各个国家地区均有自己特定的语言、文化和制度，为了在它们之间架起沟通的桥梁，语言产业应运而生。语言产业提供跨语言、跨文化信息转化服务和产品以及相关研究咨询、技术研发、工具应用、资产管理、教育培训等专业化服务。近年来，伴随着全球一体化进程的加速和技术进步带来的效率提升，语言产业高歌猛进，已经成长为全球化时代的基础性、支撑性产业。

严格地说，自从上千年前人类开始从事贸易活动时，语言产业就已经产生。之后，各种国际交流活动，尤其是经贸往来，一直推动着语言产业不断发展壮大。近一个世纪以来，计算机技术的引入大幅提高了整个行业的生产效率，又给语言产业带来了根本性变革。综合国际贸易、技术进步两大影响因素，本节将简要概述语言产业的发展历程。

（一）传统期（20 世纪 50 年代前）

翻译是在人类互动的过程中，将口语或文字在不变更原文意思的前提下，由一种自然语言转换为另一种自然语言的活动。在古代社会，语言服务最主要的形式是翻译。大量的文献资料均表明，翻译服务在古代文明社会中非常普遍。早在公元前 2500 年，两河流域已经存在诸多城邦，城邦之间的语言不尽相同。为了打破不同城邦间的语言障碍，对翻译的需求便发展起来。考古资料显示，当时很多黏土片上所刻的内容都是苏美尔语、埃勃拉语等古闪米特语言的译文。公元 1799 年，拿破仑所率领的法国军队在远征埃及时发掘了一块石碑——著名的罗塞塔碑。这块制作于公元前 196 年的石碑上，用古希腊文字、古埃及文字和当时的世俗体文字刻了相同的内容。罗塞塔碑是古代翻译活动的一例明证。阿拉伯翻译家也对人类文明做出了卓越的贡献。当阿拉伯征服希腊世界后，他们将许多古希腊科学、哲学著作翻译成了阿拉伯文，使古希腊学者宝贵的思想成果得以留存。这些翻译作品在中世纪时又被二次翻译为拉丁文，对后来的文艺复兴运动有重要影响。公元15世纪，活字印刷术的发明和应用极大地促进了书籍的生产传播，进而在西方社会引起了一股翻译《圣经》的热潮。最著名的翻译者当属马丁·路德，他翻译的德文版《圣经》是宗教改革运动中最伟大的成就之一。将拉丁文《圣经》翻译成其他语言，实际上打破了罗马教廷对教义解释权的垄断。

　　与笔译相比，口译的历史可能更加源远流长。历史上不同的民族、国家之间进行交流时，都需要借助兼通不同语言的中介人提供口译服务。从政治、经济、文化到军事、科技、宗教等各项活动，无不需要口头传译的帮助。譬如，在中国的史书上，就有关于"舌人"的记载。不过，口译作为一种专业化服务在国际会议等正式场合应用的历史并不久远。1919年的巴黎和会是第一次大规模使用交替传译的国际会议；而同声传译的正式应用则始于1947年的纽伦堡大审判。

　　（二）全球化期（20世纪50年代至今）

　　第二次世界大战结束后，全球化和信息技术进步极大地促进了语言产业的发展和升级，语言产业发生了根本性变革。

　　全球化作为一种人类社会发展现象，主要指世界范围内的人们、公司、政府之间的交流和联系不断紧密的过程。2000年时，国际货币基金组织（International Monetary Fund，IMF）确认了全球化的四项基本特征：贸易往来、资本活动、人口活动和知识传播。这四种全球化形式从不同方面促进了语言产业的发展，其中，贸易往来的不断增进是全球化最重要的表现形式，对语言产业的促进作用最大。1995年，世界贸易组织（World Trade Organization，WTO）成立，国际贸易进入法制化、规范化阶段，全球化趋势明显加快。

　　在全球化背景下，即使是最小规模的公司也可能需要服务国际客户，这使对跨语言文化交流的需求急剧攀升。翻译的过程费事费力，而且很容易出错，但随着经贸规模的增长，翻译失误的代价变得尤为昂贵——不恰当的翻译可能招致商誉下降、法律诉讼、资产减损，甚至行业变故。因此，准确有效的跨语言交流显得越发重要，很多公司开始投入大量资源用于语言服务事业。这种在不同贸易伙伴之间准确分享信息的需求最终演化发展为现代语言产业的一项重要分支，即本

地化服务。

同时，全球化的不断推进改变了之前语言产业以英语为绝对重心的格局。第二次世界大战结束后，许多非英语经济体（尤其在亚洲各地）实现了经济腾飞，在世界贸易中占有举足轻重的地位。这使对非英语语言服务的需求不断上升，语言产业内部发生了结构性变迁。

（三）信息技术化期（20 世纪 50 年代至今）

在人类历史的大部分时间内，翻译工作都必须完全依赖人工，效率低下。随着对翻译服务的需求日益增长，人们开始思考使用机器进行翻译的可能性。1946 年，世界上第一台电子计算机 ENIAC 问世，为机器翻译提供了技术基础。1954 年，美国乔治敦大学与国际商业机器公司（International Business Machines Corporation，IBM）合作完成首次机器翻译实验，成功地将 40 条俄语句子自动翻译成英文，正式揭开了机器翻译研究的序幕。之后，美国、苏联、德国、法国、日本等国都对机器翻译项目投入了大量研究经费，机器翻译成为一时的热点。

不过，机器翻译的发展并非一帆风顺。1966 年 11 月，美国语言自动处理咨询委员会（Automatic Language Processing Advisory Committee，ALPAC）发布了著名的 ALPAC 报告。该报告认为，机器翻译的质量显著低于人工翻译，称机器翻译是昂贵的、不准确的和毫无希望的，并建议暂停资助机器翻译项目。机器翻译研究一时陷入低谷，人工翻译仍然是语言产业内最主流的生产模式。步入 20 世纪 70 年代后，计算机科学、语言学等领域取得了重大进展，计算机硬件的性能也有了大幅提升，加之传统的人工作业方式已经远远不能满足当时的巨大需求，机器翻译研究又逐渐复苏。截至 20 世纪 50 年代后期，以翻译记忆为代表的计算机辅助翻译技术在翻译界得到了广泛推广，成为许多专业翻译人员的重要辅助工具。

20 世纪 90 年代开始，由 IBM 公司 Peter Brown 等提出的以信息论为基础的统计机器翻译方法成为机器翻译领域的主流。这一新方法比过去所有的机器翻译方法都更有效、准确，所以一经提出就成为热门的研究对象，并在经过不断完善之后于 90 年代末开始推广并得到广泛应用。虽然如此，统计机器翻译的翻译质量与人工翻译相比始终有较大差距，并且存在过度依赖数据库等缺陷，因此"机器翻译+译后编辑"逐渐成为语言产业内流行的工作模式。同样是从 20 世纪 90 年代开始，互联网和个人电脑开始普及，人类社会进入全新的互联网时代，全球化进程进一步提速。在这一背景下，机器翻译技术开始进入人们的日常生活。1997 年，门户网站远景公司（AltaVista）推出在线免费机器翻译平台"宝贝鱼"（Babel Fish）。随后，高科技公司谷歌、微软等也纷纷推出机器翻译平台，并产生了广泛的影响。

早期的机器翻译平台基本上都是基于统计机器翻译系统，因此翻译质量不高。2013 年，Nal Kalchbrenne 和 Phil Blunsom 在一篇论文中提出了端到端神经网络机器翻译的"编码—解码"框架。谷歌公司立即注意到了这项成果，开始着手研发新一代的机器翻译技术，并于 2016 年 9 月正式发布了具有颠覆性的神经机器翻译系统。神经机器翻译技术之所以对机器翻译领域产生颠覆性影响，是因为其不仅在各项指标上全面超越了传统的统计机器翻译方法，更逐渐向人工翻译的质量靠近。卓越的性能使神经机器翻译方法短短几年间就在谷歌翻译、必应翻译、百度翻译等多个平台上被快速推广应用。技术突破不仅使文本翻译的速度、质量得到了较大提升，而且随着人工智能、大数据等新技术的发展，机器翻译在语音翻译、图像翻译这些比文本翻译更加棘手的问题上也取得了重大突破。发展到今天，便捷、低成本的机器翻译对个人来说已经触手可及，功能更强大的翻译软件、翻译机硬件也全面迈入了商业化阶段。在全球化浪潮的推动下，语言服务的种类越来越丰富，科技含量越来越高，语言产业进入了前所未有的繁荣发展期。

第二节　全球语言产业概况及发展现状

近年来，全球语言产业蓬勃发展。本节将概览语言产业的市场规模、竞争格局、区域分布，并通过分析重点企业归纳总结若干重要的

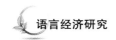

市场趋势。如无特别说明，本章的数据来源均为国际专业调研机构 Common Sense Advisory Research、Nimdzi 和 The Slator 在 2005—2021 年发布的年度市场调查报告。

一 全球语言产业市场规模

图 2-1 展示了 2009—2020 年全球语言产业的营业收入规模，数据来源于 Common Sense Advisory Research 的市场调研报告。需要注意的是，由于语言产业许多细分领域的数据无法获取，因此此处的数据并不囊括我们在上一节定义的语言产业的所有业态，而是主要指在全球提供翻译、创译、本地化，多语言桌面出版，语言质量保证，语言测试，多语种文案，多语种技术写作，语言项目管理，口译、视频远程口译、电话口译、语言学家验证和人员配置、媒体本地化、版本控制、改编、字幕、配音、机器翻译、培训机器翻译引擎、文化咨询及相关服务的语言服务提供商（Language Service Providers，LSPs）。

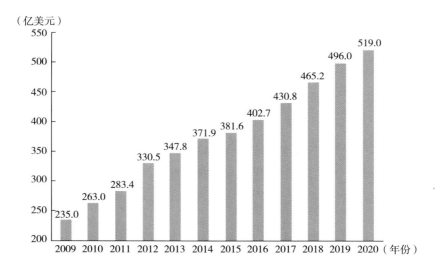

图 2-1　2009—2020 年全球语言服务市场规模

资料来源：CSA Research。

从总体市场规模来看，2019 年，全球语言产业总规模超过 496 亿美元，较 2018 年的年增长率超过 6.6%。而到 2020 年，即使受新冠肺炎疫情的影响，语言产业仍然保持逆增长的态势，产值突破 500 亿美元。

从时间趋势来看，在经历了 2009—2012 年的快速增长期后，目前全球语言产业的增速已经趋缓，进入稳定增长期。不过可以肯定的是，语言产业仍然处于产业周期的成长期，未来还有很大的增长潜力和发展空间。

二　全球语言产业垂直领域

语言产业由众多垂直或者说细分领域所组成。对语言服务的购买方来说，选择一个与服务需求相匹配的在垂直领域具有一定规模的语言服务公司是十分必要的。这些公司熟悉行情和相应领域的情况，他们还拥有专业译者、翻译记忆、垂直领域机器翻译引擎、专业术语库和培训材料等资源。

表 2-2 展示了 2020 年全球语言产业的主要垂直领域及其领头公司，数据来源于 Nimdzi 对世界百强语言服务提供商调查的反馈，以及 RWS、SDL、Honuyakucenter 和 Keywords Studios 等上市公司的年度报告。

总体来看，全球语言产业垂直领域按市场份额排名前三的是公共部门、媒体本地化和生命科学，这三个领域的语言产业业务收入分别占全球语言产业总产值的 18%、14% 和 13%。近年来，营收增长较为强劲的垂直领域是媒体和游戏本地化、生命科学和电子商务。几乎在每个垂直领域都存在寡头公司，每个领域的头号企业均从这一领域获得了超过 1 亿美元的收入，例如，生命科学与法律领域 TransPerfect，IT 领域的 SDL，游戏领域的 Keywords Studios，媒体本地化领域的 SDI Media，专利领域的 RWS，以及公共领域的 Canadian Translation Bureau。并且在几乎每一个垂直领域，头号企业与该领域其他企业之间都存在巨大的差距。

分地区来看，根据 Nimdzi 在 2019 年的一项研究报告，美国的中型语言服务提供商接近 50% 的销售额来自公共部门和医疗保健；在俄罗斯，由于能源、石油和天然气企业的强劲需求，技术翻译占了总量的 30%；在英国，语言服务提供商从电子商务和旅游翻译中获得了很高比例的收入；在法国，奢侈品、时尚品、葡萄酒和化妆品的翻译产生了一个高价且量大的专业市场；中国和日本的大型语言服务提供商很大一部分收入来自知识产权和专利翻译。综上，各国都有自己独具特色的垂直领域的需求。

规模较小的语言服务供应商可能在技术翻译和一般业务方面有更多的收入，它们的收入也来自一些表 2-2 中没有反映出来的行业，如零售业。每个国家都有为私人提供翻译服务的 B2C 模式的小型语言服务提供商，然而，这些公司的业务收入一般不会超过数百万美元。

表 2-2　　　　语言产业垂直领域的市场份额比例及头部公司

垂直领域	市场份额（%）	头部公司（领导企业）
知识产权	6	Morningside Translations，Honyaku Center，Acolad
金融、法律	7	Welocalize，Morningside Translations，Acolad
生命科学	13	Morningside Translations，Honyaku Center，SDL
汽车	3	Diction，Alpha CRC，Languagewire
工程技术	6	SeproTec，LOGOS Group，Acolad
电子商务、旅游	4	Summa Linguae，Pactera EDGE，Acolad
IT	9	LOGOS Group，STAR Group，TransPerfect
媒体本地化	14	VSI，Iyuno，ZOO Digital
市场营销	7	Datawords，Acolad，Languagewire
游戏	4	PTW，Lionbridge，Nativeprime
医疗咨询	9	LanguageLine Solutions，Marti，Cyracom
公共部门	18	Thebigword，Amplexor，Semantix

资料来源：Nimdzi。

三　全球语言产业区域分布

语言产业存在显著的区域差异，不同地区语言服务市场的规模与当地经济规模、科技、文化发展程度以及对外交流水平密切相关。图 2-2 展示了 2005—2020 年全球各区域语言服务市场份额的比例变动情况。

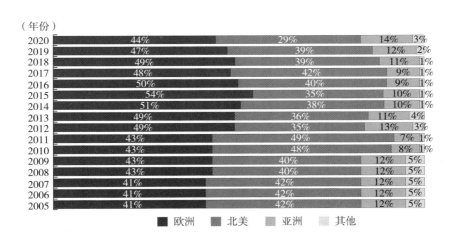

（年份）

图 2-2　2005—2020 年全球语言服务市场份额比例变动

资料来源：CSA Research。

在 2020 年，经济发达、对外开放程度高的欧洲和北美的语言服务市场规模分别占全球份额的 44.0% 和 39.0%，合计占全球市场份额超过八成。同时，2005—2020 年各区域占全球市场份额的比例变动不大，欧洲和北美一直是语言产业的两大主要市场。

此外，从语言产业的供给方来看，根据 Nimdzi 的调查数据，在 2020 年全球营收前 150 名的语言服务提供商（LSPs）中，44.0% 的公司总部设在欧洲，38.7% 在北美，14.0% 在亚洲，3.3% 在澳大利亚或新西兰。非洲、南美、中东等地区还没有一家语言服务提供商进入全球前 150 名。

从语言产业的需求方来看，Nimdzi 的调查数据显示，全球语言服务提供商 54.3% 的收入来自欧洲客户，其次是北美客户和亚洲客户，分别占 29.9% 和 10.6%，来自澳洲（2.2%）、非洲（1.7%）和南美洲的客户很少，为 1.4%。

四　全球重点语言服务企业分析

2021 年 7 月 6 日，国际顶级语言服务咨询公司 CSA Research 发布全球百强语言服务企业排行榜和八大地区语言服务企业排行榜。其中，全球百强语言服务企业排行榜上榜企业共计 100 家，2020 年营业收入为 81.1 亿美元，比 2019 年 77.9 亿美元增长了 4.1%。表 2-3 展示了全球 2020 年语言产业业务收入排名前十的公司。

表 2-3　　　　　　2020 年全球语言服务提供商前十名

排名	企业名称	所在国	全职员工（人）	办公场所数量（个）	类型	2020 年收入（百万美元）
1	RWS Holdings	英国	7000	99	上市	MYM972.78
2	TransPerfect	美国	5698	100	私营	MYM852.42
3	Lionbridge	美国	6440	47	私营	MYM739.00
4	Language Line Solutions	美国	15400	460	子公司	MYM618.00
5	Keywords Studios	爱尔兰	8353	56	上市	MYM426.44
6	Appen	澳大利亚	824	9	上市	MYM414.39
7	Translate plus	英国	320	40	子公司	MYM330.30
8	Acolad	法国	2,000	49	私营	MYM285.43
9	Hogarth Worldwide	英国	4100	32	子公司	MYM280.00
10	We localize	美国	1863	12	私营	MYM256.60

资料来源：CSA Research。

值得注意的是，中国有 8 家企业荣登 CSA 全球百强语言服务企业排行榜，包括文思海辉（中国，第 13 位）、统一翻译（中国台湾，第 16 位）、舜禹环球通（中国，第 29 位）、四川语言桥（中国，第 43 位）、深圳新宇智慧（中国，第 60 位）、天使翻译（中国，第 77 位）、创凌（中国台湾，第 86 位）和厦门精艺达翻译（中国，第 98 位）。另外，博译翻译、北京悦尔、北京思必锐翻译、上海唐能、Data Source（中国香港）和以上 8 家企业也入选亚太地区 30 强语言服务企业。

第三节　产业经济学视角的语言产业分析

产业指的是具有某种同类属性（生产同类或有密切替代关系的产品或服务）的企业集合。产业经济是指发生在产业中的经济活动，不包括纯技术活动和其他社会活动。

亚当·斯密的劳动分工理论和部门理论中存在产业经济学的萌

芽，1776 年他出版了《国富论》一书，系统地论述了由竞争机制自发决定的价格体系如何创造出一个理想的市场秩序和具有帕累托最优状态的经济社会。此后，1879 年新古典经济学家马歇尔率先出版了《产业经济学》一书，最早把产业组织概念引入经济学中，并把产业经济定义为产业内部的结构，从而被看作产业经济学的创始人。

产业经济学在欧美国家也被称为"产业组织学"，是现代西方经济学中以产业分析的需要和营业政策的实践为背景而新兴起的一门应用经济学科。它是以"产业"作为研究对象，探讨在以工业化为中心的经济发展中产业间的关系结构、产业内的企业组织结构变化规律及其研究方法，进而分析经济发展中内在的各种均衡问题的应用经济学科。产业经济学是为制定国家经济发展战略服务，为制定以推动经济发展为目标的产业政策服务的经济理论。

本节，我们将利用产业经济学的研究范式和分析框架，分析全球语言产业的产业特征。

一　产业经济学的研究范式

SCP 理论是由哈佛大学学者乔·贝恩（Bain，1958）创立的产业组织分析的理论。作为正统的产业组织理论，哈佛学派以新古典学派的价格理论为基础，以实证研究为手段，按结构、行为、绩效对产业进行分析，构架了系统化的市场结构（Structure）—市场行为（Conduct）—市场绩效（Performance）的分析范式（简称 SCP 分析范式）。该理论对于研究产业内部市场结构，主体市场行为及整个产业的市场绩效有现实的指导意义，是产业经济学中分析产业组织的正统理论。在 SCP 范式中着重突出市场结构的作用，认为市场结构是决定市场行为和市场绩效的因素。其分析程序是市场结构决定企业在市场中的行为，企业市场行为又决定经济绩效。因此，改善市场绩效的方式就是通过产业政策调整市场结构。①

乔·贝恩在吸收和继承马歇尔的完全竞争理论、张伯伦的垄断竞

---

① 唐·E. 瓦尔德曼、伊丽莎·J. 詹森：《产业组织：理论与实践》（第四版），中国人民大学出版社 2014 年版，第 129—160 页。

争理论和克拉克的有效竞争理论的基础上，提出了 SCP 分析范式。他认为，新古典经济理论的完全竞争模型缺乏现实性，企业之间不是完全同质的，存在规模差异和产品差别化。产业内不同企业的规模差异将导致垄断。贝恩特别强调，不同产业具有不同的规模经济要求，因而它们具有不同的市场结构特征。市场竞争和规模经济的关系决定了某一产业的集中程度，产业集中度是企业在市场竞争中追求规模经济的必然结果。一旦企业在规模经济的基础上形成垄断，就会充分利用其垄断地位与其他垄断者共谋限制产出和提高价格以获得超额利润。同时，产业内的垄断者通过构筑进入壁垒使超额利润长期化。因而，贝恩的 SCP 分析范式把外生的产业组织的结构特征（规模经济要求）看作企业长期利润的来源。

SCP 分析范式从特定产业的市场结构、市场行为和市场绩效三个角度来分析外部冲击的影响。外部冲击主要是指企业外部经济环境、政治、技术、文化变迁、消费习惯等因素的变化。市场结构主要是指外部各种环境的变化对企业所在产业可能的影响，包括市场集中度、产品差异化、进入及退出壁垒等。市场行为主要是指企业针对外部的冲击和行业结构的变化，有可能采取的应对措施，包括企业方面对相关业务单元的整合、业务的扩张与收缩、兼并收购、营运方式的转变、管理的变革等一系列变动。市场绩效主要是指在外部环境方面发生变化的情况下，企业在经营利润、产品成本、市场份额等方面的变化趋势。

二 语言产业的市场结构

市场结构是指某产业内部买卖双方的数量及其规模分布、产品差异度及新企业进入时的难易程度的综合状态。不同产业内部，市场结构差异显著。市场集中度、产品差异化、进入退出壁垒等均为影响市场结构的主要因素，它们相互影响、相互作用，共同决定市场结构。

（一）市场集中度

市场集中度是指某一产业市场中卖方与买方的数量及其在市场上所占的份额总和，反映了市场垄断与竞争的程度，其中企业规模经济对市场集中度的影响程度最大。假定某一产业市场容量不变，少数企业的规模越大，规模经济越高，从而市场集中度就越大。

从语言服务提供商（LSPs）的角度来看，全球语言服务提供商一共约30000家，其中最大的100家企业的营业收入仅占整体市场的10%—15%。根据 CSA Research 提供的数据，按照营业收入测算，2013年全球规模最大的100家语言服务提供商占据了全行业11.19%的市场份额；2017年，规模最大的100家语言服务提供商占据了全行业12.79%的市场份额；2020年规模最大的100家语言服务提供商占据了全行业14.50%的市场份额。根据乔·贝恩提出的分类标准，如果某个产业内8家最大的企业所占的市场份额小于20%，则可认定该行业为分散竞争型市场。而语言服务市场内前100家最大的企业所占市场份额还不到20%，说明语言服务市场竞争激烈。

经济学界和政策部门衡量行业竞争格局的一个常用指标是赫芬达尔—赫希曼指数（Herfindahl-Hirschman Index，HHI）。具体而言，它等于产业中各市场竞争主体占行业总收入或总资产份额（取百分数的分子）的平方和。HHI 指数的取值范围在0—10000，数值越大，说明行业的集中度越高。根据美国司法部反垄断司的标准，一个行业的HHI 指数低于1500时，将被认定为低度集中；HHI 指数在1500—2500为中度集中；HHI 指数高于2500则为高度集中市场。本书根据CSA Research 的数据计算了2009—2020年全球语言服务市场的HHI指数（仅选取全球前100名的语言服务提供商为样本进行计算），如图2-3所示。2009—2020年，全球语言服务市场的HHI 指数呈现不断上升趋势，2020年达到峰值549.0，但距离1500的标准还差很远。HHI 指数显示语言服务市场较为分散，竞争态势良好。

根据 CSA Research 的数据，2005年，全球规模最大的5家语言服务提供商按排名依次为 Lionbridge、L-3 Communications、SDL、STAR Group、RWS Group；2009年，最大的5家企业依次为 Global Linguist Solutions、Lionbridge、L-3 Communications、SDL、LanguageLine Solutions；2013年，最大的5家企业依次为 Lionbridge、HPE ACG、TransPerfect、SDL、LanguageLine Solutions；2017年，最大的5家企业依次为 Lionbridge、TransPerfect、HPE ACG、LanguageLine Solutions、SDL；

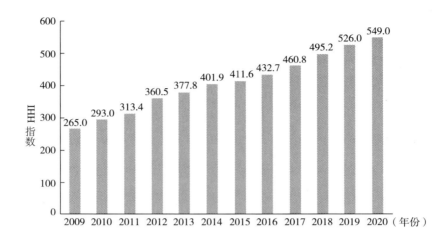

图 2-3 全球语言服务市场的 HHI 指数

资料来源：笔者根据 CSA Research 的数据计算。

2020 年，最大的 5 家企业则依次为 RWS Holdings、TransPerfect、Lionbridge、LanguageLine Solutions、Keywords Studios。整体而言，近十五年左右，语言服务市场的龙头企业发生了较大幅度的变化，从侧面反映出行业的高竞争性和高流动性。

从中国来看，在语言翻译服务方面，中国语言翻译服务企业数量多，规模小，产业集中度较低。行业整体竞争力不足，国际参与度低，抵抗风险能力弱。最近几年公布的全球语言服务提供商 100 强名单中，中国企业偏少，而且排名极不稳定。在语言培训方面，语言培训企业也高度分散，新东方、学而思、学大教育、安博教育、ATA、正保远程、弘成教育、诺亚舟、双威教育、中国教育集团等语言培训行业的上市公司在整个市场中占据的份额也较低。市场集中度低，必然导致内部竞争白热化，尤其是随着中国政府近年来整治 K12 教育培训，许多英语培训机构倒闭，其中不乏许多大牌企业。究其原因，一方面，主营业务因国家政策限制而关停，招生也越来越困难；另一方面，语言培训企业转型和转变赛道导致办学成本提高，最终导致资金链断裂。

总体来看，语言产业是一个集中度较低的成长性产业，领军企业占有率偏低、竞争者数量众多，竞争环境较为激烈。

（二）产品差异化

产品差异化是指企业通过改良自身产品使其与其他企业所提供的同类产品或服务有所不同，从而不可完全替代，增强企业在市场中的竞争力。倘若产品差异化程度越大，市场竞争优势越明显，市场份额将扩大，市场集中度会提高，从而越容易形成垄断竞争或寡头垄断的市场结构；反之，产品差异越小，产品替代性越大，购买力就越分散，市场集中度则会降低。

根据 Nimdzi 调研的 2020 年语言服务提供商的数据，全球语言服务市场 36.2% 的收入来自笔译业务，20.8% 的收入来自本地化业务，20.1% 来自口译业务，2.6% 来自译创服务，并且英语、汉语、法语、日语、德语、俄语、西班牙语、葡萄牙语、阿拉伯语、印地语这几种世界主流语种的语言服务占据了市场的绝大多数份额，可见语言服务市场同质化现象极为严重，而小语种服务的市场供给能力远远满足不了市场需求。

与此同时，随着全球经贸合作的不断深入，语言消费需求增大，多语种外语培训、翻译、出版等市场业态必然进一步繁荣。语言翻译产品和服务不断丰富。包括口译、文档翻译、多语言云呼叫中心、多语言视频会议、多媒体云翻译、云语言教育平台等。

（三）进入及退出壁垒

进入壁垒是指潜在进入者进入某一市场时必须首先克服的困难，必须承担的额外成本。芝加哥大学经济学家施蒂格勒指出，进入壁垒即打算进入某一产业的企业而非已有企业所必须承担的一种额外的生产成本。当前，语言市场整体参差不齐，政策、资金、规模的进入退出壁垒都不高。

1. 政策性壁垒

作为一种新型的产业形态，语言产业尚无明确的产业政策。语言培训方面，国际标准化组织 ISO 于 2014 年 6 月发布了《ISO29991：2014 语言培训服务基本要求》，作为全球首部语言培训服务国际标准，用以规范世界范围内的语言培训服务，但该标准的实现门槛并不

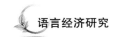

高，并且在各国的实践中也没有法律和政策强制力以保证实施。语言翻译服务方面，很多语言服务提供商因各种原因和顾虑未进行资质认证，但仍经营各类语言服务，这也从侧面反映出语言产业政策性壁垒、准入门槛很低的现状，需要进一步加强立法保障。

2. 资金壁垒和技术壁垒

从注册资金规模来看，截至 2020 年，全球注册资金低于 50 万元的语言服务提供商仍占近 1/3，投资成本并不算高，这为新企业的涌入提供了极大的可能性，从而进一步降低了市场集中度。从语言技术来看，根据 Nimdzi 的调查，截至 2020 年年底，全球仍有 21.4% 的受调查企业不使用任何翻译技术，诸如翻译交易平台和翻译众包平台的普及率仍旧很低，可见，语言产业并未为新企业的进入设立过多的技术性壁垒。是否使用翻译技术并不能绝对阻止市场规模的扩大，但可在某种程度上影响语言服务企业自身成长的速度及利润。

从中国的情况来看，根据中国各城市实施的民办教育法规，对于民办教育培训机构注册资本最低限额各不相同，一般为 10 万元。《中华人民共和国民办教育促进法实施条例》规定民办学校终止的，由审批机关收回办学许可证，通知登记机关，并予以公告，因此在中国投资语言培训业的市场政策性进入壁垒和退出成本并不高，这为大量中小型语言企业的涌入提供了可行性，从而导致市场集中度进一步下降。

总体来看，语言产业属于新兴产业，市场细分化程度高，且市场集中度偏低，规模壁垒也较低。

三 语言产业的市场行为

市场行为是指企业在仔细斟酌市场供求及与其他企业的共存与竞争关系后，为了占有更大的市场、获取更多的利润而采取的各种决策行为，包括定价策略等价格行为以及并购重组、品牌意识等非价格行为。语言产业市场行为即语言服务企业为适应市场要求而进行的调整行为。

（一）价格行为

当前，全球语言产业虽然业内竞争激烈，但大多企业并未实施差别定价，造成行业内部鱼龙混杂，语言产品质量难以保障。[①] 以中国为例，从语言服务市场来看，2014 年 9 月，中国翻译协会发布了中国语言服务行业规范，其中包括《口/笔译服务报价规范》《本地化服务报价规范》，明确给出了各类语言服务的报价方式及计费公式。尽管如此，目前语言产业市场仍混乱不堪，价格竞争相当激烈。《中国语言服务行业发展报告（2020）》指出，中英互译千字单价低于 200 元的企业占据 60%—70%，英语仍有部分企业提供低价服务。[②] 从语言培训市场来看，虽然中国语言培训行业内竞争激烈，但各培训机构都没有明显的降价行为，多采取免费试听、赠送教材、团体优惠等让利行为。

事实上，语言产品按品质和类别从低到高可分为多个等级层次。但因客户对语言产品质量的要求低、缺乏认识等原因，再加之该产业的不成熟性直接导致高质量与低质量产品互相替代，对高质量产品构成了较大的威胁。此外，较低的市场准入门槛为小企业的大量涌入提供了可行性，为了最大限度地获取利润，以极低的价格抢夺市场，甚至有企业声称收费价格只参照语种，不参照原稿难易程度。可见，大多数语言企业并未实施差别定价，反映出语言产业难以出现具备垄断优势的企业。

（二）并购重组

一直以来，并购重组都是语言产业的热门话题。在美国及欧洲的语言服务市场上，行业内的领军企业频繁通过并购活动进行扩张，以占据更大的市场份额。2019 年全球语言服务市场在科技、金融、媒体和游戏本地化等垂直领域的并购重组非常频繁，使某些垂直领域的市场出现了新的领军企业。根据 Nimdzi 的预测，2020 年将有 46% 的语言服务提供商要么正在寻找要收购的公司，要么有意接受来自潜在买家的收购要约。

---

① 安宇、邓建华：《"一带一路"背景下基于 SCP 范式的中国语言服务产业分析》，《湖北经济学院学报》（人文社会科学版）2018 年第 4 期。
② 中国翻译研究院、中国翻译协会：《中国语言服务行业发展报告（2020）》，2021 年，第 11 页。

　　CSA Research 发布的《全球语言服务市场并购活动报告（2019）》指出，语言产业的并购浪潮始于 2005 年 Lionbridge 并购 Bowen Global。2008 年以来，全球大型语言服务企业的并购活动此起彼伏，SDL、Lionbridge、Merrily、RWS、TransPerfect、Welocalize 等均进行了多次并购，目的多为增强技术实力，进入新的领域和市场，扩大规模，增强竞争优势等。并购重组行为使全球语言产业的市场集中度不断上升，这一点反映在图 2-3 中，就是语言服务市场的 HHI 指数近年来不断增加。

　　根据并购交易双方所处的行业、地域以及交易动机等因素，近年来语言产业所发生的并购重组案例可以大致分为四个类型。一是并购标的公司为技术类公司，收购方主要以获得新技术、提升技术含量和科技竞争力等为目的。例如，2018 年 12 月，世界领先的语言服务和技术解决方案提供商 TransPerfect 收购德国本地化公司 Applangao 将协助完善其 GlobalLink 的产品功能覆盖，并在移动应用及游戏本地化领域为全球客户提供更优质的解决方案。二是并购其他地区（尤其是国际经贸往来增长低迷的地区）的不同语种的语言服务公司，以进入有潜力的区域市场，或者提供更多语种的服务。例如，2006 年 8 月，北美第四大语言服务商 Welocalize 收购中国本土翻译公司 Transco，这是中国语言服务企业在国际上首次被兼并收购，这次收购使 Welocalize 能更好地进入中国市场，成为一个中等级别、快速增长的语言服务企业。三是并购其他专业领域的语言服务公司，以进入更多垂直领域，或者加强公司已有的垂直领域业务。例如，2015 年 11 月 2 日，英国上市公司 RWS 集团以 7000 万美元现金收购了世界领先的生命科学领域语言服务商 Corporate Translations Inc.。2017 年 2 月 14 日，RWS 又以 8250 万美元收购了专营生命科学语言服务的美国公司 LUZ，随后 RWS 对两次收购进行整合，宣布成立 RWS 生命科学，作为 RWS 四大业务部门之一。RWS 生命科学通过整合全球范围内最优秀的生命科学语言服务商，顺利切入了制药、生物科技、医疗器械以及临床研究组织等市场，并占据了生命科学这一细分领域更大的市场份额。四是并购同一地区或提供类似语言服务的其他语言服务公司，从而扩大市场规模，提高定价能力。例如，2018 年，荷兰最大的语言服务企业 Livewords 相继收购荷兰另外两家语言服务企业 Balance Translation 和 Metamorfose，标志着 Livewords 贯彻收购本土小型语言服务商以扩大市场份额，提高定价能力的策略。

虽然并购可以作为企业有机增长的加速器，能为企业带来诸多长期收益，如降低固定成本、减少人员配置管理费用、降低翻译成本以及共享客户资源等，但是并购也存在潜在的不利因素，如技术集成或实现财务收益需要的时间比预期长、收益不符合最初预期等。

（三）其他非价格行为

激烈的市场竞争要求语言产业必须进行市场细分。产品差异化可吸引消费者的偏好，扩大市场份额。部分企业选择除口笔译以外的多种主营业务来增大产品种类差异程度，如技术写作、翻译工具/软件开发，实行多元化经营，从而扩大需求，增加利润。①

同时，在品牌推广方面，根据 Nimzdi 的数据显示，只有约25%的语言服务提供商会通过报纸杂志、会展活动来进行品牌推广，只有少数语言服务企业会通过行业展览、平面媒体广告等方式来进行品牌推广。因此，语言服务企业应增强树立品牌意识，打造行业口碑，扩大市场势力。

四　语言产业的市场绩效

市场绩效是指企业在一定的市场结构下，通过一定的行为在价格、产量、成本、利润、产品质量和品种以及技术进步等方面形成的最终经济成果。它反映出市场经济运行的结果，受市场结构和市场行为的共同影响。当前，全球语言产业正在迅速成长，市场产值规模不断扩大，市场集中度不断提高，对世界的经济增长、自主创新和国际合作做出了重要贡献。

（一）促进经济增长

经济的增长得益于人力资本、技术及固定资本投资。语言产业符

① 曹荣：《"一带一路"背景下中国语言产业的 SCP 分析》，《广西财经学院学报》2015 年第 12 期。

合经济结构调整的大思路，应成为"新的经济增长点"。语言产业输出的专业语言人才扩大了市场人力资本容量，同时其创造的产值也无疑是 GDP 的组成部分。[①]

再有，语言产业强有力地带动了区域经济发展。例如，在"一带一路"倡议的推动下，广西、新疆等地丰富的语言资源可得以充分开发利用，为与东盟各国进行语言交流打下坚实的基础，通过语言交流促进文化交流，进而增加经济贸易交流。

语言产业除了间接服务于经济发展以外，其本身也可直接赚取红利。诸如语言文字信息处理产业等与语言相关的产业逐渐形成；语言艺术产品作为消费品给予人们精神享受；甚至利用语言资源开发出的广播电视节目诸如《壮语新闻》等也广受欢迎。因此，充分利用语言优势，不断开发出各具特色的语言节目，可以带来巨大的市场前景。

在本书第四章，我们会通过实证分析来量化语言产业对中国经济增长的贡献。

（二）增强自主创新

语言产业的未来取决于语言技术。随着语言产业的飞速发展，语言服务企业也在不断提高自主创新和研发能力。CSA Research 的数据显示，6.8%的语言服务提供商会自主研发翻译工具，包括翻译交易平台、项目管理软件、术语管理工具、质量保证工具等。

同时，以中国智能语音行业的发展为例，亿欧智库发布的《中国智能语音行业解决方案及服务商品牌测评报告（2021）》指出，智能语音技术已进入快速应用和高速发展阶段，中国语音技术提供企业发展迅速，如科大讯飞、捷通华声、中科信利、云知声等。2020 年，受疫情影响，智能语音系统应用需求激增，智能语音从需求出发，快速步入全新的技术融合和创新阶段，整合多模式识别、大数据、物联网、云服务等技术，形成综合技术解决方案。多维度触达行业核心需求，提供更定制化行业解决方案，成为智能语音服务商创新的出发点

[①] 胡小玲：《论语言产业的结构性、外部性与发展方式》，《语言文字应用》2013 年第 3 期。

和破局之道。当然，综合来看，中国语音产业领域仅在少数相对成熟的行业中应用，服务应用模式单一，缺乏高代表性、高知名度的中国语音产品。美国 Nuance 推出苹果的 Siri 应用蜚声全球，而具有高代表性、高知名度的中国语音产品少有提及。不断提升自主研发创新水平，避免同质化竞争仍然是中国语言企业，特别是中小型企业未来持续努力的方向。

（三）推动国际合作

语言产业在国际贸易和交流合作的过程中具有科技信息服务的基础作用。随着经济全球化程度的不断深化，不同国家间的交流也在不断加强。语言作为一种资源，在世界各个国家间所起的作用越来越大，是进行国际政治沟通、文化交流、经济合作必不可少的工具。语言产业也已经悄然成为促进国际贸易发展和国际交流合作的基础性产业。很多学术研究表明，两个国家之间的语言差异程度越小，其双边贸易额和对外投资额也就越高。也就是说，语言差异是阻碍国际贸易和投资的一个重要因素。而语言产业的发展，可以降低和消除贸易和对外投资的语言壁垒，推动经济和贸易全球化。

第四节　全球语言产业发展趋势及未来展望

基于上述对全球语言产业和语言服务市场的发展情况和现状的梳理总结，本节主要分析全球语言产业的发展趋势及未来展望。

一　语言产业发展趋势

随着全球化的不断深入，语言产业的市场需求和业务形态发生了深刻变革。归纳起来，近些年语言产业的市场变化主要呈现如下几大趋势：

（一）买方需求多样化

许多语言服务的买方（需求方）已经不再满足于传统的、简单的笔译和口译服务，提出了更多个性化的要求。越来越多的买方希望语言服务提供商能够针对他们所面临的语言问题，提供全方位、"一站

式"的解决方案。对定制化服务的需求无疑为语言服务提供商的综合服务能力制定了更高的标准。

（二）语言需求分散化

经过数十年的发展，全球化浪潮席卷全球，在世界各地生根发芽。中国主导的"一带一路"倡议，极大地推动了沿线国家的经贸、科技、文化往来。在此影响下，曾经以英语为主的语言服务需求发生了转变，非英语语种的语言服务需求开始增多，给语言产业带来了新的机遇与挑战。为满足更加分散化的语言需求，语言服务提供商必须配备更多语种的语言人才。而新兴语言服务市场的出现，将对旧的市场竞争格局造成冲击，从业的服务商数量也将继续增多。

（三）超大型项目增多

当今世界频繁的经济、文化、科技交流活动带来了前所未有的语言服务需求。各种大型国际活动越来越多，而信息科学的跨越式发展也使很多超大型语言服务项目的产生成为可能。这一需求趋势要求语言服务提供商拥有更高的处理产能、更简化的处理流程和更严格的成本控制。

（四）服务场景碎片化

在移动互联网高度发达的今天，由于跨境电商、出境旅游等移动消费平台的繁荣发展，为满足用户需求，越来越多的平台开始提供即时的语言服务。此外，个人买方对语言服务的需求在近些年也有了大幅增长。语言服务场景的碎片化趋势要求语言服务提供商发展即时、高效、便捷的语言服务。

（五）人才的跨界合作

随着各种应用场景的语言需求不断增加，人工智能等新型计算机技术的迅猛发展，语言服务项目变得越来越复杂。这些复杂的项目不仅需要语言专家的参与，还需要其他领域技术专家的协作甚至软硬件系统的结合才能完成。因此，整合多个领域的技术和人才资源，实现跨界合作成为现今语言服务提供商的一项核心能力。

二 语言产业面临的挑战和风险

目前，语言产业面临的风险和挑战主要有以下几点：

（一）OTT 媒体的语言服务需求发生剧烈变化

OTT 指互联网公司越过运营商，发展基于开放互联网的各种视频及数据服务业务。随着 Netflix 等传统分销商开始制作原创内容，迪士尼等传统企业也开始逐渐发展直接面向消费者的媒体服务，媒体行业的传统角色正在发生剧烈变化，进而导致全球媒体本地化市场的需求也不断变化。语言服务企业需要尽快满足短视频、流媒体等 OTT 媒体的日益增长的本地化服务需求。

（二）机器翻译技术发展进入"瓶颈"期

近年来，机器翻译的使用不断增加，客户对机器翻译的接受程度越来越高，但语言服务企业从机器翻译中获得的收益已经趋于稳定。并且在技术层面，机器翻译领域没有取得突破性进展，像谷歌、微软和亚马逊这样的大型科技公司也没有足够的动力进一步优化他们的机器翻译引擎。

（三）互联网内容爆炸式增长

互联网技术的发展使目前比以往任何时候都更容易生成在线内容，这导致了互联网内容的爆炸式增长，对翻译和本地化服务的需求也不断增加。但语言服务提供商却很难用现有的员工和技术来满足日益增长的需求。

（四）从业人员需要学习新的技能

随着机器翻译的广泛应用，越来越多的翻译人员被要求担任译后编辑，而新类型内容如短视频的需求对翻译人员提出了新的技能要求。在口译市场，因受新冠肺炎疫情影响，远端视讯口译（Video Remote Interpreting，VRI）的需求增加。疫情缓解仍需时间，远端视讯口译仍会继续扩大，即使疫情结束也会有越来越多的人习惯以这种方式举办会议。

（五）技术服务的要求增加

目前，语言服务买方要求语言服务提供商不仅要交付本地化的产品，还要以其分销渠道所需的特定格式交付。因此，为本地化资产提供一个端到端的分发平台，优化内部工作流程，是本地化公司从竞争对手中脱颖而出的关键。

（六） 价格竞争越发激烈

由于全球化、移民、持续的难民危机和人口老龄化，全球公共部门对语言服务的需求也不断增加，但对于语言服务的支出和预算却不断被缩减，这引发了语言服务企业的价格战。例如，近年来，欧洲各政府不断缩减对生命科学和医学口译的预算，当地语言服务提供商只好通过价格战来应对这一压力。

三　语言产业的未来展望（PEST 分析）

产业经济学中有一个产业宏观环境分析框架，主要从政治（Politics）、经济（Economics）、社会（Society）、技术（Technology）四个维度分析影响行业或企业的外部宏观力量，因此被称为 PEST 分析框架。具体而言，PEST 分析框架中的政治环境包括政治制度、法律法规、政策方针等；经济环境包括经济体制、社会经济结构、经济发展水平、财政政策与货币政策等；社会文化环境包括居民受教育程度、宗教信仰、风俗习惯、生活方式、价值观念等；技术环境则主要指与行业所处领域直接相关的技术手段的发展变化。

本节基于 PEST 分析框架，分析政治、经济、社会文化、技术环境为语言产业带来的机遇与挑战，在此基础上展望语言产业的未来前景。

（一） 政治环境

各国政府对语言服务建设的重视程度日益加强，是语言产业所处的主要宏观政治环境。

一国的语言实力关系到国家安全与国家利益，近年来各国纷纷将语言服务从传统的工具性地位提升到国家顶层设计的战略高度，并在产业政策、机构设置、行业规范等方面予以具体支持，极大地促进了语言产业的发展。在经历了"9·11"事件、伊拉克战争和阿富汗战争后，美国意识到军队的语言能力已成为影响作战能力的核心因素之一，于是将语言服务需求与国防需求相结合，自 2005 年以来推出了《国防语言转型路线图》《国家安全语言计划》等一系列国防语言政策规划，并组建了由国防部管理、民间志愿者组成的国家语言服务团，补充美军语言人才。澳大利亚作为一个多民族多语言国家，拥有国家翻译服务处和翻译资格认证局两大翻译服务体系，翻译服务处签约 2000 多名译员，提供全天候的电话即时口译服务，满足不同语言使用者的沟通需求；翻译资格认证局是澳大利亚国内唯一的官方翻译专业认证机构，通过制定全国统一的笔译和口译考核标准，提高从业人员的专业素质和行业准入门槛。总的来说，各国政府对语言产业的重视将有力地推动行业在未来的发展。

（二）经济环境

世界各地区经济发展程度差异大、经济全球化使各国的贸易往来日益频繁、跨国公司的迅猛发展，构成了语言产业的主要宏观经济环境。

语言服务作为现代服务业的一个分支，其发展水平与一个国家或地区的经济结构和发展阶段密切相关。语言产业为各种经济活动提供特定的专业服务，对区域主体经济的依附性强，相比于欠发达地区，经济发达地区拥有更具国际竞争力的商品和相对成熟的第三产业，繁荣的商品贸易和服务贸易派生出较多的语言服务需求，并且其高收入属性使其能够为语言服务支付较高的价格，造成其在语言服务企业数量和市场份额上的领先。本章之前已经论及，欧洲和北美相比世界其他地区，语言产业明显更加繁荣。

随着经济全球化进程的不断加深，世界各国之间的贸易往来日益频繁，对外贸易已经成为各国国民经济的重要组成部分。对外贸易活动往往伴随着语言问题，进、出口商只有打破语言障碍才能顺畅开展工作交流。因此，为进、出口商提供准确、方便、高效的翻译服务成为语言服务企业面对的一大市场需求，如近年来跨境电商的蓬勃发展使即时语言服务需求激增。然而，在全球化浪潮的大背景下，近年来出现了"中美贸易争端""英国脱欧"等逆全球化趋势的贸易保护主义，引发了国际贸易量下降影响语言服务需求的担忧。

跨国公司带来的外商直接投资（Foreign Direct Investment，FDI）是影响语言产业需求的另一因素。跨国公司是经济全球化进程中最活跃、最积极的主导力量，以外商直接投资的形式进行海外经营与扩张。跨国公司在海外投资建厂、生产经营、投放产品的过程中，需要

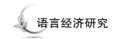

满足东道主国家在语言、法律、文化等方面的要求，对生产作业流程的本地化构成语言产业的又一大需求。以中国为例，根据中国翻译协会发布的《中国语言服务行业发展报告（2020）》，外资企业是中国语言服务企业的主要服务对象，其对笔译、口译、本地化服务、机器翻译/译后编辑、翻译工具/软件开发五大服务类型的需求均高于国有企业、民营企业以及政府或事业部门。

整体而言，地域经济发展不平衡将在未来继续导致世界各地区语言服务企业数量和市场份额的显著差异。经济全球化进程下国际贸易的增长、跨国企业的发展为语言产业提供了长期的核心驱动力，但近年来贸易保护主义的升温为国际贸易的增长增加了不确定性，也为语言产业的未来蒙上了一层阴影。

（三）社会文化环境

世界文化交流逐渐深入、居民出境旅游需求日益旺盛，构成了语言产业的主要社会文化环境。语言是文化传播的核心载体，是不同文化之间的沟通桥梁，世界各国日益频繁的文化交流拉动了语言产业的需求增长。影视、音乐、文学作品等各种形式的文化产品，需要经过高水平的翻译加工，打造出符合不同地域用户需求的"客制化"产品，才能走出国门、广泛流通。以中国的文化产品出海为例，莫言获得诺贝尔文学奖，多部中国电视剧在海外掀起收视狂潮，武侠小说风靡海外，语言翻译产业都在其中起到了关键的作用。此外，奥运会、世博会、世园会等一系列世界性体育赛事和文化交流活动同样拉动了对语言服务的需求，以 2008 年北京奥运会为例，根据前瞻产业研究院发布的数据，北京奥组委在奥运会和残奥会期间提供多达 45 个语种的翻译服务，语言服务处是奥组委最大的处室之一，实际语言服务费用约为 5000 万元。

旅游业是当今世界服务业中发展最快的产业之一，旅游服务贸易在国际服务贸易中占有越来越大的比重，近年来出境旅游的不断增长促进了对旅游语言服务的需求。旅游语言服务具有即时性和场景化要求，需要结合具体地域的宗教信仰、社会习俗、交往礼仪。根据世界旅游城市联合会（World Tourism Cities Federation，WTCF）发布的

《世界旅游经济趋势报告（2020）》，国际旅游在旅游浪潮中扮演了越来越重要的角色。2020年以来，全球新冠肺炎疫情对国际旅游业造成严重影响，尽管目前仍时有反弹和蔓延，但随着全球疫情防控形势的逐步向好和疫苗免疫屏障的逐步完善，开放国际旅游的呼声越来越高，随着国际旅行限制的逐步放开，旅游语言服务也将成为语言产业发展的一个重要增长点。

整体而言，文化产品输出、世界性体育赛事和文化交流活动以及日益旺盛的居民出境旅游需求为语言产业的未来增长创造了动力。

（四）技术环境

人工智能技术和云计算技术推动机器翻译技术繁荣发展，移动互联网技术推广带来多媒体影音内容的不断丰富，构成了语言产业的主要技术环境。

人工智能技术和云计算技术的发展推动语言产业进入新的阶段。本章之前多次提及，神经机器翻译的出现使机器翻译的效率和准确性都大大提高，对行业产生了革命性影响。在2006年谷歌CEO首次提出云计算概念后，云计算产业蓬勃发展。根据国际衍生品智库IDC最新发布的《全球及中国公有云服务市场（2020年）跟踪》报告显示，2020年全球云服务整体市场规模达到3124.2亿美元。在翻译领域，大量涌现的云翻译平台将信息、语言专家、数据、产业资源等融合于一体，节约了成本，提升了效率。云计算还解决了本地存储受限的问题，越来越多的语言服务企业选择在云端处理数据，完成翻译任务。随着时间的推移，更多的数据在云端积累，又会更好地训练神经机器翻译。新技术的发展和融合正在重塑整个机器翻译产业。

互联网技术的快速发展促进了内容产业的大规模增长，大大提升了对语言服务的需求。一方面，互联网基础设施的普及降低了上网成本，提高了信息传播的能力。信息高速公路的搭建让世界成为"地球村"，人们对信息互联互通的需求转化成了对翻译和本地化等语言服务巨大的需求。另一方面，互联网技术的发展降低了内容创作的门槛，推动社交媒体行业高速发展，进入"自媒体"时代。内容产业的快速发展为语言产业带来大量新需求。

　　整体而言，互联网技术的飞速发展带来内容产业的快速增长，为语言产业提供了重要的未来驱动力。而机器翻译技术对语言产业的影响应从两方面看待。从积极影响看，机器翻译提升了语言产业的工作效率，拓宽了市场；从消极影响看，机器翻译对人工翻译造成了冲击，传统人工翻译企业将面临 Google 等高科技企业的激烈竞争。

第三章

语言产业发展趋势

第一节　中国语言产业发展竞争力

语言作为近年来的新兴产业，发展势头强劲，在全球和中国保持着稳定的发展态势，产值逐年增加，成为拉动经济的新兴增长点，成为内外传播的重要途径。2020年，作为中国全面建成小康社会的决胜之年，语言产业助力脱贫攻坚，积极参与全球抗疫，积极推动中国与"一带一路"共建国家的交流与合作发挥了重要的作用。

一　语言产业市场发展态势分析

语言产业的不断发展，不仅为国民经济增长做出直接贡献，还为中国逐步构建全面开放的经济体系提供有力支撑，为"开发式扶贫""精准扶贫"以及实现共同富裕做出了重要贡献。近年来，语言翻译、语言教育、语言康复和语言文字信息处理等语言产业的不同业态均取得了较为瞩目的成绩。本节重点分析中国语言产业的发展态势，在第四章第一节将对中国语言产业的总产值及其在国民生产总值和第三产业增加值中所占比重进行测算。

中国翻译协会调查数据显示，2015—2020年全球语言服务产业规模持续扩大，年均增幅超过9%。2020年新冠肺炎疫情期间，语言服务企业和从业者积极参与全球抗疫工作，如提供远程抗疫语言服务工作和培训工作、外籍人士咨询和翻译、海外捐赠语言服务等。①

以人工智能为代表的新兴技术对语言产业的内容和发展方式产生了变革性的影响。2020年，中国工业和信息化部提出，将加大对信息处理技术、人工智能等领域的支持力度，进一步强化语联网作为产业技术基础公共服务平台的作用；加强对平台建设运行的评估与指导，完善产业技术基础平台等共性技术平台的工作指南，加大平台对新兴技术领域的支持力度，支持平台建设单位发挥资源集聚作用，支撑语言信息处理领域的产业链建设；支持知识产权公共服务平台开展语言信息处理技术领域的知识产权分析与研究，加强人工智能、区块链与语言信息处理相结合的知识产权分析、布局与运用。② 新冠肺炎疫情暴发之初，我国所反映出来的应急语言服务的不足，也表明我国的语言服务体系和建设能力迫切需要完善和提升。③

（一）语言翻译市场

《2020中国语言服务行业发展报告》调查数据显示，2019年，在受访的企业中，语言服务业务主要集中在"中译外"和"外译中"，占比分别为41%和43%，"外译外"业务相对较少，占比16%。2020年，"外译外"的业务占比有所提升，提升至20%，"中译外"的占比有所下降，为38%。在翻译语种上，英语、法语、日语、德语和俄语是2019年翻译量最大的语种，同时"一带一路"共建国家的一些非通用语种翻译需求逐渐增加，如黑山语、斯洛伐克语和土库曼语等。④

"一带一路"国际经贸合作的深入推动着语言服务产业的发展。中国翻译协会受访语言服务企业数据显示，84.7%的语言服务需求方和提供方最近两年在"一带一路"共建国家有经贸合作。俄语、阿拉

---

① 中国翻译协会：《中国语言服务行业发展报告（2020）》，2021年，第3页。
② 工信部：《鼓励语言区块链技术的应用》，东方财富网，http://finance.eastmoney.com/a/202009231645249529.html。
③ 赵世举：《我国语言文字事业开拓发展的策略及路径》，《语言文字应用》2021年第1期。
④ 赵世举：《我国语言文字事业开拓发展的策略及路径》，《语言文字应用》2021年第1期。

伯语、法语、德语和英语成为市场急需的前五名语种。同时，在"一带一路"共建国家的语种中，白俄罗斯语、泰语、波兰语、波斯语和马来西亚语的业务服务需求相对较大。语言提供服务企业表示，现阶段语言服务提供市场非通用语的人才供给不足，语言服务提供企业急需大量的非通用语种专业人才。①

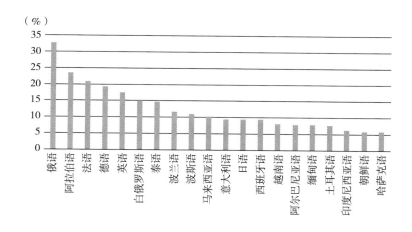

图 3-1 语言服务需求方急需语种类型及其占总需求比例

资料来源：《中国语言服务行业发展报告（2020）》。

2020 年我国语言服务涉及的领域朝着多元化的方向发展。从中国翻译协会受访企业的订单领域来看，语言服务涉及的领域包括信息技术、教育培训、知识产权、装备制造、会展会议、国际工程、政府外宣、国际传播、影视文化和交通旅游等。②

（二）机器翻译和人工智能市场

随着机器翻译和人工智能技术的发展，人工智能技术逐步赋能语言服务，机器翻译使企业的翻译成本降低，效率提高。机器翻译技术的发展和强化使企业对机器翻译的认可度和满意度越来越高，机器翻

---

① 中国翻译协会：《中国语言服务行业发展报告（2019）》，2020 年，第 7 页；中国翻译协会：《中国语言服务行业发展报告（2020）》，2021 年，第 7 页。
② 中国翻译协会：《中国语言服务行业发展报告（2020）》，2021 年，第 8 页。

译对传统人工翻译的替代性越来越强。

除此之外，基于人工智能技术的自然语言处理行业呈现"井喷式"增长态势。在人工智能领域，流传着"自然语言理解是人工智能皇冠上的明珠"的说法，体现了自然语言处理对人工智能发展的重要作用。大数据、5G 技术、云计算、区块链和万物互联等技术交叉发展与有机融合推动着数字经济的迅速发展，给语言服务市场带来了新的发展空间。

目前，市场上机器翻译技术较为成熟的公司有谷歌机器翻译、百度机器翻译、有道机器翻译、腾讯机器翻译、科大讯飞机器翻译等。除此之外，阳光藏汉作为少数民族语言翻译软件，技术发展较为成熟。

除以上专做机器翻译的企业外，市场上一些企业提供"人工智能+机器翻译"的跨领域语言服务，如乐言科技主营业务为智能客服，思必驰主要提供"物联网+语音识别"与智能对话服务，犀语科技主要为金融行业提供智能审批、校正服务，香侬科技主营业为舆情监测。随着 AI 语音识别技术的成熟，造就了英语流利说等以 AI 技术驱动、无真人老师的业务模式。未来，随着在线化积累越来越多的学生英语学习数据，大数据和 AI 技术在语培领域的渗透会持续加深，将产生更多新业态、新模式和新公司。表 3-1 为依托"人工智能+机器翻译"技术提供语言服务的企业。

表 3-1   "人工智能+机器翻译"等语音处理代表企业

企业名称	主营业务	企业类型
科大讯飞	智能语音	2B/2C
驰声	智能语音	2B
英语流利说	英语口语培训	2C
乐言科技	智能客服	2B
三角兽	智能客服、手机智慧识屏	2B
思必驰	"物联网+语音识别"、智能对话	2B
云知声	物联网人工智能服务+语音识别	2B
犀语科技	金融行业——审批、校正、核查	2B
香侬科技	舆情监测等	2B
虎博科技	翻译、金融、舆情等	2B

资料来源：笔者自制。

科大讯飞作为语言服务行业的代表，从事语言应用的生产研发工作，除了为终端消费者提供服务，还为其他语言服务商提供技术支持，所以此处选取 2018—2021 年科大讯飞的发展情况做案例分析。截至 2021 年 6 月，科大讯飞总市值为 1359.0 亿元，净资产 131.7 亿元，2021 年上半年净利润 1.39 亿元，这几项指标在 A 股上市的语言服务企业和软件服务企业中均处于领先水平，发展前景较为乐观。如表 3-2 所示，从 2018—2020 年科大讯飞的财务发展状况可以看出，科大讯飞的营业收入和净利润不断增加，平均净资产收益率在过去三年持续上升，2020 年达到了 10.97%，发展较为迅速，图 3-2 较为直观地体现了科大讯飞的财务变化情况。

表 3-2	2018—2020 年科大讯飞财务状况		单位：亿元
	2018 年	2019 年	2020 年
营业收入	79.17	100.79	130.25
净利润	5.42	8.19	13.64
总资产	153.03	201.01	248.36
净资产	79.71	114.18	126.68
平均净资产收益率	6.94%	8.22%	10.97%

资料来源：2020 年科大讯飞年报。

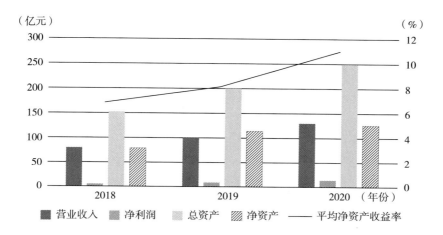

图 3-2 2018—2020 年科大讯飞财务变化情况

（三）语言培训市场

按照语言培训市场的细分情况来看，语言培训市场分为启蒙语言培训、青少年语言培训、留学、语言等级考试、成人语言能力培训等细分市场。表3-3为语言培训各细分市场的代表企业。

表3-3 中国语言培训行业垂直领域代表企业

垂直行业	国内典型企业
启蒙英语	叽里呱啦、成长兔英语、斑马AI课、跟大熊玩英语
青少语培	VIPKID、51Talk、说客英语、兰德少儿英语
留学语培	新东方、新航道、朗播、学为贵
四六级	考虫、新东方在线、有道
考研英语	新东方、考虫、文都教育、万学教育
成人语培	沪江网校、华尔街英语、英语流利说

资料来源：《爱分析·中国语培行业趋势报告》。

近年来，语言培训市场持续扩容。作为中国第一家赴美上市的在线英语教育公司，51Talk是在线青少年英语培训的领导品牌，近几年营收持续增长。从平均客单价来看，2016年51Talk的平均客单价为6600元，2017年增长至8200元，2018年则增长至10100元，年均增幅高达26.5%。从营收情况来看，51Talk 2019年第三季度营收为4.09亿元，同比增长35%，2019年全年经营性现金流3.98亿元，同期毛利率为72.2%，同比增长9.7%。[①]

2019年年底突如其来的新冠肺炎疫情，极大地带动了线上语言培训的发展。由于新冠肺炎疫情的突然暴发，培训机构纷纷将课程转向线上，开始"停课不停学"的教育模式。从2020年年初以来，在线语言培训的渗透率显著提升，增速高于少儿语言培训整体市场的增速。在国内语言培训市场中，新东方作为语言培训的行业巨头，在1993年依靠留学语言培训白手起家。在2020年新冠肺炎疫情期间，新东方成为第一批提供线上教育平台的企业之一，同时为超过2000

---

① 爱分析：《中国语培行业趋势报告》，2020年，第13页。

万人次的学生提供在线教学。除此之外，在疫情期间，线上语言培训机构得到迅速发展。疫情使线上语言培训需求激增，客户大量涌入，语言培训机构产品不断升级。例如，VIPKID 在疫情期间推出"春苗计划"，免费提供 150 万份春季在线课程，向学校和教育机构免费开放在线直播并提供技术支持。在此期间，VIPKID 的 1V1 北美外教课程的需求量达到了历史最高水平。[①]

人工智能技术的发展催生了一批以智能语音纠错技术为核心的企业，让"AI 老师"成为线上纠错的主要力量，主要代表企业为"英语流利说"。"英语流利说"作为技术驱动型企业，通过人工智能为英语学习用户组织推送学习内容，通过用户的音频情况对用户的词汇量、发音以及断句等进行测评和诊断，摆脱了对真人老师的依赖。该企业成熟的纠音技术和系统吸引了大量的用户和学习数据，为后续的技术更迭和创新奠定了坚实的基础。

2021 年 7 月，中共中央办公厅、国务院办公厅印发《关于进一步减轻义务教育阶段学生作业负担和校外培训负担的意见》（以下简称《意见》）。《意见》指出要规范教育培训行业，现阶段教育培训行业资本运作程度较深，《意见》的出台有利于让教育回归本质，但是语言作为一项个人终身能力，对语言学习的需求将会一直存在。虽然资本市场受到打击，但是语言教育市场仍将长期持续，并且成人教育和职业教育有可能发展成为语言培训市场中的重要板块。

二　语言产业区域分布

（一）区域分布特征

从国家工商局统计数据来看，虽然各省市均有语言服务企业，但语言服务企业区域分布不平衡，主要集中在北上广深等一线城市。中国翻译协会数据显示，江苏、北京和广东三个地区的语言服务企业占全国语言服务企业总量的比例超过了四成。从近几年语言服务企业数量和区域变化情况来看，企业分布在 2019 年发生了变化，由于江苏成立了大量小型和个体语言服务企业，所以当年的语言服务企业数量

---

① 爱分析：《中国语培行业趋势报告》，2020 年，第 13 页。

超越了其他区域，成为 2019 年语言服务企业最多的地区。

从各地区开设外语类专业的院校情况来看，我国外语类院校和专业分布不均匀。江苏省和湖北省开设外语类专业的院校最多，其次是山东、广东、北京、河北和浙江。值得注意的是，我国西部地区外语类院校和专业开设相对较少，在未来需加强外语类专业的建设。

（二）城乡分布特征

在城乡分布上，城镇语言教育支出占主要地位。北京大学中国教育财政科学研究所针对 0—3 岁幼儿早教阶段、3—6 岁幼儿园阶段、6—16 岁基础教育阶段和 16 岁以上高等院校在校生家庭的校内和校外教育支出进行调查。结果显示：第一，我国家庭教育支出的水平和规模处在较高水平，但是存在较大的城乡差距。在基础教育阶段，全国城镇的生均家庭教育支出是农村的 2.5 倍。第二，以每年每生教育支出占家庭总消费支出的比例为标准，对全国家庭平均教育负担率进行衡量，城镇的义务教育阶段家庭平均教育支出负担率比农村高 3.7 个百分点。第三，从校外教育的参与率来看，全国城镇中小学生的校外参与率比农村学生高了 1 倍多。①

（三）特别地区的分布

1. 粤港澳大湾区

粤港澳大湾区，包括香港特别行政区、澳门特别行政区和珠三角九市，总面积 5.6 万平方千米，2017 年年末总人口约 7000 万人，是中国开放程度最高、经济活力最强的区域之一，在国家发展大局中具有重要战略地位。2019 年，中共中央、国务院印发的《粤港澳大湾区发展规划纲要》中提到要将大湾区打造成为世界级城市群和"一带一路"建设的重要支撑。

多语言、多文字是粤港澳大湾区的基本语言特征。粤港澳大湾区汇集了汉语、粤语、英语、葡语等多种方言。根据国务院发布的《新一代人工智能发展规划》要求，人工智能在医疗、金融、教育、零售

---

① 北京大学中国教育财政科学研究所：《2017 年中国教育财政家庭调查：中国家庭教育支出现状》，北大新闻网，http://ciefr.pku.edu.cn/cbw/kyjb/2018/03/kyjb_5257.shtml，2018 年 3 月 8 日。

以及政务等领域的落实都依托于语言科技，粤港澳大湾区在交通领域推广的"一卡通"等一系列服务都需要系统的语言规划和语言技术。

粤港澳大湾区的语言多样性催生了语言文化产业的需求。虽然粤港澳大湾区的语言多样性会增加沟通等经济成本，但同时也带来了语言经济收益，促进了翻译、语言培训等语言文化产业的发展。一方面，在广东地区，英语、汉语等语言培训和翻译有着庞大的语言需求市场，汉语粤方言在大湾区和其他地区存在一定的教育培训市场；另一方面，大湾区的汉语粤方言有着深厚的文化传承，如香港的电影、电视以及流行音乐等产业，在整个中国甚至是世界都有着非常大的影响，语言产业经济价值巨大。

2. 北京冬奥会

2017 年，教育部、国家语言文字工作委员会和北京冬奥会组委会联合启动《北京冬奥会语言服务行动计划》（以下简称《行动计划》），提出开展语言技术集成及服务、语言翻译及培训，开展外语志愿者等人员的语言培训工作，优化冬奥会的语言环境，合作开展冬奥会语言文化展示体验项目等重点工作。此外，教育部和国家语言文字工作委员会搭建的"冬奥术语平台"的第一版和第二版已经在 2018 年和 2019 年交付使用。随着《行动计划》的落实与推进，2022 北京冬奥会的语言服务已经成为热点话题，冬奥会的举行，也进一步带动对语言服务的需求，因此要加强对体育赛事语言的服务内容和服务能力的建设。

冬奥会语言服务空间和时间可分为两个部分和三个阶段。从空间上看，冬奥会语言服务可以分为比赛场馆内和比赛场馆外两个部分。从时间上看，可以分为开幕前的筹备阶段、赛时阶段和闭幕后的总结阶段，不同空间、不同时间和不同主体对语言服务有着不同的需求，既有微观、具体、暂时的需求，也有宏观、庞大、长远的需求。根据冬奥会的筹备和赛时阶段要求，冬奥会的语言服务主要包括笔译、口译和辅助翻译等。北京冬奥会组委对外联络部指出，赛前的语言服务内容主要包括统筹安排各个部门和各个领域的口译、笔译和出版物等的翻译工作，语言服务商的采购和语言服务质量的把控等。赛时的语言服务工作可分为四部分：①口译服务工作。为所有奥林匹克线上线下工作会议、新闻发布会、竞赛和非竞赛场馆以及远程电话提供口译服务，涉及的语种包括汉语、英语、法语、日语、德语、俄语和意大利语等。②笔译服务工作。这部分工作主要包括即时引语、奥运村村报、国际奥委会语言服务和北京冬奥组委重要会议报告等，大部分在语言服务总部完成。③应急语言服务工作。这部分工作主要通过电话方式，如果在周围没有专业口译员或者提供语言服务的志愿者时，语言服务需求方可拨通多语种呼叫中心，客户、口译员和现场工作人员进行三方对谈和翻译。④志愿者辅助翻译服务工作。这部分工作主要在非主要竞赛阶段容易出现语言障碍的场所和场合中应用。①

3. 广西

广西依托于独特的地理位置，拥有特殊的语言资源和语言需求。广西与东南亚国家同源异流，同属泛儒家文化圈和"大华人"生活圈，部分语言文字存在着亲缘关系。广西的语言资源十分丰富，从汉语角度来说，除通用普通话之外，广西还拥有着非常丰富的方言，如西南官话、粤方言、平话、客家话、闽方言、湘方言等汉语方言，同时这些方言内部又有不同的方言片区和小方言。比如，粤方言有很多种方言片区，包括广府、邕浔、钦廉、勾漏等不同方言片区；少数民族语言也涵盖很多民族语言，包括壮语、侗语、布努语、勉语、拉珈语、水语、苗语、京语、韩语、毛南语、仡佬语、仫佬语12种民族语言，每种民族语言也都有方言和土语的不同。在这些少数民族语言中，除了炯奈语、拉珈语、仫佬语、彝语和毛南语外，其余的语言同是跨境语言。②

在"一带一路"国际合作所涉及的地区中，广西拥有重要的地理优势和语言优势。虽然广西作为中国—东盟自贸区的衔接门户，但是广西的语言产业发展有待提升，语言产业在广西整个产业结构中的占

---

① 国家语言文字工作委员会：《中国语言政策研究报告（2020）》，2020年，第144—145页。

② 赵世举、黄南津：《语言服务与"一带一路"》，社会科学文献出版社2016年版，第71页。

有份额和语言产业间的关联度都比较低。南宁市作为中国—东盟博览会永久性举办城市，十多年来多次举办国际性和区域性经济和文化展览活动，然而南宁市到现在都没有出现面向东盟的语言产业相关的博览会，南宁市的语言产业发展现状与其面临的语言服务需求和战略定位并不匹配。除此之外，同处于中国—中南半岛经济走廊上的云南，民族语言资源十分丰富，但是语言产业处于待开发的状态。相比于一些语言产业较为发达的东盟国家，广西和云南地区对民族语言资源的开发和利用有待加强，应充分利用与东盟国家的地理和语言优势，打造具有高附加价值的语言产业。

三 语言产业结构特征

（一）劳动密集型向科技密集型转变

随着人工智能的发展，翻译逐渐从人工翻译向机器翻译转变。近年来，越来越多的信息技术服务提供商进入人工翻译和机器翻译市场。与在人工智能技术兴起之前的小型翻译公司和工作室相比，大型语音识别、自然语言处理、人工智能和机器翻译公司运用自己的独特技术优势，形成了高效率、高准确率和低成本的机器翻译市场。在现有的翻译科技公司的技术推动下，少数精通专门语言的专业人员依靠强大的翻译技术和系统，便可以满足市场需求。目前，机器翻译广泛拓展新兴应用场景。例如，在景区导览产业，一些科技公司近年来以手机应用为载体，开发了可以同时为用户提供全国2万余个景区导览服务的语音系统；在语言教育产业，一些科技公司专门为特定用户人群提供语音语言服务。近年来，大数据、云计算、人工智能、区块链、语联网等技术交叉融合发展，推动着数字经济赋能语言产业的发展，给语言文字事业带来巨大的发展空间。①

随着中国产业的发展和转型升级，翻译领域从化工、制造领域向科技、医药领域聚焦。中国翻译协会调研数据显示，近几年来，语言服务企业提供翻译涉及的领域逐渐从化工制造领域过渡到科技领域。

---

① 赵世举：《我国语言文字事业开拓发展的策略及路径》，《语言文字应用》2021年第1期。

2015 年，翻译业务量最多的领域为法律合同、化工能源和医药类，而 2019 年翻译业务量最多的是信息技术、教育培训和知识产权，翻译领域的转变反映了我国产业的迅速变迁。①

（二）"智能化+集中化"趋势增强

工业革命浪潮逐步推进，科技发展日新月异。凭借大数据、人工智能、云计算、区块链和智慧物联网等技术的融合和发展，人类已经到达信息化和智能化的新高度，进入了"人机共生时代"，语言产业随之也发生着前所未有的变革。其中，自然语言理解成为人工智能领域的关键所在。

"一带一路"的语言多样化为机器语言创造了巨大的增长空间。未来，在语言信息的智能化处理、人机问答、视频语音信息合成、翻译和少数民族文字信息的自动化处理、物联网的机器语言传递等领域具有较大的开拓空间。

（三）"数字化鸿沟"明显

随着数字时代的来临，新技术的应用在年轻人群中应用更加普遍。相较于适应能力强的年轻人，老年群体似乎被强行推上"跑道"，对数字化技术产品使用生疏，与年轻人之间的距离越来越大，代际鸿沟问题越发明显。现代语言科技产品和语言媒体的参照坐标大多是年轻用户的语态和文化。数字时代逐渐将年轻群体与老年群体日益分化为两个世界，虽然两个群体使用着同一种语言，但是用着完全不一样的编码和解码系统。数字时代语言产业市场将偏向于使用更加顺畅的年轻群体，老年群体越来越被边缘化。②

（四）远程语言服务成为新业态

新冠肺炎疫情暴发以来，语言服务从业人员纷纷加入抗击疫情的队伍中，在不同领域和不同行业发挥着自己的作用。在疫情期间，很多语言服务提供商和从业者选择线上抗疫口笔译服务、参加与疫情有关的培训服务、海外捐赠物资的语言服务以及为外籍人士提供咨询服

---

① 中国翻译协会：《中国语言服务行业发展报告（2020）》，2021 年，第 34 页。
② 彭兰：《"健康码"与老年人的数字化生存》，《现代视听》2020 年第 6 期。

务等方式进行抗疫服务。新冠肺炎疫情的暴发使远程语言服务成为新常态。①

除此之外，从语言培训行业长期发展来看，语言培训的远程化和在线化成为趋势。新冠肺炎疫情的暴发并没有改变语言培训的发展趋势，反而加速了行业转型，加速了在线语言培训对传统线下语言学习和培训的替代。在线语言培训也因远程化和在线化教学获得了低成本获客的机会和优势，加快了语言培训企业的发展和下沉到低线城市的速度。

（五）更加服务国家发展和文明交流

语言产业应担起服务国家大局的责任，将语言文字事业深度融入国家发展的大局和进程中，为国家发展战略提供精准的语言服务。党的十九大以来，中央部署的"一带一路"国际合作、粤港澳大湾区建设、自贸区建设、科教兴国战略、文化强国战略、网络强国战略、信息化发展战略、国家安全战略、乡村振兴战略等国家战略都需要语言文字及语言产业助力发展。近年来，国家语委等有关部门实施的"一带一路"语言服务建设、推普脱贫攻坚等行动都取得了显著的成效。②

在过去的几年，专业翻译涉及的政治外宣类领域的数量越来越多。如对《习近平谈治国理政》和《习近平用典》等的翻译和讨论越来越多，公共政策翻译成为一大重点翻译领域。

（六）复合型语言服务人才培养模式探索空间较大

语言人才是语言产业发展的核心，语言产业的发展催生了复合型人才的需求。语言产业和其他产业的交叉融合发展使语言功能得以拓展，催生了社会语言需求的多样化，但语言学科在我国学科体系发展中还不够完善。语言教育与语言产业发展的不匹配制约了语言学科研究和人才培养社会功能的发挥，这一现状亟须改善。从语言学科建设方面来说，语言学科本身也需要加强自身服务国家和社会的理念，树立责任感和使命感，落实国家"新文科"建设目标，

---

① 中国翻译协会：《中国语言服务行业发展报告（2020）》，2021 年，第 27 页。
② 赵世举：《我国语言文字事业开拓发展的策略及路径》，《语言文字应用》2021 年第 1 期。

优化学科建设路径，打造与国家和社会发展相融合、相适应的语言学科。

目前，在语言服务行业，复合型语言服务人才比较稀缺。在语言人才培养和供给方面，存在语言人才供给和市场需求不适配的问题，传统学科培养已经难以适应新的语言需求，如语言和高新技术相结合的复合型人才。在未来，应培养一批兼具技术与管理等综合性的实用型人才，打造一批"语言＋技术""语言＋法律""语言＋管理"等复合型语言人才，填补目前市场的人才空缺。

第二节　城市、企业、高校语言能力排名

本节根据主成分分析法对城市语言能力、企业语言服务能力和高校语言能力进行因素提取、权重赋予和排名。

主成分分析法（PCA）的基本原理：

主成分分析的基本思路可概述如下：借助一个正交变换，将分量相关的原随机变量转换成分量不相关的新变量，从代数角度，将原变量的协方差阵转换成对角阵，从几何角度，将原变量系统变换成新的正交系统，使之指向样本点散布最开的正交方向，进而对多维变量系统进行降维处理。按照特征提取的观点，主成分分析相当于基于最小均方误差的提取方法。

主成分分析的基本算法步骤及公式如下：

（1）采集 p 维随机向量 $X = (x_1, x_2, \cdots, x_p)'$ 的 n 个样品 $x_i = (x_{i1}, x_{i2}, \cdots, x_{ip})'$，列出观察资料矩阵 $X = (x_{ij})_{n \times p}$；

（2）对样本矩阵中原始数据进行预处理，即将原始数据转换为正指标，然后利用下式：

$$x_{ij}^* = \frac{x_{ij} - \overline{x}_j}{\sqrt{var(x_j)}} \quad (i = 1, 2, \cdots, n; j = 1, 2, \cdots, p)$$

其中，$\overline{x}_j$ 和 $var(x_j)$ 分别表示第 j 个变量的平均值和标准差。将

所得数据标准化，得标准化矩阵 $Z = \begin{pmatrix} z_{11} & \cdots & z_{1p} \\ \vdots & \ddots & \vdots \\ z_{n1} & \cdots & z_{np} \end{pmatrix}$；

（3）计算上述矩阵的样本相关系数矩阵 $R = \begin{bmatrix} r_{ij} \end{bmatrix}_{p \times p} = \dfrac{Z'Z}{n-1}$；

（4）解样本相关系数矩阵 R 的特征方程，得 p 个特征值 $\lambda_1 \geqslant \lambda_2 \geqslant \cdots \geqslant \lambda_p$；

（5）从而得主成分 $U = \begin{pmatrix} u_{11} & \cdots & u_{1m} \\ \vdots & \ddots & \vdots \\ u_{n1} & \cdots & u_{nm} \end{pmatrix}$；$u_{ij} = z'_i b_j^0$；$b_j^0$ 是特征单位特征向量。

一　城市语言能力排名

（一）指标选取

在城市语言能力排名中，选取了全国23个省份的省会城市、5个自治区的首府和4个直辖市，总计32个城市。城市语言能力由语言服务能力、语言国际化能力和语言治理能力三个因素组成。在城市语言服务能力方面，选取了城市中中国翻译协会社团单位会员数量、工商局注册语言企业数量、举办年度国际博览会展览会的数量、城市贸易额、所在城市语言高校数量及水平、城市 MTI（Master of Translation and Interpreting，翻译硕士）学校数量6个指标；在城市语言国际化能力方面，选取了国际旅游人口和境外人员数量2个指标；在城市语言治理能力方面，选取了城市外事外交人员数量、城市政府语言政策重视程度、城市公务服务外语能力、城市高考英语政策4个指标。

（二）数据收集与处理

在统计"中国翻译协会社团单位会员数量"指标时，将中国翻译协会的成员单位按城市属地进行计数；在统计"工商局注册语言企业数量"指标时，在国家企业信用信息公示系统中以"翻译"为词条进行检索，并统计存续数量；在统计"举办年度国际博览会展览会的数量"、"城市贸易额"和"国际旅游人口"指标时，需要说明的是，这里统计的是2019年在各个城市举办国际展览展会的数量、城市贸易额和旅游人数，由于 2020 年新冠肺炎疫情，展览展会举办情况、进出口贸易和旅游业受到较大影响，不具代表性；在统计"所在城市语言高校数量和水平"指标时，选取软科语言高校排名前 15 的高校进行属地统计；在统计"城市 MTI 学校数量"指标时，对全国翻译专业学位研究生教育指导委员会发布的名单进行属地统计；在统计"境外人员数量"指标时，因数据可得性，统计的是第六届人口普查各个城市的情况；在统计"城市外事外交人员数量"指标时，对各个城市的外事办工作人员数量进行了统计；在统计"城市政府语言政策重视程度"指标时，对各城市的人民政府网站以"语言"为关键词检索的词条数进行了统计；在统计"城市公务服务外语能力"指标时，对各城市外事办官网语种数量进行了统计；在统计"城市高考英语政策"指标时，根据各城市高考英语笔试、听力、口语政策进行统计。表 3-4 标明了每个指标的数据来源。

表 3-4　　　　　　　城市语言能力各指标含义及数据来源

一级指标	二级指标	含义	数据来源
语言服务能力	X1	中国翻译协会社团单位会员数量	中国翻译协会官网
	X2	工商局注册语言企业数量	国家企业信用信息公示系统
	X3	举办年度国际博览会展览会的数量	中国国际贸易促进委员会官网
	X4	城市贸易额	各城市统计局、人民政府
	X5	所在城市语言高校数量及水平	软科高校排名官网
	X6	城市 MTI 学校数量	全国翻译专业学位研究生教育指导委员会官网
语言国际化能力	X7	国际旅游人口	各城市人民政府统计公报
	X8	境外人员数量	国家统计局官网
语言治理能力	X9	城市外事外交人员数量	各城市人民政府官网
	X10	城市政府语言政策重视程度	各城市人民政府官网
	X11	城市公务服务外语能力	各城市人民政府官网
	X12	城市高考英语政策	各城市人民政府官网

（三）指数体系结果

经过以上构建过程，我们得出了数据标准化处理后的 32 个城市的城市语言能力总分及排名，表 3-5 列出了 32 个城市的具体分数和排名情况。

表 3-5　　　　　　　　　　各城市语言能力排名

排名	城市	总分	排名	城市	总分
1	北京	0.85	17	济南	0.14
2	上海	0.76	18	南宁	0.12
3	广州	0.47	19	昆明	0.12
4	深圳	0.41	20	石家庄	0.12
5	成都	0.30	21	福州	0.10
6	杭州	0.26	22	南昌	0.09
7	南京	0.26	23	呼和浩特	0.08
8	西安	0.24	24	海口	0.08
9	天津	0.23	25	太原	0.08
10	武汉	0.21	26	合肥	0.08
11	重庆	0.20	27	贵阳	0.08
12	长沙	0.18	28	乌鲁木齐	0.07
13	沈阳	0.16	29	银川	0.06
14	长春	0.15	30	兰州	0.05
15	哈尔滨	0.14	31	拉萨	0.04
16	郑州	0.14	32	西宁	0.01

资料来源：根据笔者计算。

以总分大于等于 0.40、大于等于 0.10 且小于 0.40、小于 0.10 为标准将 32 个城市的语言能力划分为三个梯队，如表 3-6 所示。

表 3-6　　　　　　　　　　城市语言能力划分梯队

梯队	城市个数	城市名称
第一梯队	4	北京、上海、广州、深圳

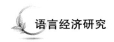

梯队	城市个数	城市名称
第二梯队	17	成都、杭州、南京、西安、天津、武汉、重庆、长沙、沈阳、长春、哈尔滨、郑州、济南、南宁、昆明、石家庄、福州
第三梯队	11	南昌、呼和浩特、海口、太原、合肥、贵阳、乌鲁木齐、银川、兰州、拉萨、西宁

资料来源：根据笔者计算。

从排名情况来看，北京、上海、广州、深圳四个一线城市凭借强大的语言需求、国际化语言环境、政府语言公务治理能力等，城市语言能力排在第一梯队。北京作为我国政治中心和文化交往中心，拥有全国最多的语言高校，语言需求和供给旺盛，外事外交事务人员数量庞大，市政府对语言政策重视程度较高，上述因素使北京的城市语言能力"领跑"全国。上海凭借首位的国际贸易规模、国际展览会展举办数量以及强大的语言需求和供给，城市语言能力位居全国第二。广州和深圳因领先全国的境外人员数量拉动了两个城市的排名。值得注意的是，4个城市的高考英语均设置了口语，这也成为领先其他城市语言能力的一个因素。

第二梯队共有17个城市，成都、杭州等新一线城市因新兴起的新技术和产业催生了对语言的需求和提升了城市语言治理能力。南京、西安、长沙、昆明等城市因每年接待大量旅游人口而增加了语言能力。重庆作为"一带一路"国际合作的重要节点城市，国际合作的增加使城市语言能力得以加强。

第三梯队共有11个城市，这些城市大部分处于内陆，国际语言环境落后，语言需求不足，城市语言公务能力有待提升。海口、贵阳地处我国南部，虽然具有与他国邻近的地理位置，但是语言需求和供给明显不足。乌鲁木齐、银川、兰州、拉萨、西宁地处我国西北内陆，呼和浩特位于我国华北地区最北部，地理位置闭塞，相较于北京、上海、广州、深圳一线城市和其他旅游型城市，国际语言环境水平有待提升。

城市语言能力是城市能力的一个重要组成部分。打造语言产业链、加强与国际的融合程度是促进城市发展的一个重要抓手，城市语言能力不足的城市应抓住国际发展机遇，搭乘"一带一路"国际合作的"便车"，加强与国际间的交流合作，提升国际语言环境水平，深化国际间的经贸合作，着力打造城市内与城市间语言产业链的布局，打开语言发展格局，全面提升城市发展水平。

二　企业语言服务能力排名

（一）指标选取

企业语言服务能力排行选取自然语言处理市场中各个细分领域的企业，如专注机器翻译和语音文字转换领域的科大讯飞、专注智能对话语音技术的思必驰、专注家居语音识别领域的互问科技、专注声纹识别和语音识别的得意音通等。本书利用主成分分析法筛选出影响企业语言服务能力的四个因素，分别是企业的研发能力、财务能力、业务能力和产品能力。在研发能力中，此处选取了每个企业的专利数量作为衡量指标；在财务能力中，选取企业的融资轮数、2020年《胡润中国500强民营企业》中的企业估值、每个企业的平均工资、招聘人数以及成立时间作为衡量指标；在业务能力中，选取每个企业的分支机构数量、每个企业拥有的App个数以及官网情况作为衡量指标；在产品能力中，选取每个企业的技术体验感、品牌影响力、服务满意度和客户影响力作为衡量指标。

（二）数据收集与处理

在统计"专利数量"指标时，在佰腾网以公司名称进行检索并对专利数量进行计数；在统计"融资轮数"指标时，在各公司官网、企查查和东方财富网上进行检索并对融资轮数进行赋分；在统计"企业估值"指标时，对胡润研究院官网中的中国企业估值情况进行统计；在统计"平均工资""招聘人数"和"分支机构数量"指标时，在看准网以公司名称为词条进行搜索并记录各个企业每个指标的情况；在统计"成立时间"指标时，以公司名称在企查查网站中进行搜索并记录下每个企业成立的时间；在统计"App个数"指标时，以看准网和公司官网中App的记载数量为准；在统计"官网情况"指标时，在搜索引擎中对每个公司进行官网检索并记录下官网情况；在统计产品能力的 4 个指标时，选取亿欧智库发布的《中国智能语音行业解决方案及服务商品牌测评（2021）》对每个企业的打分进行统计。表 3-7是各个指标的具体情况及数据来源。

表 3-7   企业语言服务能力指标数据来源

一级指标	二级指标	数据来源
研发能力	专利数量	佰腾网
财务能力	融资轮数	东方财富网、公司官网、企查查
	企业估值	胡润研究院官网
	平均工资	看准网
	招聘人数	看准网
	成立时间	企查查
业务能力	分支机构数量	看准网
	App 个数	公司官网、看准网
	官网情况	公司官网
产品能力	技术体验感	《中国智能语音行业解决方案及服务商品牌测评（2021）》
	品牌影响力	《中国智能语音行业解决方案及服务商品牌测评（2021）》
	服务满意度	《中国智能语音行业解决方案及服务商品牌测评（2021）》
	客户影响力	《中国智能语音行业解决方案及服务商品牌测评（2021）》

（三）指数体系结果

经过以上构建过程，我们得出了数据标准化处理后的 13 个企业的语言服务能力总分及排名，表 3-8 列出了 10 个企业的具体分数和排名情况。

表 3-8   企业语言服务能力企业得分及排名情况

企业语言服务能力					
排名	公司名称	总分	排名	公司名称	总分
1	科大讯飞	0.95	6	云知声	0.35
2	思必驰	0.47	7	猎户星空	0.32
3	捷通华声	0.40	8	声智科技	0.30

续表

企业语言服务能力					
排名	公司名称	总分	排名	公司名称	总分
4	海天瑞声	0.37	9	车音智能	0.26
5	出门问问	0.36	10	驰声科技	0.23

资料来源：根据笔者计算。

从表3-8中可以看出，科大讯飞作为自然语言处理市场的"领跑者"，以强大的研发能力、财务能力和业务能力排在企业语言服务能力第一位。科大讯飞从1999年企业成立以来，语言处理业务板块不断拓展，科研能力不断提升，专利数量遥遥领先同行其他企业，2020年，胡润研究院估值已经达到了790亿元人民币。

思必驰从2007年成立以来，十几年间发展迅速，建立多家分公司，以智能语音对话技术涉及金融、教育、医疗、政务、家居和车载等领域，以较强的研发能力和逐渐扩大的企业规模在自然语言处理市场占有一席之地。

捷通华声成立于2000年，专注于智能语音、智能语义、智能视觉、大数据分析等全方位人工智能核心技术的深度研究及产业化应用，是国内领先的人工智能技术、产品与服务提供商，其语音识别、语音合成、语义理解、机器翻译、OCR等多项技术达到全球顶尖水平，拥有较强的研发能力和较大的企业规模。

海天瑞声专注车载智能交互与智能汽车解决方案，全面服务于人机交互、智能家居、智慧城市等多种创新应用场景，并在车载智能交互领域占有一席之地。海天瑞声在2005年成立，并于2021年在科创板上市，公司成立十几年来，积累了丰富的智能语音、自然语言处理经验。

出门问问在金融、电商、车载等领域布局，在技术体验感、品牌影响力和服务满意度等方面取得了可人的成绩。随着国内车联网逐步渗透，车载行业催生了一批智能车载语音交互企业。出门问问自成立以来，致力于以人工智能为中心，通过软硬件结合产品落地到生活场景，自主研发了语音识别、语义分析、垂直搜索、基于视觉的 ADAS 和机器人 SLAM 等核心技术。2020 年胡润研究院发布的中国民营企业 500 强中，出门问问的估值已经达到了 70 亿元人民币。目前，出门问问的合作案例有奥迪 A4L、捷达 VS7、江淮思皓和帕萨特等。

云知声自成立以来，涉及领域广泛，在医疗、家居、车载和教育等细分领域均有涉足。在教育行业，云知声主要专注语音测评、人机对话考试、发音纠正和口语陪练，与沪江网、美联英语等形成了合作。在医疗行业，云知声专注电子病历语音和导诊机器人等领域，已经和北京协和医院等机构形成了合作。在智能家居领域，云知声主要专注智慧家庭硬件设施以及智能家居解决方案，已经和美的空调、华帝抽烟机等达成了合作。在智能车载领域，云知声主要专注用户导航、电话娱乐软硬一体解决方案，现已与上汽通用等品牌形成合作。2020 年，云知声在胡润中国 500 强民营企业中以 70 亿元人民币估值上榜。

猎户星空主要在政务、教育和医疗智能语音服务领域发力，拥有较好的技术体验感和品牌影响力。在医疗行业智能语音服务领域，猎户星空主要专注智能导诊、巡房通知、问路引领等技术，目前已与和睦家等医院达成了合作。在政务行业智能语音服务领域，猎户星空主要专注智能咨询、辅助接待、客户分流以及政策讲解等技术，并与广州公安局和江苏人民法院等政府部门达成了合作。虽然猎户星空仅成立短短的几年，但发展速度十分迅速。

声智科技成立于 2016 年，并在 2020 年迎来了"B+轮"融资，主要集中在家居、教育和医疗智能语音服务领域。现阶段，已经和中关村壹号园区、百度、阿里、腾讯等企业形成了合作。

车音智能是一家专注汽车行业智能语音服务的企业，依托车载智能交互车联网平台、智能出行等技术，目前已与奔驰、斯柯达、雪佛兰、上汽大众等品牌达成了合作。

驰声科技以全套智能语音技术体系扎根于教育语音服务领域，服务了国内培训、出版、教育软件、在线社区、考试服务、学习机等行业上百家标杆客户。目前已与新东方、好未来、VIPKID 等教育公司达成合作。

随着语言产业的发展，智能语音赛道竞争逐渐激烈。各企业要加强技术研发，以高研发投入占比在人工智能核心技术领域实现全方位布局，才能在日益激烈的赛道比拼中赢得一席之地。

三　语言高校排名

（一）指标选取

语言高校排名选取中国 10 所重点语言类院校，利用主成分分析法筛选出影响语言类高校综合实力的三个一级指标，分别是办学资源、科研能力和毕业生就业能力，再根据三个一级指标下的 14 个二级指标对 10 所语言高校进行排名。在办学资源中，选取 10 所高校的开设语言专业数量、语言专业占全校专业的比例、学校总经费三个指标进行衡量；在科研能力中，选取国际国内语言专著、译作、教材、SCI \ CSSCI、普刊语言类专利、语言类国家和省部级基金主项数量以及对接国家战略情况 7 个指标进行统计；在毕业生就业能力中，选取毕业生就业率、升学率、语言毕业生平均薪资以及学生满意度 4 个指标进行衡量。表 3-9 展示了具体的指标情况。

（二）数据收集与处理

在统计开设语言专业数量，语言专业占全校专业的比例，对接国家战略情况，毕业生就业率、升学率，语言毕业生平均薪资和学生满意度 6 个指标时，分别对各个高校的官网及其发布的就业质量报告中的数据进行统计，因为毕业生平均薪资和学生满意度 2 个指标部分数据缺失，在此分别按照末位数据和平均数据补齐法进行填充；在统计学校总经费时，根据《2021 年中国高校经费预算排名》中各个高校的经费情况进行统计；在统计国际国内语言译作、专著、教材出版数量指标时，在国家出版发行信息公共服务平台以高校和语言为检索条件进行检索并记录发行条数；在统计普刊、CSSCI、SCI 的发表数量时，分别在知网以学校和学科分类为词条进行检索并记录词条数；在统计语言类专利数量时，以各个高校名称、语言、翻译为词条在佰腾网进行分别检索和统计；在统计申请语言类国家和省部级基金数量时，在国家社科基金项目数据库以高校名称为检索条件并记录下数量。表 3-9 是各个指标的具体情况及数据来源。

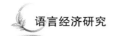

表 3-9   语言高校排名指标及其数据来源

一级指标	二级指标	数据来源
办学资源	开设语言专业数量	高校官网
	语言专业占全校专业的比例	高校官网
	学校总经费	《2021 年中国高校经费预算排名》
科研能力	国际国内语言译作、专著、教材出版数量	国家出版发行信息公共服务平台
	普刊	中国知网
	CSSCI	中国知网
	SCI	中国知网
	语言类专利数量	佰腾网
	申请语言类国家和省部级基金数量	国家社科基金项目数据库
	对接国家战略情况	高校官网
毕业生就业能力	毕业生就业率	高校官网
	升学率	高校官网
	语言毕业生平均薪资	中国薪资网
	学生满意度	高校官网

（三）指数体系结果

经过以上指标体系构建过程，我们得出了数据标准化处理后的 10 个高校的总分及排名，表 3-10 列出了 10 个高校的具体分数和排名情况。

表 3-10   语言高校得分及排名情况

排名	高校名称	总分	排名	高校名称	总分
1	北京外国语大学	0.74	6	中国传媒大学	0.41
2	上海外国语大学	0.66	7	西安外国语大学	0.37
3	广东外语外贸大学	0.55	8	四川外国语大学	0.30
4	北京第二外国语学院	0.44	9	浙江外国语学院	0.28
5	北京语言大学	0.42	10	大连外国语大学	0.25

资料来源：根据笔者计算。

北京外国语大学以最多的语言专业开设数量、社科基金申请数量以及最高的学生就业率和升学率、满意度以及毕业生平均薪资领跑其他外语类院校。北京外国语大学开设 101 个语言专业，是全国拥有语言专业最多的外语类院校；在非通用语数量方面，北京外国语大学以开设 94 个非通用语专业领跑全国。在统计的各高校中，北京外国语大学拥有最多的语言类国家和省级基金申请数量，体现了较强的科研能力。同时，北京外国语大学拥有最高的学生就业率和升学率、毕业生平均薪资水平和学生满意度，体现了该校较强的毕业生就业能力。

上海外国语大学开设语言专业数量位列全国第二，语言专业占全校总专业的比例达到 92%，该校语言类国家和省级基金申请数量位于全国第三，拥有较多的论文发表量，学生就业率和升学率以及薪资水平仅次于北京外国语大学，体现了较好的科研能力和毕业生就业能力。

广东外语外贸大学开设 28 个语言类专业，在上榜高校中的语言专业开设数量并不算多，但是该校拥有较好的语言论文发表情况，语言类基金申请数量也高于在榜高校平均值，科研能力高于平均水平；广东外语外贸大学毕业生平均薪资和学生满意度位列在榜高校第三，体现了较好的毕业生就业能力。

北京第二外国语学院开设 26 个语言类专业，包括 20 门非通用语种，语言专业占全校所有专业的比例为 57.78%，学生的就业率和升学率处在国内外语类院校的前列。除此之外，北京第二外国语学院积极对接国家发展战略，在 2014 年成立了中国"一带一路"战略研究院，成为国内最早成立和从事"一带一路"研究的机构之一。

排名第五位到第十位的语言类高校分别是北京语言大学、中国传媒大学、西安外国语大学、四川外国语大学、浙江外国语学院和大连外国语大学。值得注意的是，北京语言大学在在榜高校中拥有最多的语言专利数量，并且语言类基金项目仅次于北京外国语大学；中国传媒大学拥有在榜高校最多的经费；西安外国语大学、四川外国语大学、浙江外国语学院、大连外国语大学和天津外国语大学总分情况相近，综合情况相差不大。

第四章

语言与经济建设

　　语言与经济建设看似并不相关，实际上有着紧密的联系。美国经济学家雅各布·马尔沙克（Jacob Marschak）认为，语言包含了经济学的本质特征——价值、效用、费用和效益等，这表明语言和经济两种活动有着内在的联系。一方面，一个国家或地区的语言水平反映经济发展水平，经济的扩张带动语言的传播；另一方面，语言的发展水平也会制约经济发展，语言能力建设可以成为开放型经济的重要助力和保障。世界经济强国之间的竞争，不仅体现在产品、技术、市场等方面，语言也是竞争的内容之一。语言经济是国民经济的重要组成部分，从个人层面来讲，语言能为掌握语言能力的人带来客观的实际收益；从国家层面来讲，语言、语言产业和语言经济的发展，既有利于提升现代化经济体系的国际竞争力，又有利于让每一个公民更加充分、平等地享受经济建设的成果。

　　本章将分四节内容阐述语言在经济建设中发挥的重要作用，第一节分析语言产业在国民经济中的贡献度，对当前中国语言产业的产值规模进行估算；第二节讨论特定地区语言环境差异对经济发展的影响，重点在语言及其多样性对个人经济行为和区域经济发展的影响；第三节探讨语言发展与全面开放的经济体系之间的紧密关系，详细分析国家语言能力建设对贸易投资、"一带一路"建设等的作用；第四节回顾中国语言扶贫经验成效，阐述语言扶贫的理论逻辑、数据支持和实践路径。

第一节　语言产业在国民经济中的贡献度估算

加拿大、欧盟等均曾对区域内语言产业的经济贡献进行过评估。加拿大会议局（The Conference Board of Canada）发布的《加拿大语言产业经济评估》（*Economic Assessment of the Canadian Language Industry*）把语言产业分为翻译、语言培训、外国留学生花销三个部分，其估算方法与中国的实际情况有所不同。首先，加拿大作为重要的留学目标国家，其语言培训主要针对外国留学生，相对较为集中，而中国的语言培训机构相对分散。其次，将外国留学生在本国的消费作为语言产业对经济贡献的一部分，未免有扩大语言产业作用范围的嫌疑。如第二章中所提到的，欧盟委员会翻译总局《欧盟语言产业规模研究》也对欧盟语言产业市场规模进行过估算，然而正如这份报告中所提到的，部分细分领域的数据是难以获取和统计的。

如上文所述，语言产业所涵盖的细分市场很广，这一方面体现了语言在国民经济中的重要地位，另一方面也给语言产业的定量研究带来巨大的困难。宏观经济统计数据中尚未将语言产业单独列出，因此目前没有一个权威的统计口径。有学者认为，语言产业是文化产业的基础组成部分，即语言产业是文化产业的子集。然而，语言康复也是语言产业的组成部分之一，并且近年来市场增速较快，依据国家统计局发布的《健康产业统计分类（2019）》，"康复"应属于健康产业，而不属于"文化及相关产业分类"。国家统计局《教育培训及相关产业统计分类（2020）》中包含文化素质教育，因而与《文化及相关产业分类（2018）》中所列分类存在交叉部分。语言产业与其他相关产业的关系如图4-1所示。

本节将对中国语言产业的总产值及其在国民生产总值和第三产业增加值中所占比重进行测算，分类统计范围参考了国家统计局的相关权威统计分类标准。国家统计局《文化及相关产业分类（2018）》中，文化产业的统计范围包括"以文化为核心内容，为直接满足人们

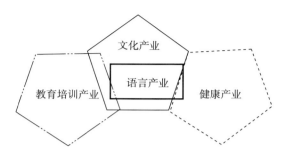

图 4-1　语言与相关产业关系

的精神需要而进行的创作、制造、传播、展示等文化产品（包括货物和服务）的生产活动"，包含了文化装备生产和文化消费终端生产（包括制造和销售）。《教育培训及相关产业统计分类（2020）》中，把教育科技服务、智慧教育培训服务（包括互联网教育培训服务平台、教育培训大数据与云计算服务等多个方面）包含在内，涉及互联网安全服务、软件开发、集成电路设计等，并且教育培训相关用品设备的制造、批发、零售也被包含在教育培训及相关产业统计当中。因此，将机器翻译、智能语音等高新技术企业纳入语言产业的统计范畴是合理的。如本书第二章所述，语言艺术业尚未被普遍视为一个独立范畴进行统计研究，语言创意业目前仍然作为一种元素、一种方式存在于其他行业当中，中国语言会展业起步相对较晚，发展规模相对较小，因此测算中未包含这三个细分领域。

一　语言翻译业

伴随中国走向世界的脚步，以语言翻译业为主体的语言服务得以蓬勃发展。企业数量和服务质量均不断提升，中国语言服务企业开始参与国际竞争，经营模式也逐渐从作坊式转向规模化、规范化。在大发展的时代机遇下，语言产业规模逐渐扩大，涌现出众多年收入超过千万的企业，在这一过程当中，年收入超过亿元的大型语言服务企业也崭露头角。包含翻译、口译、本地化等服务内容在内的语言服务行业，对中国的经济建设和文化传播而言，既是"软实力"，也是"硬基础"。

行业的高质量发展离不开标准化建设与人才培养。有人认为，从2015年开始可以称作中国语言服务行业与国际标准接轨的阶段，比如中国翻译协会团体标准《翻译服务笔译服务要求》（T/TAC 1—
2016）、《翻译服务口译服务要求》（T/TAC 3—2018）等均紧跟乃至
赶超世界先进经验，为行业发展与人才培养提供了规范。语言服务业
是知识密集型产业，人才的重要性毋庸置疑。目前，高校专业人才培
养与企业对语言人才的实际需求存在严重脱节[①]，亟须加强产学研合
作。此外，多数翻译专业硕士毕业之后并未在语言服务行业就业，究
其原因，过度的价格竞争导致的岗位薪酬偏低是重要因素之一。

中国翻译协会自 2012 年起开展国内语言服务行业调查，并发布
行业发展年度报告，本节对语言服务业的产值估算，采用《中国语言
服务行业发展报告（2020）》公布的数据。2015 年以来，中国语言
服务行业发展迅猛，产值稳固增长，如图 4-2 所示。截至 2019 年 12
月底，中国营业范围含有语言服务的在营企业共有 403095 家，比
2018 年增加了 3 万多家；以语言服务为主营业务的在营企业 8928 家
（规模分布状况如表 4-1 所示），企业平均营业收入 430 万元，语言服
务总产值 384 亿元，年增长 3.2%。受新冠肺炎疫情影响，国际交往
按下"暂停键"，绝大多数语言服务企业的业务量均出现不同程度下
滑，2020 年国内语言服务行业产值为 366.25 亿元。

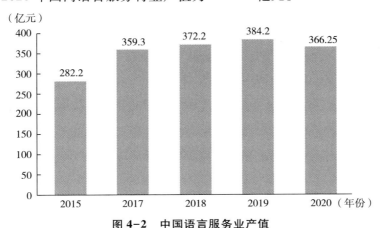

图 4-2 中国语言服务业产值

资料来源：中国翻译协会：《中国语言服务行业发展报告（2020）》。

---

① 姚亚芝、司显柱：《基于大数据的语言服务行业人才需求分析》，《中国翻译》2018
年第 3 期。

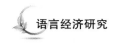

表4-1 语言服务企业注册规模状况①

注册规模（万元）	在营企业		受访企业		产值（万元）
	企业数量（家）	占比（%）	企业数量（家）	平均营业收入（万元）	
0—3	2224	24.92	2	90	200160
3—10	3521	39.44	31	313	1102180
10—50	1171	13.12	41	400	467829
50—100	1052	11.78	40	470	494440
100—500	686	7.68	27	848	581830
500—1000	187	2.09	9	2372	443606
1000—5000	72	0.81	3	4333	312000
5000—10000	6	0.07	0	10000	60000
>10000	9	0.10	0	20000	180000

资料来源：中国翻译协会：《中国语言服务行业发展报告（2020）》。

二 语言培训与语言能力测评业

全球知名市场调研公司 TECHNAVIO 的分析报告②显示，2019 年中国英语培训市场为 409 亿美元，2020 年为 458 亿美元（约合人民币 2960 亿元），预计 2021—2025 年年复合增长率达到 22.15%。中科院大数据挖掘与知识管理重点实验室发布的《2020 年中国在线青少儿英语教育市场报告》显示，英语课外培训市场规模达到 1250 亿元。相比线上市场，线下用户依然占据市场的大多数。艾瑞咨询《中国成人英语市场研究报告（2020）》显示，2019 年成人英语市场规模 953 亿元，其中应试英语市场规模 293 亿元，实用英语个人业务 598 亿元、机构业务 62 亿元，受新冠肺炎疫情影响，线下培训市场出现较大衰退。将两个机构青少年与成人英语培训市场的数据相加，约为 2203 亿元。国内外不同机构的调查研究数据均表明，中国语言③培训

---

① 以国家市场监督管理总局企业注册信息数据库为总体数据，以调研数据为样本，从而估算出总体产值。

② *English Language Training Market in China by End-user and Learning Methods - Forecast and Analysis* 2021-2025.

③ 中国语言培训市场以英语为主，其他语种相对所占份额较小。

市场规模已超过 2000 亿元。①

根据教育部统计数据，2019 年度我国出国留学人员总数为 70.35 万人②，留学申请一般均需要参加语言能力测试，比如雅思、德福、西班牙语 DELE 考试等，而且申请者可能参加不止一种语言测试，同一种测试项目也可能参加多次，以雅思考试为例，曾有人统计，中国考生参加考试的平均次数为 2.63 次，因此以人均参加 3（种）次、单次费用约 2000 元计，中国 2019 年准留学人员语言考试花费合计 42 亿元（由于新冠肺炎疫情对出国留学人员的影响很大，因此这一部分计算采用 2019 年的数据）。"十三五"时期全球参加 HSK（中文水平考试）、YCT（中小学中文考试）等中文水平考试的人数达到 4000 万人次③，年均计为 800 万人次，不同等级、不同考点考试费用不同，参照陈鹏（2016）的计算方法，以平均 350 元计，共 28 亿元。英语四六级考试一年两次，每次报考人数约 900 万人，考试费用各省不同，以 30 元计，共计约 5.4 亿元。依据教育部和国家语委发布的《中国语言文字事业发展报告》，2019 年、2020 年全年分别完成对 924.64 万、527.89 万人次的普通话水平测试，费用为社会人员 50 元，持学生证报名 25 元。其他还有各语种专业等级考试、翻译专业资格（水平）考试等，综合上述分析数据，中国语言能力测试市场规模约 80 亿元。

三 语言康复业

语言康复涉及基础医学、语言学、教育学等多学科领域，可以分为综合医院中的语言康复相关科室、语言康复中心和语言康复培训机构三种类型，在中国尚属一种新兴业态。语言治疗师需求量的国际标准是每 10 万人口中 20 名，按此推算，中国大约需要近 30 万名，然而目前无论从水平上还是数量上都远远不能满足大量语言障碍患者的

---

① 2021 年下半年以来，教育培训行业受"双减"（减轻义务教育阶段学生作业负担和校外培训负担）等政策影响较大，但是对语言培训市场的长期作用还有待观察，整个市场尚处于调整期，因此暂不考虑其影响。
② 资料来源：教育部 2019 年度出国留学人员情况统计。
③ 资料来源：教育部 2020 年"收官"系列新闻发布会（第六场）。

需求。近年来，部分高等院校加快了语言康复学科建设工作，比如北京语言大学在 2016 年成立了语言康复学院，设有"特殊教育学"（言语听觉科学）本科专业、"语言病理学"和"基础心理学"硕士专业和"语言学及应用语言学"博士专业，并在 2021 年与东方启音公司签订产学研协议，致力于专业人才培养和行业国家标准建立；华东师范大学在 2020 年开始进行"听力与言语康复学专业"本科招生，旨在缓解中国言语语言康复师短缺问题。

中国语言康复业产值规模目前缺乏权威的直接数据，可以通过美国语言康复市场占整个康复医疗市场的比重进行推算。2020 年，美国康复治疗市场规模为 383 亿美元[①]，而根据市场调研机构 Fortune Business Insights 的数据，2020 年美国语言康复市场规模为 39.4 亿美元，语言康复占整个康复医疗市场比重为 10.3%。目前，美国语言康复市场呈现出分散的局面，Kindred Healthcare LLC 和 Genesis Rehab Services 是其中占据相对主导地位的代表性企业。在中国市场，东方启音是影响力较大的企业之一，2018 年全年营收超过 2 亿元，比 2017 年几乎翻番，2021 年完成 C 轮 8300 万美元融资，由淡马锡和泰康投资等联合领投。毕马威中国和中国非公立医疗机构协会发布的《康复医疗趋势引领新蓝海》报告推算，2020 年中国康复医疗市场规模为 853 亿元。如果按照美国 10.3% 的比重计算，中国语言康复市场约为 80 亿元。

四　语言出版业

根据国家新闻出版署《2019 年全国新闻出版业基本情况》，2019 年中国语言、文字类图书出版情况如下：新版 7818 种，重印 13404 种，总印数 28132 万册（张），总印张 3865341 千印张，定价总金额 1022815 万元。《中国图书零售市场报告（2019）》数据显示，图书网店渠道销售折扣为 5.9 折，网店渠道码洋占比 70%，实体书店渠道销售折扣为 8.9 折。据此计算，2019 年语言文字类图书销售额共计

---

① Physical Therapy Rehabilitation Centers in the US – Market Size 2005–2026（https://www.ibisworld.com/industry-statistics/market-size/physical-therapy-rehabilitation-centers-united-states/）.

70 亿元。[①]

五　语言文字信息处理业

（一）智能语音市场

语言是人与人沟通交流的最重要纽带，被称为人工智能皇冠上的明珠。搜狐科技《中国创新公司 100》发布中国智能语音企业榜单，科大讯飞、搜狗、阿里天猫精灵、百度小度、小米小爱位列前五。据广证恒生、中商产业研究院等机构的研究数据，全球智能语音语义市场集中度较高，谷歌、苹果、微软等头部企业占据 80% 以上市场份额。强劲的技术支撑、充足的语料积累、丰富的场景土壤是智能语音企业成功的三大关键因素，受限于中英文语义理解差异、方言的叠加影响、中文语音语料资源匮乏等因素，国外智能语音巨头在中国市场份额较小，市场由本土企业占据主导地位。据艾媒咨询统计，截至 2019 年年底，中国处于语音识别和语义分析赛道的企业超过 250 家。相比国外，中国智能语音市场格局较为分散，市场竞争更为激烈。

据沙利文咨询公司（Frost & Sullivan）统计，2020 年中国智能语音行业市场规模为 254 亿元，增长情况如图 4-3 所示。沙利文咨询公司《中国 AI 语音识别市场研究报告》采用创新指数和增长指数两个关键指标以及客户指数[②]辅助指标构建评价模型，对中国 AI 语音识别厂商进行了综合分析，结果如图 4-4 所示，其中阿里巴巴、科大讯飞、百度和腾讯处于高竞争力区间。

（二）翻译硬件市场

随着人工智能技术的快速发展，目前翻译机已能较为准确地完成不同语言之间的相互翻译。前瞻产业研究院发布的数据显示，中国市场上的翻译机销售主要集中在 250—800 元和 2560—3310 元两个价格区间，市场规模保持较快速度增长，2020 年中国翻译机市场规模约为 27.7 亿元，2026 年预计将增至 58 亿元，具体增长情况如图 4-5 所示。

---

① 2020 年统计数据尚未公布，故以 2019 年数据代替。

② 创新指数衡量企业开发产品、服务和解决方案的能力，增长指数衡量企业增长绩效和业绩记录，客户指数衡量企业所提供的客户服务价值。

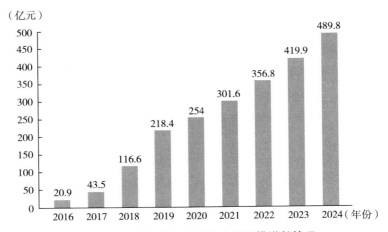

图 4-3 中国智能语音行业市场规模增长情况

资料来源：Frost & Sullivan。

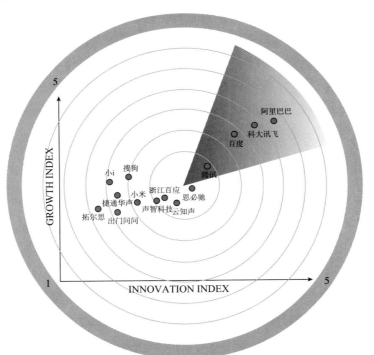

图 4-4 中国 AI 语音识别主流厂商竞争力分析

注：图中圆点颜色越深表示客户指数值越大。

资料来源：沙利文研究院。

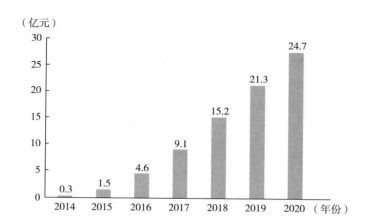

图 4-5　2014—2020 年中国翻译机市场规模

资料来源：前瞻产业研究院。

（三）智能文字识别服务市场

根据美国市场咨询公司 Grand View Research 的研究数据，2020 年智能文字识别服务全球市场规模达到 75 亿美元，2020—2025 年预计将达到 18% 的复合年均增长率。根据灼识咨询的数据，2020 年中国智能文字识别服务市场产值为 30 亿元，预计未来 5 年将达到 34% 的复合年均增长率，2025 年增至 129.6 亿元，远超全球市场增速。

综上所述，2020 年中国语言文字信息处理业市场规模为 312 亿元。

六　语言产业的经济贡献分析

综合上述分析，即使在未计算语言艺术业、语言创意业等细分市场产值的情况下，中国语言产业在国民经济总量中的贡献仍不容忽视。

2020 年中国语言产业产值数据如表 4-2 所示，2020 年合计产值 3868 亿元。根据《中华人民共和国 2020 年国民经济和社会发展统计公报》，2020 年全年国内生产总值 1015986 亿元，语言产业产值占 GDP 的 0.38%；全年第三产业增加值 553977 亿元，语言产业产值占第三产业增加值的 0.70%。有研究认为，瑞士语言产业对该国 GDP

125

的贡献高达 10%^①，这一数值与中国语言产业经济贡献度之间的差异显著，一方面是因为两国国情和产值计算方法的不同，另一方面表明中国语言产业在未来拥有巨大的发展空间，在经济规划中需要更加重视对语言产业的促进与规范，通过有效的产业规制与产业政策引导语言产业高效发展，让语言更好地服务于高质量经济建设。

表 4-2   2020 年中国语言产业产值

细分业态	产值（亿元）
语言翻译业	366
语言培训业	2960
语言能力测评业	80
语言康复业	80
语言出版业	70
语言文字信息处理业	312
总计	3868

资料来源：根据上文分析整理得出。

除了上述产值规模分析之外，由于中国的大中小学均以公立学校为主导，语言学历教育业对国民经济的贡献难以通过营业收入等市场指标进行评估，但是它对经济发展的贡献无疑是巨大的。目前，国内外学术界已经有一些关于教育对经济增长的贡献以及教育对个人收入增长的研究，但缺少语言教育对经济增长和个人收入的实证研究，前者可以在柯布—道格拉斯生产函数，如式（4-1）、式（4-2）所示或者超越对数生产函数的基础上，采用双重差分法、脉冲响应函数模型、误差修正模型等研究方法分析语言学历教育对中国经济增长的贡献；后者则可以采用明瑟收入方程等模型进行计量分析。

$$Y_t = A_t K_t^{\alpha} H_t^{\beta} L_t^{\gamma} e^{\epsilon} \tag{4-1}$$

为了有效地克服异方差和更好地解释变量的经济含义，对式（4-1）两边取对数，得到：

$$\ln Y_t = \ln A_t + \alpha \ln K_t + \beta \ln L_t + \gamma \ln H_t + \epsilon \tag{4-2}$$

---

① 李宇明：《数据时代与语言产业》，《山东师范大学学报》（社会科学版）2020 年第 5 期。

其中，A_t 代表技术进步率，Y_t 代表 t 期产出，可分别使用国内生产总值和第三产业增加值进行分析，K_t 为 t 期资本投入，L_t 代表 t 期劳动力投入，H_t 代表人力资本投入，e^ϵ 为随机误差项，α、β、γ 分别代表资本、劳动力和人力资本对应的产出弹性系数。

除了语言产业的直接贡献，语言对国民经济的间接贡献更为巨大，这种间接贡献以多种多样的形式存在，从各个方面促进和保障经济建设的高质量稳步运行。第一，语言环境会影响经济发展，包括对个人经济行为、区域经济发展和市场制度的影响，本章第二节将具体阐释这个问题。第二，构建全面开放的经济体系离不开国家语言能力建设，国民外语熟练度与对外贸易投资以及外资吸引紧密相关，本章第三节将讨论如何让语言更好地服务国家战略需求，在世界性大发展、大转折的格局演变中更加有效地传递中国声音。第三，"语言扶贫"为中国脱贫攻坚的伟大胜利做出了卓越贡献，通过提升扶贫对象的通用语言能力，打破语言屏障，扩展其与外界交流和获取信息的范围，增加就业创业渠道，最终实现增收脱贫，本章第四节将全面分析语言在这一人类发展史上的伟大奇迹中发挥的重要作用。

第二节　特定地区语言环境的差异对经济发展的影响

一　语言对经济行为的影响

（一）语言对思维的影响

思维的各个方面，即"想的活动"和"想的结果"，实际上都离不开语言。人们正是依靠语言才能够知道彼此的想法，同时也才能把思维的结果固定与传递下去。语言和思维的关系，是学术界争论已久的话题。以法国哲学家孔狄亚克（E. B. de Condillac）为代表的学者持语言先于思维的观点，认为人类只有通过语言的使用才能主动控制思维。美国人类语言学家萨丕尔（Sapir）认为，语言对思维起决定性作用，他所提出的假说认为思维模式随着语言的不同而不同，语言决定思维、信念和态度等。思维和语言是互为依存、不可分割的，是内容与形式的关系，语言是思维的物质外壳，思维的过程必须借助语言才能进行，思维和语言是同时产生的，在发展过程中是互相影响的。在某些较为激进的观点中，汉语的模糊性及表意性影响了中国人的思维，特别是逻辑思维与西方人有较大差异。然而，也有学者提出了完全相反的观点，认为思维决定语言，还有学者提出思维可以不依赖语言而存在。

关于语言和思维谁决定谁的争论，目前尚无定论，但这种争论在客观上反映了语言对思维的影响作用。John A. Lucy（2010）认为，"正如语言普遍调节文化和思维从而帮助人们融入人类群体一样，语言似乎也在产生文化和思想多样性方面发挥了作用"。语言的发展促进思维的发展，思维的发展同样对语言的发展产生重要的影响，语言与思维有着密不可分的关系，语言是思维的表达形式，思维是语言的内容，二者共同存在，相互作用、相互推进，也相互制约。

（二）语言能力与个人收入的关系

语言经济学的经验证据表明，语言能力作为一种重要的人力资本能为劳动力带来经济上的回报。Grenier（1983）最早将外语确定为个人人力资本组合中的一个要素，他们使用贝克尔（1964）和明瑟（1974）提出的框架来描述个体特征如何影响总成本、总回报以及关于这种投资回报价值的信息。学界关于使用第二语言回报的实证研究多集中于移民掌握所在国语言所获得的奖励和工资溢价。哈佛大学的 Saiz 和 Zoido（2002）研究了使用第二语言的经济回报，结果表明，学习一门外语是一项具有正向货币回报的投资。[①] Chiswick 和 Miller（2007）使用美国 1990 年人口调查的数据，研究移民语言技能与其收入之间的关系，发现获得语言技能的实际回报率在 14%—28%，一个移民似乎很少有其他投资能产生如此健康的货币回报。具

---

① Albert Saiz and Elena Zoido, "The Returns to Speaking a Second Language", *Federal Reserve Bank of Philadelphia*, 2002.

体分地区来看，英语流利程度对收入的影响从南欧和菲律宾 7% 的低点到西欧、印度、亚洲其他地区、中东、墨西哥和中南美洲西班牙语地区 14%—16% 的高点不等。[1] Lindley 等（2001）基于英国第四次全国少数民族调查数据，研究发现，英语不流利对英国少数民族男女的失业率和不活跃率有很大影响，其中对男性来说最大的影响是失业，对女性来说最大的影响是不活跃率，收入也显著下降。[2] YouGov 发布的"全球英语研究报告"显示，有一半的受访者认为自己的收入得益于英语技能而有了 25% 的提升。[3]

对于中国这样一个实行单语政策的发展中大国，探讨员工外语能力的工资回报具有重要的现实意义。一项基于 2015 年"中国企业员工匹配调查"（CEES）数据的实证分析发现，英语综合能力、听说能力和阅读能力对员工小时工资都具有显著的正向因果效应，平均而言，具备英语综合能力、听说能力与阅读能力的员工工资分别高出不具备这些能力的员工 14.6%—18.6%、20.5%—27.9%、25.9%—35.8%。[4] 除了外语语言能力之外，普通话能力也对劳动者职业收入具有积极的促进作用，劳动者语言能力对收入的影响程度为 11.62%—16.60%。相比之下，英语能力对劳动者收入的溢价高于普通话。[5]

（三）语言对经济行为的影响

谈及语言对经济行为的影响，不得不提 Keith Chen 发表在《美国经济评论》（*American Economic Review*，AER）上的一篇经典论文。[6]

---

① Barry R. Chiswick and Paul W. Miller, *The Economics of Language*, *International analyses*, Oxon: Routledge, 2007.

② Derek Leslie and Joanne Lindley, "The Impact of Language Ability on Employment and Earnings of Britain's Ethnic Communities", *Economica*, Vol. 68, No. 272, 2001, pp. 587-606.

③ YouGov, "Global English Language Report", 2018.

④ 程虹、刘星滟：《英语人力资本与员工工资——来自 2015 年"中国企业—员工匹配调查"的经验证据》，《北京师范大学学报》（社会科学版）2017 年第 1 期。

⑤ 赵颖：《语言能力对劳动者收入贡献的测度分析》，《经济学动态》2016 年第 1 期。

⑥ M. Keith Chen, "The Effect of Language on Economic Behavior: Evidence from Savings Rates, Health Behaviors, and Retirement Assets", *American Economic Review*, Vol. 103, No. 2, 2013.

世界上的语言多种多样，有的语言对过去、现在和未来的时态进行了严格区分，谈到未来的事情时会使用语法标记和现在相区分，如西班牙语；然而另外一些语言对时态并不做区分，如芬兰语。语言的不同是否会对人的思维产生影响，进而在日常生活中做出决定时对未来的考虑有所不同？储蓄、锻炼、戒烟等都可以视作面向未来的行为，语言的差异是否导致了这些行为的差异？M. Keith Chen 的文章检验了这样一个假设：那些明确要求在表达未来事件时必须使用未来时态的做法会导致该种语言的使用者更加短视（采取更少的面向未来的行动）。这个假设是基于：如果一种语言从语法上明确区分未来和现在，会导致语言使用者将未来与现在更明确地区别对待，进而拉长现在与未来的时间距离，而储蓄行为取决于现在的成本和未来的收益，这使储蓄的收益变得更加遥不可及，进而导致个人储蓄的减少。

语言对储蓄的影响分析中，M. Keith Chen 发现所持语言不区分时态的人，储蓄率高出 31%，而且尽管储蓄文化会直接影响储蓄行为，但是并不会改变核心解释变量的回归系数，这表明语言影响储蓄倾向的渠道是独立于储蓄文化本身的，语言效应是通过一种独立于文化对储蓄态度的渠道运作的。语言与退休资产关系方面，Strong-FTR[①] 家庭的退休资产比 Weak-FTR 家庭的退休资产少 39%，而且不管是使用基于国家层面的聚类分析还是使用基于家庭层面的聚类分析，这种差异都是稳定存在的。语言对健康的影响方面，使用 Weak-FTR 语言的个人吸烟的可能性降低了 24%，身体活跃的可能性增加了 29%，医学上肥胖的可能性降低了 13%。

语言除了对个人经济行为产生影响，还会影响公司行为，不过这种影响本质上还是通过对管理层个人层面的影响传导实现的。语言不仅是一种简单的沟通方式，已有研究表明，语言会影响与控制经济主体的思维和行为方式。有学者从"乡音"的角度剖析了董事长和总经理的方言一致性对双方互动关系的影响机理，研究发现，董事长和总

---

① 作者将语言分成两大类：明确要求时态的（Strong Future-Time Reference，Strong-FTR）和没有明确要求时态的（Weak-FTR）。

经理的方言一致性能够显著降低企业代理成本，而且一种方言的使用地域范围越窄，这种作用越显著，在异乡经营的企业及在人口净流入的地区，方言一致性降低代理成本的作用更强。另外一项关于中国上市公司并购事件的研究检验了收购方管理层与目标方所在地之间语言差异对并购绩效的影响，结果表明，收购方管理层与目标方所在地的语言距离与并购绩效显著负相关。

（四）语言差异在数字经济时代的影响

数字经济时代，互联网向全世界人民提供了一个沟通交流的平台，在这样的时代背景下，语言差异也对网络表达、数字经济形态产生重要的影响。比如，通过对外国汉语学习者微信朋友圈话语的个案研究及统计分析，发现多语者发布的话语信息以多模态为主，具体表现形式多为"文字+图片/表情/符号"，呈现出多元化、多语化的特点。

弹幕是一种新兴的青年文化，具有即时性、参与性和观点性等特征，近年来已成为年轻人表达对视频直播、网络影视作品和综艺节目看法的一种独特文化实践方式。然而有意思的是，全世界范围内只有中国、日本等少数几个国家的弹幕视频网站成为流行，虽然背后的原因可以从社会、文化等多种角度分析，但是语言差异带来的影响无疑是非常重要的。弹幕文化的快速发展，反映了数字媒介技术对未来文化的深刻影响，使传统的影视观看和消费方式发生了变化。然而，互联网和影视产业均非常发达的美国等国家，弹幕文化并没有流行开来，以英语为代表的西方语系弹幕网站都没"火起来"，以 YouTube 为代表的视频网站也没有支持弹幕功能。究其原因，可能有如下三点：第一，汉字、日文等语言文字具有更高的信息熵，相比英文、德文等字母文字更有"效率"——单位面积呈现的信息量更大；第二，从语言学的角度来看，表音文字和表意文字的阅读理解过程是有区别的，英语、法语、德语、俄语、西班牙语等语言属于表音文字，人对表音文字的解析过程是从文字到发音，再从发音解读含义的过程，而表意文字的解析过程是从文字直接解读含义的过程，因而更适合弹幕的形式；第三，辨识度的差异，中文和日文有个共同特点，就是写汉字或者汉字假名混写的时候不用分词。

二　语言差异与市场制度发展

市场制度对经济增长有着关键且根本的影响，制度差异是经济差异深层次的原因。究竟是什么因素导致了国家或区域间的市场制度差异？Hall 等（1999）曾经提出不同国家市场制度的差异是早期受西欧影响程度不同导致的[①]，部分学者在此基础上提出中国不同地区间的制度差异与早期受西方影响程度的不同密切相关。然而还有学者给出了一个新的解释，也提供了一种新的研究视角，即语言差异会导致市场制度发展的差异。[②]

语言与文化观念相互关联，语言差异代表着文化观念的差异，文化观念的差异会导致不同的制度选择倾向以及不同的制度实施效果。因此，语言影响市场制度发展差异的内在机制包括两方面：一方面，语言差异本身就是一种交流的障碍，从而阻碍区域间市场制度的学习与扩散；另一方面，语言差异引起的文化观念差异会让人们选择不同的制度，并影响制度的实施效果，从而进一步加剧地区间市场制度差异。

市场化进程指数[③]对各省（市）的市场化进程进行了评分，被广泛用于对市场制度环境的评价。语言差异往往与文化中其他因素的差异以及地理、历史差异等相关，在这项研究当中通过设立虚拟变量尽可能地消除这些因素的干扰。研究结果表明：第一，语言差异能够显著增加市场制度差异，该结论在不同的模型中均很稳健；第二，语言差异的作用机制为交流障碍、文化观念差异，语言差异主要通过影响社会交流和文化观念增加市场制度差异；第三，总体而言，语言差异对个人主导的市场制度差异影响最大、对企业主导的市场制度差异影响次之、对政府主导的市场制度差异影响最弱；第四，在中国，南方

---

① Robert E. Hall and Charles I. Jones，"Why Do Some CountriesProduce So Much More Output Per Worker Than Others?"，*Quarterly Journal of Economics*，Vol. 114，No. 1，1999，pp. 83-116.

② 阮建青等：《语言差异与市场制度发展》，《管理世界》2017 年第 4 期。

③ 樊纲等：《中国市场化指数——各地区市场化相对进程 2011 年报告》，经济科学出版社 2011 年版。

的方言种类多、差异大，北方的方言以官话为主，较为统一，语言差异越大，则市场制度差异也会越大，并且语言差异对中国南北差异、南方地区内部的差异有着深刻的影响。

三　语言多样性对区域经济发展的影响

语言多样性对国家经济社会发展的影响问题，早在 20 世纪五六十年代就引起美国学者的关注。费什曼比较了语言同质性和语言异质性两类国家的一系列社会和经济指标，发现在死亡率、女性预期寿命、国民生产总值、政府收入以及人均电视、收音机和报纸的数量等方面，语言同质性国家均显著好于语言异质性国家。普尔整理了 133 个国家的语言多样性和人均国内生产总值的数据，认为一个语言极其繁杂的国家总是不发达的或半发达的，而一个高度发达的国家总是具有高度的语言统一性。这就是语言经济学领域著名的费什曼—普尔假说，Daniel Nettle（2000）也支持了这一假说。[①] 但是，这一假说消极看待语言多样性，近年来不断受到质疑。

通用语的推广能够增进交流，提高经济效率，但语言的多样性也有其经济和文化价值。曹贤文等采用世界民族语言志和联合国开发计划署等机构统计的世界各国数据，对语言多样性与经济社会发展多项指标之间的相关性进行统计分析，认为语言多样性与国家经济社会发展指数之间确实存在一定的关联，但并非费什曼—普尔假说所指出的负相关关系，而是分段相关关系：人均国民收入 17000 美元为相关关系的拐点，低于 17000 美元的中低收入国家语言多样性与人均国民收入之间整体呈显著负相关趋势；相反地，拐点之上的高收入国家则呈现显著正相关趋势。

学者对中国区域经济和语言多样性的众多研究表明，方言对经济发展和对外开放存在抑制作用。民族多样性和方言多样性对区域经济发展具有抑制作用，且这种负效应具有长期性和持续性，但会随着经济社会发展和民族融合的不断推进而逐渐减弱，这种影响主要通过社

---

① Daniel Nettle, "Linguistic Fragmentation and the Wealth of Nations: The Fishman-Pool Hypothesis Reexamined", *Economic Development & Cultural Change*, Vol. 48, No. 2, 2000, pp. 335-335.

会信任关系渠道和市场经济制度渠道进行响应。此外，民族多样性和方言多样性对区域经济发展的影响具有显著的异质性，表现为民族多样性和方言多样性对南方地区经济发展的抑制作用大于北方地区，对西部地区的抑制作用大于中东部地区。对中国276个地级及以上城市样本进行的研究结果表明，语言多样性对中国城市层面的开放程度产生了抑制效应，回归结果显示，每增加一种方言，对外开放程度平均将降低2个至2.4个百分点，语言多样性主要通过阻碍人力资本的积累导致地区间的人力资本水平差异，从而抑制对外开放，对开放程度的负向影响主要通过外贸依存度予以表现，而非外资依存度。[①] 如果将研究的视角扩大到城市圈的范围，会发现拥有平均方言种类数量的城市圈相对于单一方言区的城市圈而言，市场分割程度增加近8.23%，方言种类数处于前5%的城市圈比后5%的城市圈的市场分割程度高出约29.52%。[②]

第三节　语言发展与全面开放的经济体系

一　外语熟练度对中国对外贸易投资的影响

（一）中国对外贸易发展状况

改革开放40多年以来，中国对外贸易飞速发展。一方面是规模的扩张，1978年中国进出口总额206亿美元，世界排名第32位，占比不到1%；而到2020年中国进出口总额高达321613亿美元，是全球外贸唯一正增长的主要经济体，外贸全球第一大国的地位得到进一步巩固。另一方面是结构的不断优化，1978年初级产品与制成品出口结构为53：47，而2020年转变为4.67：95.33。[③] 1981—2020年中

---

① 李光勤等：《语言多样性与中国对外开放的地区差异》，《世界经济》2017年第3期。
② 丁从明等：《方言多样性与市场一体化：基于城市圈的视角》，《经济研究》2018年第11期。
③ 2020年1—12月初级产品出口80040938万元，工业制品出口1713222544万元。（资料来源：海关总署）

国进出口商品总值如表 4-3 所示。

表 4-3　　　　　　　　　1981—2020 年中国进出口商品总值

年份	进出口	出口	进口	贸易差额	比去年同期±%		
					进出口	出口	进口
1981	735	368	368	0	—	—	—
1982	771	414	358	56	4.9	12.5	-2.7
1983	860	438	422	17	11.5	5.8	17.9
1984	1201	581	620	-40	39.7	32.6	46.9
1985	2067	809	1258	-449	72.1	39.2	102.9
1986	2580	1082	1498	-416	24.8	33.7	19.1
1987	3084	1470	1614	-144	19.5	35.9	7.7
1988	3822	1767	2055	-288	23.9	20.2	27.3
1989	4156	1956	2200	-244	8.7	10.7	7.1
1990	5560	2986	2574	412	33.8	52.7	17
1991	7226	3827	3399	428	30	28.2	32.1
1992	9120	4676	4443	233	26.2	22.2	30.7
1993	11271	5285	5986	-701	23.6	13	34.7
1994	20382	10422	9960	462	80.8	97.2	66.4
1995	23500	12452	11048	1404	15.3	19.5	10.9
1996	24134	12576	11557	1019	2.7	1	4.6
1997	26967	15161	11807	3354	11.7	20.6	2.2
1998	26850	15224	11626	3597	-0.4	0.4	-1.5
1999	29896	16160	13736	2423	11.3	6.1	18.1
2000	39273	20634	18639	1996	31.4	27.7	35.7
2001	42184	22024	20159	1865	7.4	6.7	8.2
2002	51378	26948	24430	2518	21.8	22.4	21.2
2003	70483	36288	34196	2092	37.2	34.7	40
2004	95539	49103	46436	2668	35.5	35.3	35.8
2005	116922	62648	54274	8374	22.4	27.6	16.9
2006	140975	77598	63377	14221	20.6	23.9	16.8
2007	166924	93627	73297	20330	18.4	20.7	15.7
2008	179921	100395	79527	20868	7.8	7.2	8.5

续表

年份	进出口	出口	进口	贸易差额	比去年同期±%		
					进出口	出口	进口
2009	150648	82030	68618	13411	-16.3	-18.3	-13.7
2010	201722	107023	94700	12323	33.9	30.5	38
2011	236402	123241	113161	10079	17.2	15.2	19.5
2012	244160	129359	114801	14558	3.3	5	1.4
2013	258169	137131	121037	16094	5.7	6	5.4
2014	264242	143884	120358	23526	2.3	4.9	-0.6
2015	245503	141167	104336	36831	-7	-1.9	-13.2
2016	243386	138419	104967	33452	-0.9	-1.9	0.6
2017	278099	153309	124790	28520	14.3	10.8	18.9
2018	305010	164129	140881	23247	9.7	7.1	12.9
2019	315627	172374	143254	29120	3.5	5	1.7
2020	321613	179308	142305	37003	1.9	4	-0.7

资料来源：中华人民共和国海关总署。

在全球价值链的视角下，中国已经位于东亚价值链网络的核心地位。2017年世界银行研究报告显示，2000年全球价值链由两个彼此稍有分立的网络构成，分别是以德国为核心的欧洲网络和以美国为核心的亚太网络。而随着中国对外贸易的快速崛起，亚太价值链网络分化，形成了东亚价值链网络，中国成为这个网络当之无愧的核心。2015年，中美在亚太价值链中出现分庭抗礼的情况，把中国作为全球价值链核心连接的国家数量超过美国，这在很大程度上也可以解释中美贸易摩擦的缘由。国际贸易极大地扩大了中国的市场范围，把中国带入了全球价值链的核心地位，促进了中国各个行业的专业化分工，加速了财富的快速增长。

2020年以来，面对突如其来的新冠肺炎疫情和复杂严峻的国内外形势，中国外贸回稳向好，发展高于预期，贸易规模和国际市场份额提升，贸易结构持续优化，业态模式不断创新，服务新发展格局有力有效，为推动世界经济和全球贸易复苏发挥了重要作用。在国际金融论坛（IFF）2021春季会议上，大会主席周小川表示中国将继续当好"世界工厂"和"世界市场"，在扩大内需的同时继续扩大开放，中国的持续发展和开放将为世界经济复苏注入强大动力。展望未来，中国正在推进更高水平开放，以开放姿态不断融入世界，并以自身发展促合作共赢，以实际行动推动构建开放型世界经济，进一步向世界打开机遇共享之门。

（二）中国对外直接投资状况

2019年，世界经济增速下降到国际金融危机以来最低水平，全球贸易增速显著放缓，中国对外直接投资净额1369.1亿美元，同比下降4.3%，但仍然蝉联全球第二位。截至2019年年底，中国2.75万家境内投资者共设立对外直接投资企业4.4万家，分布在全球188个国家和地区，年末境外企业资产总额达7.2万亿美元，对外直接投资累计净额21988.8亿美元。联合国贸易和发展会议（UNCTAD）《世界投资报告（2020）》显示，2019年全球外国直接投资流出流量1.31万亿美元，以此为计算基数，中国对外直接投资分别占全球流量的10.4%、存量的6.4%，流量位列全球第二，存量位列全球第三。近年来，中国对外直接投资流量、存量及其全球位次和占比如表4-4、表4-5所示。

表4-4　　　2010—2019年中国对外直接投资流量及全球位次

年份	流量（亿美元）	全球占比（%）	全球位次
2010	688.1	4.9	5
2011	746.5	4.8	6
2012	878.0	6.4	3
2013	1078.4	7.8	3
2014	1231.2	9	3
2015	1456.7	8.5	2
2016	1961.5	12.7	2
2017	1582.9	9.9	3
2018	1430.4	14.5	2
2019	1369.1	10.4	2

资料来源：商务部、国家统计局、国家外汇管理局：《2019年度中国对外直接投资统计公报》。

表 4-5　　　　　2016—2019 年中国对外直接投资存量及全球占比

年份	全球存量（万亿美元）	中国存量（万亿美元）	中国存量全球占比（%）
2016	26.2	1.36	5.2
2017	30.8	1.81	5.9
2018	31	1.98	6.4
2019	34.6	2.2	6.4

资料来源：商务部、国家统计局、国家外汇管理局：《2019 年度中国对外直接投资统计公报》。

　　"一带一路"沿线国家成为中国对外直接投资新的增长点。2019年，中国对"一带一路"沿线国家直接投资逆势上扬 5%，投资规模和整体占比均有所增长，投资总额 186.9 亿美元，同比上升 4.5%，占当年总额的 13.7%。制造业是中国 2019 年对"一带一路"国家投资的主要行业，新加坡、印度尼西亚、越南、泰国、老挝、马来西亚、伊拉克、阿联酋、哈萨克斯坦和柬埔寨是当年中国对"一带一路"国家投资流量最大的 10 个国家，占当年中国对"一带一路"国家投资额的 85.4%。2013 年"一带一路"倡议提出至 2019 年，中国对"一带一路"沿线国家累计直接投资达到 1173.1 亿美元。[①]

　　中国对外投资合作在行业分布、投资方式创新、与东道国互利共赢等多个方面展现出新的发展特征和亮点。第一，对外直接投资行业分布更趋均衡，涵盖了国民经济 18 个行业大类。第二，东部地区省份对外直接投资表现活跃，九成东部省市继续稳居当年地方对外直接投资流量前十位，中部地区、西部地区和东北三省占比分别为10.2%、8.7%、1.4%。第三，与"一带一路"沿线投资合作扎实推进。第四，对外投资并购范围进一步扩大，项目数量继续增加，涉及区域进一步扩大。

　　（三）国民外语熟练度对贸易投资的影响

　　语言障碍会影响贸易。Lohmann（2011）认为，语言障碍是双边贸易的一大障碍，对国际贸易而言可能比以前想象的更重要，他所构建的

---

　　① 资料来源：商务部：《中国对外投资合作发展报告（2020）》。

语言障碍指数衡量了影响贸易的语言因素，研究结果表明，语言障碍指数增加 10% 导致两国之间的贸易流量减少 7%—10%。[①] Hutchinson（2005）将"语言距离"引入修正的引力模型当中，对 36 个非英语国家进行抽样调查，研究结果表明，语言距离对出口和进口都有较小但统计上显著的负面影响，其中对进口的影响明显大于对出口的影响。[②] 英语作为世界上最流行的语言，是近 60 个主权国家的官方语言或官方语言之一，还有更多的人将其作为第二语言学习。因此，一国国民的英语水平和该国对外贸易存在重要联系。Ku 等（2010）认为，对于英语不是母语的国家，英语语言技能的获得可以主要通过改善与潜在贸易伙伴的沟通来促进对外贸易。[③] Melitz（2008）在研究语言和对外贸易的关系时提出了"直接交流"指数（Direct Communication，DC），如果两个国家均有超过 4% 的人能够使用一种语言直接交流，那么这种语言就是他所谓的"DC"，Melitz 认为，尽管英语在世界范围内占据主导地位，但英语在促进贸易方面并不比其他主要欧洲语言更有效；另外，欧洲主要语言作为一个整体（包括英语）在促进贸易方面比其他语言更有效率[④]，这也给中国的外语专业教育，尤其是非通用语种的专业设置提供了一些参考。

语言影响互动行为中的交易成本，而国际贸易客观上要求节约交易成本，因此语言在国际贸易中有着重要作用，国内学者围绕外语熟练度对中国对外贸易的影响开展了众多卓有成效的研究。对国民英语能力与中国对外服务贸易流量的研究表明，二者呈显著正相关关系，改善和提高国民英语能力对中国对外经贸往来的可持续发展大有裨

---

① Johannes Lohmann，"Do Language Barriers Affect Trade?"，*Economics Letters*，Vol. 110，No. 2，2011，pp. 159-162.

② William K. Hutchinson，"Linguistic Distance as a Determinant of Bilateral Trade"，*Southern Economic Journal*，Vol. 72，No. 1，2005，pp. 1-15.

③ Hyejin Ku and Asaf Zussman，"Lingua Franca：The Role of English in International Trade"，*Journal of Economic Behavior & Organization*，Vol. 75，No. 2，2010，pp. 250-260.

④ Jacques Melitz，"Language and Foreign Trade"，*European Economic Review*，Vol. 52，No. 4，May 2008，pp. 667-699.

益。① 将研究对象聚焦到更具体的区域范围，分析中国对西亚北非国家出口贸易的数据，发现语言距离每降低 1%，将给中国对该地区的出口贸易带来 1.172% 的增长。② 还有研究发现，语言对服务贸易的影响大于对货物贸易的影响③，这也是符合我们的直观印象的。推动对外贸易发展，不仅要加快语言传播的广度，还应注重语言传播的效率，优先在与汉语语言距离较小的国家建立文化交流平台，更有利于提升双边的贸易量。

如前所述，"一带一路"共建国家日益成为中国对外贸易的重要伙伴，对这些国家与中国双边贸易中的语言效应进行研究很有必要。"一带一路"共建国家拥有世界上最丰富的语言多样性，同时也面临最为突出的语言文化差异，有效规划"一带一路"语言战略，平衡沿线国家的多元语言利益和需求，实现它们之间的语言互联和交流，是"一带一路"建设必须直面的挑战。总体来说，英语语言熟练度是有效实施"一带一路"倡议的重要变量。直接沟通能力（共同口语）对"一带一路"总体双边贸易影响最大，其他因素按影响的重要程度排序依次是民族联系（共同民族语言）、官方支持下的间接沟通能力（共同官方语言）和民间间接沟通能力（语言相近性）。同时，语言对"一带一路"不同产品类型贸易的影响随着产品复杂度提高而提高：对于低差异化产品而言，由于附加值较低，其依赖于低成本的沟通，语言的重要性最低；对于中差异化产品而言，语言的重要性有所提升；而对于高差异化产品而言，共同民族语言所体现出的民族联系和信任度对贸易影响最大。

语言障碍对一国的对外直接投资也会产生影响。Amadú Ly（2018）通过对 2000—2012 年 71309 项对外直接投资案例的分析认

---

① 张卫国、孙涛：《语言的经济力量：国民英语能力对中国对外服务贸易的影响》，《国际贸易问题》2016 年第 8 期。

② 王晓宇、杨言洪：《区域国别视角下语言距离对中国向西亚北非出口贸易的影响及潜力分析》，《上海对外经贸大学学报》2019 年第 2 期。

③ 苏剑：《语言距离、语言传播与对外贸易增长——理论假说与中国证据》，《江汉论坛》2020 年第 9 期。

为，语言与高水平的外国直接投资正相关。Moonhawk Kim（2015）指出，潜在的东道国通过协调其国内语言政策，特别是教育领域的语言政策来吸引投资，以匹配潜在的外国直接投资者的语言。[①] 语言环境也是一种投资环境，一国国民对待外语的态度反映了该地区对外开放和现代文明的程度，展示出社会对外来事物的接纳程度。语言障碍指数对中国对"一带一路"沿线48国对外直接投资具有显著影响，在其他变量不变的情况下，语言障碍指数每下降10%，中国对其投资就增加10.61%。

二 外语熟练度对中国吸引外资的影响

语言环境也是一种投资环境。一个地区的投资环境是指资金得以有效运营的外部条件的总和，可以分为硬环境和软环境，而软环境按其作用于投资效益的方式又可以分为直接和间接两种。语言环境是间接软环境的一个重要组成部分，"间接"并不说明不重要，一个良好的语言环境是外资投入难以忽视的考量因素。语言生活和经济生活密切相关，跨国企业的经济行为要超越地域和文化上的限制，就得考虑区域语言生活状况对经济行为的影响，现代社会一些重大的经济举措和变革在实现之前也往往用语言工程打前阵。普通社会公众语言生活的对外开放，有助于增强外来投资者的信心。除了公众对待外语的态度外，外语人才的拥有量也是构成投资语言环境的重要因素，对一个国家或地区而言，发展外向型经济首先需要拥有一定数量的外语专门人才。

中国走向世界，世界拥抱中国，外语无疑起到了关键性的开路作用。1978年教育部召开全国外语教育座谈会，1982年召开全国中学外语教育工作会议，这是中华人民共和国成立以来第一次就中学外语教育工作召开全国性会议。伴随中国与世界各国贸易的不断增长，高等学校各语种专业设置及人才培养也进入快速发展阶段。2008年北京奥运会、2010年世界博览会掀起全民外语学习的热潮。目前，中国大中小学外语教师数量达到145万人（不包括幼儿园外语教师），外语

---

① Moonhawk Kim et al. , "Lingua mercatoria: Language and Foreign Direct Investment", *International Studies Quarterly*, Vol. 59, No. 2, 2015, pp. 330-343.

学习者约 2.5 亿人，外语教材、词典和读物出版市场欣欣向荣。

衡量国民外语熟练度，学术界通行的评估方法主要有两种：一种是托福、雅思等测试的平均成绩；另一种是参考英孚英语熟练度指数。英孚英语熟练度指数是英孚教育推出的衡量英语综合能力的标准，从 2011 年起发布年度报告，将受调查的国家和地区划分为五个熟练度水平，从极高水平到极低水平。2020 年版报告依据超过 220 万名接受英孚标准化英语测试的参试者数据，揭示了全球 100 个母语为非英语的国家和地区的成人英语水平，中国熟练度指标得分为 520 分，排名第 38 位，处于中等熟练度水平。分城市来看，台北位列高熟练度水平城市，上海、香港、北京、澳门属于中等熟练度，武汉等处低熟练度水平。

与国民外语熟练度相对应的，是中国吸引外资的快速增长。1983—2020 年中国合同利用外资和实际利用外资情况如表 4-6、表 4-7 所示。一方面，国民外语能力的提高促进了对外贸易与投资规模和质量的不断增长；另一方面，从"供给与需求"这一经济学基本关系出发，快速发展当中的对外投资与贸易反过来也对国民外语能力的进一步提升提出了更高的要求，客观上需要以高校为代表的教育体系培养更多具备良好外语水平的国际化人才。构建全面开放的经济体系，需要更高水平的语言能力建设。

表 4-6　　　　　　　1983—2020 年中国合同利用外资情况

	1983 年	1984 年	1985 年	1986 年	1987 年	1988 年	1989 年	1990 年	1991 年	1992 年
合同利用外资项目（个）	690	2204	3145	1551	2289	6063	5909	7371	13086	48858
外商直接投资项目（个）	638	2166	3073	1498	2233	5945	5779	7273	12978	48764
	1993 年	1994 年	1995 年	1996 年	1997 年	1998 年	1999 年	2000 年	2001 年	2002 年
合同利用外资项目（个）	83595	47646	37184	24673	21138	19850	17022	22347	26140	34171
外商直接投资项目（个）	83437	47549	37011	24556	21001	19799	16918	22347	26140	34171

续表

	2003 年	2004 年	2005 年	2006 年	2007 年	2008 年	2009 年	2010 年	2011 年	2012 年
合同利用外资项目（个）	41081	43664	44001	41473	37871	27514	23435	27406	27712	24925
外商直接投资项目（个）	41081	43664	44001	41473	37871	27514	23435	27406	27712	24925
	2013 年	2014 年	2015 年	2016 年	2017 年	2018 年	2019 年	2020 年		
合同利用外资项目（个）	22773	23778	26575	27900	35652	60533	40888			
外商直接投资项目（个）	22773	23778	26575	27900	35652	60533	40888	38570		

资料来源：国家统计局。

表 4-7　　　　　　　　**1983—2020 年中国实际利用外资情况**　　　单位：万美元

	1983 年	1984 年	1985 年	1986 年	1987 年	1988 年	1989 年	1990 年	1991 年	1992 年
实际利用外资额	226100	286600	476000	762800	845200	1022600	1006000	1028900	1155400	1920300
实际利用外商直接投资金额	91600	141900	195600	224400	231400	319400	339200	348700	436600	1100800
实际利用外商其他投资额	28000	16100	29800	37000	33300	54500	38100	26800	30000	28400
	1993 年	1994 年	1995 年	1996 年	1997 年	1998 年	1999 年	2000 年	2001 年	2002 年
实际利用外资额	3896000	4321300	4813300	5480500	6440800	5855700	5265900	5935600	4967200	5501100
实际利用外商直接投资金额	2751500	3376700	3752100	4172600	4525700	4546300	4031900	4071500	4687800	5274300
实际利用外商其他投资额	25600	17900	28500	41000	713000	209400	212800	864100	279400	226800
	2003 年	2004 年	2005 年	2006 年	2007 年	2008 年	2009 年	2010 年	2011 年	2012 年
实际利用外资额	5614000	6407200	6380500	6987600	7833900	9525300	9180400	10882100	11769800	11329400
实际利用外商直接投资金额	5350500	6063000	6032500	6582100	7476800	9239500	9003300	10573500	11601100	11171600

	2003 年	2004 年	2005 年	2006 年	2007 年	2008 年	2009 年	2010 年	2011 年	2012 年
实际利用外商其他投资额	263500	344300	348000	405500	357200	285800	177100	308600	168700	157800

	2013 年	2014 年	2015 年	2016 年	2017 年	2018 年	2019 年	2020 年		
实际利用外资额	11872100	11970500	12626700	12600100	13103500	13496600	13813500	14437000		
实际利用外商直接投资金额	11758600	11956200	12626700	12600100	13103500	13496600	13813500	14437000		
实际利用外商其他投资额	113400	14400								

三 构建全面开放经济体系的语言能力建设

以开放促改革、以改革促发展，是我国现代化建设不断取得新成就的重要法宝，建设现代化经济体系离不开全面开放体系的支撑。2018 年，习近平总书记在主持中央政治局集体学习时提出，要着力发展开放型经济，提高现代化经济体系的国际竞争力。开放是国家繁荣发展的必由之路，党的十九大报告明确中国开放的大门不会关闭，只会越开越大，推动形成全面开放新格局。当前复杂多变的国际环境以及处于转换当中的比较优势相互交织，给立足开放条件下建设现代化经济体系带来了新的挑战，也提出了新的要求，迫切需要培育新优势、打造新格局、构建新体制，而新优势培育的重点任务之一就是与全面开放经济体系相匹配的语言能力建设。

(一) 语言能力建设的宗旨是服务国家需求

新时代的语言文字事业应更好地服务于国际国内两个大局，更好地服务于总体国家安全战略。语言能力是指国家满足各类语言需求的能力，主要包括对语言资源的掌控能力、开发能力、管理能力和应用能力。当今世界正处于百年未有之大变局之中，需要以更高的站位、更宽广的视野、更深刻的历史观锚定参考点，制定适合新需求新发展的国家语言战略规划。语言文字的基础性和全民性决定了其在国家发展战略中的重要地位。

国家语言能力与中国日益上升的国际地位仍不相称，迫切需要全面提升国家语言能力建设。当前适应国家发展战略需求的国家语言能力建设机制不够健全，语言人才资源数据库缺位，非通用语种高端人才储备不足，中文的国际化传播力度仍然有所欠缺。一个国家的文化魅力和民族凝聚力能够通过语言表达和传递，掌握一种语言就是掌握了通往一国文化的钥匙，学会不同语言，才能了解不同文化的差异性，进而客观包容地拥抱世界。

新时代语言能力建设不仅包括高等院校外语专业人才的培养，还包括构建国家语言服务和应急体系，借以弥补高校部分非通用语种人才储备不足的问题。比如，美国能处理 500 多种语言，但其中只有一小部分人才是通过院校培养的，其余的则通过各种渠道包括应急体系培养储备。中国可以部分借鉴这种模式，一方面通过有针对性的短期培训灵活培养语言"应急"人才，另一方面建立完善的语言人才信息档案，有效地利用分布在国内外各个行业领域的国际化人才，从而加强和巩固全面开放经济体系的语言能力建设。

近年来，随着经济的全面开放，边境群众日常贸易生活中的跨境语言问题受到广泛的关注。中国与周边国家跨境分布着约 50 种语言，在语言身份认同、文字书面语体系创制和完善、语言社会使用活力等方面，多数呈现"外高内低"的态势，这些语言的国际传播实力处于弱势地位，境外敌对势力借此对中国的宣传和渗透力度不断加大，中国面临的话语权问题日益突出。边境地区群众密切的交往如果没有合理地引导，容易模糊国家界限，可能被别有用心的势力误导或引诱，危害国家安全。

（二）服务"一带一路"的语言能力建设

人文交流是"一带一路"的重要支撑，语言既是文化的载体，又是文化的重要组成部分，语言能力建设是"一带一路"人文先行的必然要求，经贸往来离不开语言的互联互通。通过语言文化交流，增进彼此了解、信任与友谊，探寻不同国家在文化、利益方面的契合点，促进文化互鉴和彼此认同，夯实民意基础，深植社会根基，能够为经济合作创造有利的条件。在这个问题上，"一带一路"共建国家拥有

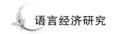

相同的认识和诉求。

"一带一路"语言人才需求存在较大缺口。通过国内外互联网大数据分析发现，在"一带一路"人才需求方面，语言类人才分列国内媒体和网民关注度排名第一位、沿线国家媒体和网民关注热度排名第四位。其中，除英语、阿拉伯语等使用广泛的语种外，土耳其语、孟加拉语、波斯语等也受到媒体和网民的高度关注。[①] 国内外媒体和网民普遍认为，"语言互通"是"一带一路"互联互通的基础，随着"一带一路"建设的深入推进，语言人才特别是非通用语种人才十分短缺，语言服务能力明显不足，加强"一带一路"语言能力建设显得十分迫切。

"一带一路"背景下，中国国家语言能力建设需要完成四个方面的转型。第一，国家外语能力导向要从"引进来"向"走出去""走进去"转变。随着中国国际地位和国际影响力的不断提高，海外利益范围日益扩展，深度参与国际竞争，原先"引进来"为主导的外语战略难以适应国家需求，迫切需要实现国家外语能力建设的"双向互动"。讲好中国故事，传播中国声音，用语言铺路，让"一带一路"成为中国走向世界的桥梁。第二，国家语言能力需求由"内需型"向"外向型"转变，"一带一路"建设要求中国从外语教育大国向外语强国转变。第三，国家外语资源种类从"单一型"向"多元化"转变，改变英语"一家独大"的局面，加强"一带一路"非通用语种专业建设。第四，国家外语资源质量从"工具型"向"专业型"转变，不仅要培养精通语言的人才，更重要的是培养兼具高水平语言能力和区域国别研究素养的复合型人才。

（三）中文国际化

随着中国国际影响力的不断提升，中文国际传播已成为国家发展战略中的重要组成部分。《国家中长期教育改革和发展规划纲要（2010—2020）》指出，"推动我国高水平教育机构海外办学，加强教育国际交流，广泛开展国际合作和教育服务，支持国际汉语教育，

---

① 国家信息中心"一带一路"大数据中心：《"一带一路"大数据报告》，商务印书馆2017年版。

提高孔子学院办学质量和水平"。教育部专门设立中外语言交流合作中心，推动国际中文教育事业开创新局面。截至 2020 年年底，全球共有 180 多个国家和地区开展中文教育，70 多个国家将中文纳入国民教育体系，外国正在学习中文的人数超过 2000 万人。

深化国际中文教育，让世界更加了解中国。2019 年，国际中文教育大会在长沙召开，国务院副总理孙春兰出席会议并发表主旨演讲。随着世界多极化、经济全球化、社会信息化、文化多样化的深入发展，世界各国相互联系日益加深，政治、经贸、人文等交流合作更加广泛，中国在扩大开放中深度融入世界，也为各国发展带来了机遇，到中国商务合作、学习交流、旅游观光的人越来越多。孙春兰强调，中国政府把推动国际中文教育作为义不容辞的责任，积极发挥汉语母语国的优势，在师资、教材、课程等方面创造条件，为各国民众学习中文提供支持。中国将遵循语言传播的国际惯例，按照相互尊重、友好协商、平等互利的原则，坚持市场化运作，支持中外高校、企业、社会组织开展国际中文教育项目和交流合作，聚焦语言主业，适应本土需求，帮助当地培养中文教育人才，完善国际中文教育标准，发挥汉语水平考试的评价导向作用，构建更加开放、包容、规范的现代国际中文教育体系。

"一带一路"国际合作是中文国际化传播的重点平台，为国家政策和重大项目提供双重驱动。"一带一路"是为破解人类发展难题贡献的"中国方案"，在响应"一带一路"倡议的同时，中国各部委相继出台了推动中文国际传播的有效措施，积极促进中国文化"走出去"，比如"一带一路"文旅产业国际合作重点项目、国家文化出口重点企业和重点项目等。众多民间组织和企业也通过各类内容丰富、形式多样的方式将中国特色文化产品介绍到相关国家。比如，2014 年"丝路书香工程"正式立项，成为我国出版界唯一进入国家"一带一路"倡议的重大项目，"十三五"以来共立项资助 1680 个项目在海外出版发行，年资助量保持在 250—450 项，共涉及 75 个"一带一路"

国家和地区，受资助项目共涉及对象国使用的 55 个语种①；2020 年，科大讯飞携手人民教育出版社等 21 家高校单位、出版机构共同打造的"全球中文学习平台"推出了国际版移动端 App。

第四节　中国语言扶贫经验成效

消除贫困、实现共同富裕是中国政府不变的初心和历史使命，而扶贫要与扶智、扶志相结合，重视语言文字在扶贫、脱贫中的基础性作用，是中国扶贫开发工作的一大特色。消除贫困是人类共同理想，新时期的扶贫攻坚工作，在解决国内贫困问题的同时，也为世界性的减贫和发展开出了良方，为全球贫困治理贡献出中国智慧、中国方案。中国的扶贫工作重点已经从"救济型扶贫"向"开发式扶贫""精准扶贫"转变，"扶贫先扶智，扶智先通语"，语言助力扶贫不同于一般的救济式扶贫，它能有效防止扶贫受益者对福利的过分依赖，并促进形成更文明、更加益贫的社会帮扶环境。

2021 年 2 月 25 日，习近平总书记在全国脱贫攻坚总结大会上庄严宣告，经过全党全国各族人民共同努力，在迎来中国共产党成立一百周年的重要时刻，我国脱贫攻坚战取得了全面胜利。值此重要历史节点，全面回顾中国语言扶贫的经验和成效，可谓恰逢其时。本节首先回顾中国语言扶贫事业 70 年来取得的光辉成绩，然后从理论联系实际的角度分析语言扶贫的理论逻辑、实现路径以及相关数据支持，最后对少数民族地区推普脱贫工作的阶段性成果做一个简要的梳理和总结。

一　中国语言扶贫事业 70 年成绩显著

"人民对美好生活的向往，就是我们的奋斗目标。"2012 年以来，中国在之前扶贫攻坚的基础上，全面打响脱贫攻坚战。经过 8 年持续

---

①　资料来源：《"十三五"时期"丝路书香工程"成果卓著》，中国作家网，http://www.chinawriter.com.cn/n1/2020/1228/c403994-31981063.html。

努力，中国现行标准下农村贫困人口已经全部脱贫，贫困县已经全部"摘帽"，近1亿农村贫困人口实现脱贫，消除了绝对贫困和区域性整体贫困，中国提前十年实现了联合国2030年可持续发展议程的减贫目标，创造人类减贫史上的奇迹，为全球减贫事业做出重大贡献。脱贫攻坚取得的重大历史性成就，包括五个方面：农村贫困人口全部脱贫，为实现全面建成小康社会目标任务做出了关键性贡献；脱贫地区经济社会发展大踏步赶上来，整体面貌发生历史性巨变；脱贫群众精神风貌焕然一新，增添了自立自强的信心勇气；党群干群关系明显改善，党在农村的执政基础更加牢固；创造了减贫治理的中国样本，为全球减贫事业做出了重大贡献。

中国特色的脱贫减贫发展模式，为世界各国的贫困治理提供了有效参考。国际劳工组织总干事盖伊·赖德称赞道"在完成联合国千年发展目标中的减贫目标方面，大部分进展都归功于中国"。匈牙利前总理迈杰希·彼得认为，"中国将一如既往地与世界分享其发展模式，共享其发展成果，继续为发展中国家提供相应支持"。白俄罗斯前副总理托济克表示，"在自身取得巨大减贫成就的同时，中国表示愿同世界各国一道，携手推进国际减贫进程，推动构建人类命运共同体，这对于共同推动世界文明发展具有重要意义"。

在众多脱贫减贫的方式方法当中，语言是助力打赢脱贫攻坚战的重要力量，语言治理是贫困治理的重要途径。加快推广普通话属于"五个一批"①脱贫方式中教育扶贫的范畴，能加速走完扶贫攻坚"最后一公里"。推广普通话脱贫聚焦贫困地区和贫困群体，推广国家通用语言文字，以消除因语言不通而制约脱贫的情况；并通过提升贫困群体的语言素养，激发内生动力，以实现人力资本积累的方式助力区域经济发展。普通话的普及和推广，已经成为落实"精准扶贫、精准脱贫"的一项具体举措，并且取得了良好的效果。

中华人民共和国成立以来，中国的语言扶贫事业成绩卓著。下文

---

① "五个一批"是指发展生产脱贫一批、易地搬迁脱贫一批、生态补偿脱贫一批、发展教育脱贫一批、社会保障兜底一批。

将分三个阶段回顾梳理中国语言扶贫取得的重要成就，这三个阶段分别是 1949—2012 年的间接效应阶段、2012—2020 年的直接效应阶段、2020 年以后的后脱贫攻坚阶段。

（一）语言扶贫的间接效应阶段

普通话推广是中国语言扶贫的核心工作。新中国成立之初，许多差异性较大的方言阻碍了不同地区人民之间的畅通交流，造成社会主义建设事业中的许多不便，语言中的某些不统一和不合乎语法的现象不但存在于口头上，也存在于书面上。在这样的背景下，1956 年，国务院发布《关于推广普通话的指示》，在全国范围内推广普通话，要求从 1956 年秋季起，除少数民族地区外，在全国小学和中等学校的语文课内一律开始教学普通话。1982 年，"国家推广全国通用的普通话"被列入《中华人民共和国宪法》第 19 条。1997 年，国务院第 61 次常务会议通过《广播电视管理条例》，要求广播电台、电视台应当推广全国通用的普通话。2000 年，《中华人民共和国国家通用语言文字法》公布，以法律的形式规定"地方各级人民政府及其有关部门应当采取措施，推广普通话和推行规范汉字""国家机关以普通话和规范汉字为公务用语用字""学校及其他教育机构以普通话和规范汉字为基本的教育教学用语用字""广播电台、电视台以普通话为基本的播音用语"，并提倡公共服务行业以普通话为服务用语。

《汉字简化方案》和《汉语拼音方案》的颁布和实行对提高国民识字率起到了重要作用。中华人民共和国成立之时，绝大多数群众的文化水平属于文盲、半文盲状态，直到 1955 年，农村人口中文盲、半文盲的比例仍然居高不下，据《光明日报》刊登的一篇《进一步开展扫盲工作迎接农业合作化高潮》的文章记载，1955 年全国农村 15—45 岁的青壮年约有 2.26 亿人，其中文盲和半文盲约占 80%。推广注音识字法以及推行汉字简化，使扫盲效果更加明显。简化字的平均笔画数比繁体字的平均笔画数减少了近一半，大大方便了汉字的认读和书写，在一定程度上缓解了学文化和汉字难的矛盾，为扫盲工作做出了巨大贡献。2021 年发布的第七次全国人口普查结果显示，15 岁及以上人口的文盲率已经下降为 2.67%。普通话、汉语拼音、简化字的推广和普及，为农村地区、边远地区和民族地区的群众摆脱贫困、追求更加美好的生活消除了一个巨大的障碍。

（二）语言扶贫的直接效应阶段

2011年，中共中央、国务院印发《中国农村扶贫开发纲要（2011—2020年）》，首次将全面推广国家通用语言文字列入国家层面的扶贫政策文件当中，中国迈进了语言直接参与扶贫事业、系统推进的新阶段。在这一时期，习近平总书记在不同场合的讲话中多次论及语言文字以及以之为基础的教育工作在扶贫减贫事业中的重要性，充分体现了党和国家对语言扶贫事业的重视。在省、市、县、乡、村"五级联动推普"的工作模式保障下，语言扶贫工作充分落到了实处，建立了从国家部委到地方基层的语言扶贫制度，落实具有中国特色的，包括语言公共教育和语言产业的"多元一体"语言扶贫方略，形成教育与培训、资源开发与建设、制度保障与兜底的三个运作模式。

2020年，中华人民共和国成立以来第四次全国语言文字会议在北京召开，会议规格之高超出历次全国语言文字会议。会议指出，语言文字工作领域的推普助力脱贫攻坚行动和国家通用语言文字普及攻坚工程取得显著成效，其中扎实推进推普助力脱贫攻坚的主要成果如下：①

第一，不断加大培训力度。组织50所高校国家语言文字推广基地和北京语言工作协会的2800余名师生，对口52个贫困县的7200多名教师开展在线辅导培训。遴选"三区三州"700名幼儿教师开展"种子"教师普通话能力提升在线示范培训。委托并动员地方开展农村教师和少数民族教师、青壮年劳动力、基层干部、进城务工人员等普通话培训，受训超过124万人次。

第二，持续优化学习资源。组织编写《普通话百词百句》口袋书，向52个贫困县免费赠送20万册。制作《幼儿普通话365句》动画学习资源。向86个贫困村免费寄送"智富盒子"设备和配套教材。在"语言扶贫"应用程序链接上线"职业教育专业教学资源库"等

---

① 资料来源：教育部、国家语委发布的《2020年中国语言文字事业和语言生活状况》。

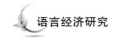

课程资源，累计用户近 90 万。

第三，深入推进志愿服务。联合共青团中央开展"推普助力脱贫攻坚"全国大学生社会实践志愿服务活动，组织 96 支高校实践团队的 1200 余名学生，深入未摘帽贫困县开展推普志愿服务。

除了上述统计数据，人民群众用质朴的语言表达他们对语言扶贫的肯定，正所谓"金杯银杯不如老百姓的口碑，金奖银奖不如老百姓的夸奖"。普通话能力的缺失是我国"老少边穷"地区典型的"语言贫困"现象，这种不足必然会制约民众的文化知识和科技知识输入，而普通话的推广，为贫困群众搬开了一块致富路上的"绊脚石"。西藏阿里地区革吉县教育工作者索南仁青认为，"只有学好普通话，才能了解外面的世界，才能有更好的发展，才能享受更美好的生活"；云南怒江傈僳族自治州福贡县农民郁伍林说，"普通话对于我来说是一条路，学了普通话以后，我可以和更多的客人交流，日子越来越红火"；内蒙古锡林郭勒盟东乌旗牧民阿古木楞说，"学会普通话，让我一个放羊娃改变了命运"……他们所发出的真诚心声，是对中国语言扶贫事业最好的肯定。

（三）语言扶贫的后脱贫攻坚阶段

进入后脱贫攻坚时期，需要解决相对贫困、巩固拓展脱贫成果。教育部副部长、国家语委主任田学军指出，要牢牢把握新时代国家通用语言文字推广普及工作新目标、新任务、新要求，着力解决国家通用语言文字推广普及中存在的发展不平衡、不充分等问题，紧紧围绕坚决打赢脱贫攻坚战，充分发挥普通话提高劳动力基本素质的重要作用。这一阶段的目标任务包括：进一步明确语言扶贫的对象，发挥后发优势；与乡村振兴战略有效衔接，探索后扶贫时期语言扶贫的长效机制；继续发挥阻遏返贫和阻断贫困代际传递的作用，尤其关注贫困地区留守儿童的语言问题。

要实现乡村振兴，必须打好精准脱贫攻坚战，走中国特色减贫之路。推普脱贫已取得显著成效，乡村振兴战略下的语言扶贫工作还需不断丰富语言扶贫的内涵，增添更多的使命与任务以实现其在新时代的新职能，实现语言扶贫的可持续发展。乡村振兴是包括产业振兴、人才振兴、文化振兴、生态振兴、组织振兴的全面振兴，其中人才振兴是关键，语言扶贫要以人的培养为导向，着力提升其语言应用能力。

二 中国语言扶贫的理论逻辑、数据支持和实践路径

(一) 中国语言扶贫的理论逻辑

语言与贫困具有相关性。语言是一种资本，是具有经济价值的知识和能力，一个人的语言能力不强，会限制他的见识和眼界，增加陷入贫困的可能性；反过来，贫困对语言要素的影响体现为，贫困会弱化一个人的语言素质和语言能力，从而形成一种恶性循环。中国14个集中连片特困地区大多语言生态复杂，普通话普及率均相对较低。

语言是劳动者的人力资本，也是技术传播的载体，它在贫困治理中发挥的效力主要体现在以下几个方面：语言扶贫能够提升人力资本，促进社会流动；语言扶贫能够更好地传播知识和技能，阻断贫困传递；通话语言的学习有利于促进社会融入，推进交流合作。然而，我们也需要认识到，语言对经济的影响是一个长期的复杂的综合性过程，而非短期的因果效应。同时，语言对经济的影响是间接的，需要一系列的中间环节和作用机制加以延伸语言的经济效果。

从理论逻辑上讲，语言之所以能够扶贫，是因为它具有经济学属性。语言是一种人力资本，是一种公共产品，还是一种制度，"语言相通"能够大大降低交易成本。第一，体现在人身上的技能和生产知识的存量，是资本的一种形态，即人力资本，而语言知识基本上是知识资本的积累，作为一种技能，语言是人力资本的一种表现形式。对语言技能进行投资，既能带来短期利益，又能带来长期利益。第二，语言是一种公共产品[①]，语言的传播可以增强贸易往来、知识共享以及推动大多数经济与社会相关活动的组织、协调及管理，尤其能降低不同语言群体相邻或交界地区的信息处理与交流、劳动力流动的成本以及不同语言人群中共享的服务成本。第三，语言是一种基础的社会制度，能够有效地降低交易成本，若两个群体语言不通，巨大的交易成本将直接导致交易无法进行。此外，语言还具有产业属性，语言产

[①] 公共产品是指具有消费或使用上的非竞争性和受益上的非排他性的产品。

业的发展能够增加就业岗位，提高语言能力，从而促进经济增长，而且发展语言产业可以形成绿色的、生态的 GDP。

（二）中国语言扶贫的数据支持

劳动者收入状况与其普通话水平具有关联性。国家通用语言技能即普通话技能的提升不仅能够帮助贫困户更好地融入市场经济当中，还能转变其认知和思维方式，从而实现脱贫减贫。刘楚群在江西省内面向乡镇和农村地区①的劳动者发放了 3000 份调查问卷，调查全部采用"一对一"的方式当面进行，具有较高的可信度。研究发现，月收入与普通话水平之间的 Spearman 相关系数为 0.166，月收入与普通话水平显著相关：月收入越高，普通话水平得分也相对越高。具体数据如表 4-8 所示。

表 4-8　　　　　　　　月收入与普通话水平的相关性

劳动者月收入（元）	受调查人数	普通话水平得分均值	标准差	相关系数	Sig.（双侧）
<2001	595	13.73	4.987		
2001—2500	276	13.16	3.856		
2501—3000	264	14.18	3.492		
3001—3500	213	14.86	3.053	0.166	0.000
3501—4000	194	15.05	3.282		
4001—4500	162	15.44	3.095		
4501—5000	120	14.61	3.011		
>5000	281	16.23	3.059		

资料来源：刘楚群：《劳动者收入与国家通用语言认知的相关性调查研究》，《语言文字应用》2019 年第 4 期。

学会普通话能给个人及家庭带来怎样的收入增长呢？对 12 个县 17 个乡镇 40 余个村庄或社区进行的实地调查研究结果显示，贫困户的普通话技能对其收入有重要的影响。在控制其他影响家庭收入因素

———
①　不包括县城及以上城市居民。

的条件下，会普通话的贫困户家庭收入比不会普通话的家庭稳健地高出 60%以上，普通话技能影响的主要是贫困户的打工收入，会普通话的贫困户 2018 年的打工年收入比不会普通话的贫困户高 6965 元，高出 32.8%，按照国家最新的精准扶贫标准①，会普通话家庭的脱贫率显著地增加约 20%，说明普通话技能对贫困户的脱贫有显著的正向影响。②

　　以"三区三州"为代表的少数民族贫困地区群众由于历史原因，很多不能熟练地使用普通话，在语言扶贫的帮助下，收入水平有了较大的提高。从实证研究的角度来看，对民族地区的计量研究结果在经济学上的显著性更强。以壮族、蒙古族、彝族等 17 个民族为研究对象的研究结果表明，相比受教育程度，少数民族劳动力的普通话能力尤其是口语能力，能够更加有效地提高其职业收入。③ 对西藏自治区波密县劳动者的实证分析表明，九成以上的样本认同普通话对"上学""找工作""外出务工"和"获取外界信息"有帮助，八成以上的样本认同"普通话可让我在工作中更受重视""普通话可让我获得更高收入"。④ 英吉卓玛等（2016）研究了青海省某县藏族大学生汉语和藏语水平与收入的关系，发现藏汉双语水平与收入之间呈正相关性，其中汉语水平与收入的相关性更加显著，藏语水平与收入的显著性不明显，但其价值在实际工作中得到了"增值"。还有学者将关注的焦点聚集在边境少数民族地区，对广西壮族自治区靖西市距离越南边境 3 千米以内的 37 个村的居民进行全样本调研，测算结果显示，掌握普通话能力的居民的平均收入为不会讲普通话人群的 1.58 倍，人均高出 8450 元/年。

---

① 以 37347 元作为农村家庭人均年收入的分界线，高于此线的划分为已脱贫的贫困户，低于此线的是未脱贫的贫困户。

② 谢治菊、李强：《语言扶贫与普通话技能的减贫效应》，《广西民族大学学报》（哲学社会科学版）2020 年第 1 期。

③ 王兆萍、马小雪：《中国少数民族劳动力普通话能力的语言收入效应》，《西北人口》2019 年第 1 期。

④ 王海兰等：《"三区三州"地区普通话能力的收入效应研究——以西藏自治区波密县的调查为例》，《云南师范大学学报》（哲学社会科学版）2019 年第 4 期。

（三）中国语言扶贫的实践路径

中国的语言扶贫工作在不同阶段采取不同战略，实施不同扶贫政策组合。在实践中，形成了"统筹部署、政策协调、精准施策、实地调研、学术探讨"配合协同的治理体系，在政策上中央、部委、地方协调推进，扶贫同扶志、扶智有机结合，针对不同目标人群、不同年龄段精准施策，政府、学界、企业、个人共同参与，协同发力。中国的语言扶贫探索出了许多新途径、新方法，为全球贫困治理贡献出宝贵的中国经验，其覆盖范围之广、受惠国民之众、组织动员之强以及成效之显著，创造了人类历史上语言扶贫的成功典范，为世界减贫事业贡献了中国智慧。中国语言扶贫的实践路径和经验可以概括为以下三个方面：

第一，强化顶层设计。在语言扶贫方面所做的很多政策性规划和实践性探索，是顶层设计与基层实践的相互补充和有机统一。中共中央、国务院在 2011 年印发的《中国农村扶贫开发纲要（2011—2020年）》中提出，要在民族地区全面推广国家通用语言文字，这是国家首次将"语言因素"写进扶贫文件，具有前瞻性的指导意义。2016年国务院印发的《"十三五"脱贫攻坚规划》提出了包括"加强民族聚居地区少数民族特困群体国家通用语言文字培训"在内的多项语言扶贫举措。教育部、国务院扶贫办等部委先后印发《推普脱贫攻坚行动计划（2018—2020 年）》《国家通用语言文字普及攻坚工程实施方案》助力脱贫攻坚。

第二，针对不同人群采用不同的方法，精准施策，在全社会形成语言扶贫"合力"。教师是普通话推广的主力军，通过脱产培训、远程自学、帮扶结对等方式，使普通话未达到国家规定标准的教师，尤其是民族地区双语教师快速提高普通话水平。2020 年，首批 50 家高校国家语言文字推广基地 1400 多名教师和学生志愿者，对口 52 个县5200 多名教师，顺利完成为期近 4 个月的在线培训，进一步提升了民族地区、贫困地区教师国家通用语言文字水平和教学能力。公务员发挥表率作用，"十三五"时期内国家机关公务员的普通话水平达到相应的规定标准，新录入公务员应具备相应的普通话水平，为社会做出良好的表率，切实发挥带头示范和窗口作用。青壮年农民、牧民是语言扶贫能够在短期内见到成效的帮助对象，各地结合旅游服务、产业发展等需求和农村职业技能培训，对不具备普通话沟通能力的青壮年农民、牧民进行专项培训，同步推进职业技术培训与普通话推广。学前儿童正处于语言学习的黄金期，也是语言扶贫阻断贫困代际传递的重点人群。2018 年，国务院扶贫办、教育部启动"学前学会普通话"行动试点，培训指导幼教点辅导员按照浸润式教学理念，创设语言环境，采用儿童喜闻乐见的方式教授普通话，聚焦"听懂、会说、敢说、会用"目标，让孩子在学前扫清语言障碍。

第三，积极调动各方面力量，充分发挥信息技术优势。中小学校是普通话推广的重要平台，除了能够完成对学生的语言教育功能，还对社会和家庭产生辐射带动作用，通过学生帮助家长学习提高普通话水平。高等学校与贫困地区结对帮扶，利用优质教育资源开展语言扶贫工作。比如，上海外国语大学与云南省墨江县签署了校地合作备忘录，在师资培训、干部培训、招生、文化交流、研究生支教等方面建立长期对口帮扶关系。上外充分发挥自身的外语学科优势，通过"请进来"和"走出去"两种方式，一方面接收墨江县选派的中学英语教师到上海培训，另一方面以大学生社会实践平台为抓手，通过研究生支教项目、暑期大学生社会实践等方式到墨江各中小学开展暑期英语特色支教活动。一些科技公司也积极参与到语言扶贫事业当中，比如，科大讯飞充分利用最新人工智能技术，研发"语言扶贫 App"等一系列语言学习类应用成果，目前"语言扶贫 App"已在云南、贵州、新疆、四川等地广泛使用，为促进各民族交往、交流、交融做出了重要贡献。

三　中国少数民族地区的推普脱贫

全面建成小康社会，一个民族都不能少。受历史、地理等因素影响，我国少数民族地区处于相对落后的状况，深度贫困地区多为民族地区、边疆地区。全国 334 个深度贫困县中，少数民族县有 113 个；全国 14 个集中连片特困地区，有 11 个位于民族地区或包含民族自治地方。国家主席习近平不断强调，"让人民过上幸福美好的生活是我们的奋斗目标，全面建成小康社会，一个民族、一个家庭、一个人都不能少""要把扶贫攻坚、抓紧、抓准抓到位，坚持精准扶贫，倒排工期，算好明细账，决不让一个少数民族、一个地区掉队""全面实现小康，少数民族一个都不能少，一个都不能掉队"。

早在 2010 年，世界银行研究教育问题的经济学家哈里·帕特里诺斯在纽约联合国总部发表题为《土著人民，贫困与发展》的研究报告，高度赞扬中国在少数民族地区的扶贫工作，认为中国少数民族人口中的贫困比例将快速降低，少数民族地区与中国经济发达地区之间的贫困差距"正在缩小"。该报告研究了中国壮族、满族、回族、苗族和维吾尔族五大少数民族的有关情况后认为，中国实施了对少数民族有利的政策，将使越来越多的少数民族人口脱贫，这些政策包括：增加了少数民族人口参政议政的机会；放松了对少数民族生育的限制；中国大专院校对录取少数民族考生实行加分，并对考入大学的少数民族学生提供助学金等。

2020 年，中国人口较少民族全部实现整族脱贫，历史性告别绝对贫困。少数民族地区的扶贫工作不是简单地给钱给物，而是通过多种途径建立起长效机制，比如，开展新型职业农民培训、务工人员技能培训，使一大批群众就业门路越来越宽。随着国家精准扶贫精准脱贫战略在少数民族地区的深入推进，普通话不通已经成为制约民族地区个人脱贫致富的重要障碍之一，推动普通话在民族地区的普及，打破由于语言不通而形成的封闭环境，形成统一市场，促进经济发展，具有十分重要的意义。语言不通会严重地限制少数民族地区的群众与外界的交流，对于大众的传媒工具如广播、电视、电话、报纸的利用也很少，获取外界信息的渠道更加闭塞，通用语言能力难以得到提升，形成恶性循环。

少数民族地区的推普脱贫能够有效地打破这种恶性循环。近几年，教育部、国家语委等九个部门每年都会在贫困地区举办推普周，并支持全国各省区开展推普下乡等活动，相关部门多次前往"三区三州"等深度贫困地区开展推普脱贫攻坚专项调研，以普通话专项培训为重点，以"送培下乡"、"送教上门"、普通话培训与实用技能培训相结合等方式为主，以其他各类语言文字培训向贫困地区倾斜为补充，构建全方位多层次培训体系。精准聚焦两类重点人群，即 3—6 岁学前儿童和教师、基层干部、青壮年农牧民，精心谋划，推动实施"童语同音"计划，举办少数民族地区双语教师普通话提升国培班和委培班、青壮年农牧民普通话专项培训等，每年培训人数达 100 多万人。① 截至 2020 年，普通话在全国范围内普及率已达到 80.72%，识字人口使用规范汉字的比例超过 95%，文盲率从中华人民共和国成立之初的 80% 以上下降至 4%，各民族各地区交流交往的语言障碍基本消除，语言生活和谐健康。②

凉山彝族自治州是全国最大的彝族聚居区，是全国贫困程度最深、脱贫难度最大的地区之一。区域内的彝族群众很多不会说也听不懂普通话，因此，凉山州把推广普通话作为开展教育扶贫、阻断贫困代际传递的重要举措，充分发挥"语言之力"在助力脱贫攻坚方面的重要作用，实施贫困家庭劳动力普通话培训行动，依托职业技校、各级党校和农民夜校、"火塘夜话"等平台，大力开展普通话培训。截至 2021 年 4 月，累计培训 3 万余名青壮年农牧民，贫困家庭新增劳动力人口学普说普意识明显增强，初步具备沟通交流能力，有力地促进劳动力基本素质的提高、职业技能的提升、就业能力的增强，为提升"造血"能力打好语言基础。③ 作为国务院扶贫办、教育部"学前学会普通话"试点地区，多方筹措累计投入资金 40 亿元设立 2890 多个"一村一幼"，全面落实辅导员劳务报酬、社保、绩效补助等待遇，学前学普累计惠及 40 余万学前儿童，为彝家孩子铺就"出山路"。此外，通过"小手牵大手"辐射家庭，让每一名学生都成为普通话的宣传员、教练员和监督员，逐步减少不会国家通用语言文字人口存量。

中国在推普脱贫的同时，十分重视少数民族语言文化的保护和开发。2018 年，中国政府和联合国教科文组织在长沙共同举办首届世界语言资源保护大会，讨论通过了《岳麓宣言（草案）》。《岳麓宣言》

---

① 资料来源：教育部语用司：《推普脱贫攻坚工作综述》。

② 王家源等：《围绕国家发展大局　服务经济社会发展——新中国成立以来我国语言文字事业发展综述》，《中国教育报》2020 年 10 月 14 日第 1 版。

③ 资料来源：四川省教育厅。

于次年正式发布，是联合国教科文组织首个以"保护语言多样性"为主题的重要永久性文件。少数民族语言文字在双语教育、行政、立法和司法、新闻出版、文学艺术、广播影视、信息化等领域得到了广泛的使用，少数民族群众使用和发展本民族语言文字的权利得到了保障。全国人民代表大会、全国政协会议以及党代会，都为少数民族代表提供蒙古、藏、维吾尔、哈萨克、朝鲜、彝、壮7种少数民族文字的文件译本和同声翻译，选举票和表决票同时使用汉文和这7种民族文字。有关省（市）和州（盟）、旗（县）人大政协"两会"也向与会代表和委员提供当地相关少数民族文字译本和同声传译，中央人民广播电台和地方广播电台每天用21种少数民族语言进行播音。① 推进国家通用语言文字教育与保护少数民族语言文化并行不悖，教育符合民族教育发展规律，不存在违背少数民族学生认知规律的问题。

---

① 国务院新闻办公室：《中国少数民族文化的保护与发展》。

第五章

语言与国际经济话语权建构

《左传》有云："若敬行其礼，道之以文辞，以靖诸侯，兵可以弭。"语言作为话语的载体，被用来传递信息、交流思想和调节行为，自全球化之初便深刻影响着话语权的实现程度。"冷战"结束之后，世界权力运行范式由硬实力向软实力过渡，语言教育在国家软实力中的重要地位随之凸显出来。

改革开放后，中国顺应时代潮流，高度重视英语教育，其对增强中国软实力和促进经贸往来产生了巨大影响。2001 年中国加入世界贸易组织，经济总量和综合国力日益提升，在全球中的地位越来越高，"汉语热"随之持续升温，中文在国际贸易中的应用场景越来越广。

与此同时，中国也在不断加深国际事务参与程度，融入更多的国际规则制定决策程序中。共建"一带一路"国际公共产品的顺利推出意味着我国从国际事务参与者到国际机制建设者的转变。但就整体来看，我国在国际经济活动中的话语权力与作为世界第二大经济体、第一大贸易国地位相比仍不相称。互联网时代，应利用好语言的信息传递、国际谈判和规则制定功能，发挥好语言的舆论引导和文化传播作用，积极推动语言产业的发展，使其能够在维护国家形象、处理国际关系和参与全球经济治理方面展现应有之义，提升中国的国际经济话语权。

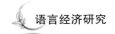

第一节 国际经济话语权理论

话语权的相关研究伴随经济全球化的脚步逐渐增多，语言的学习和普及在其中起到了重要的作用。研究话语权首先要界定好话语权的内涵，其次在当前的国际环境下，要梳理话语权主要受哪些因素影响，最后厘清话语权对于一个主权国家来说究竟会产生哪些作用。在此基础上，可以更好地认识语言与话语权的关系，并为我国建构和提升国际话语权提供建议。

一 话语权的内涵

话语权的研究可以追溯到阿尔都塞（Louis Althusser）的话语理论。在这之后，在语言转向的大背景下关于话语权研究的学者越来越多。近年来，随着我国综合国力的提升，国内学者对国际话语权的内涵以及相关机制也进行了多视角的研究。

（一）话语研究概述

索绪尔（Ferdinand de Saussure）认为语言是表达观念的符号系统。话语的基础性因素是语言，但话语不仅仅是思维符号和交流工具，还是人们斗争与博弈的手段，这就建立了语言和权力之间的联系。权力（Power）一般是指拥有者影响和支配他人的能力。美国哈佛大学教授约瑟夫·奈（Joseph Nye）将权力分为硬权力与软权力两种形态，认为硬权力是指支配性权力，而软权力可概括为导向力、吸引力和效仿力，是指通过非强制性手段，而让他人自愿追求一定目标的能力或吸引力。话语研究是结构主义革命和语言学转向等大背景下的产物，人们抛弃以往那种依据观念去选择字词的思考习惯，改为针对字词来考察观念。20世纪70年代后，话语研究主要有三个走向，拜肖（Michael Pecheux）等的意识形态话语分析、以福柯（Michael Foucault）为首的话语权研究以及布迪厄（Pierre Bourdieu）的语言行为实践论。因此，话语权研究是话语研究的一个重要发展方向和组成部分。

拜肖认为，话语（Discourse）不等于言语（Parole），更不同于语言（Langue），话语是语言在特定社会历史条件下的群体表现形式。它是一种隐匿在人们意识之下，却又暗中支配各个群体不同言语、思想、行为方式的潜在逻辑体系。该逻辑制约语言的特定应用范围，并体现为某种意识形态语义。因此，话语是通过物质生产、社会生活、意识形态斗争逐步形成的，它们彼此也处于冲突纷争状态。如果不能建立自己的一套话语体系，就会被别人的言论逐渐压服而淘汰，而掌握了统治权的阶级往往能建立起符合自己利益的话语秩序和话语规范。

福柯对话语的研究超出了语言学和文学研究中所说的话语概念，认为话语是权力的表现形式，所有权力都是通过话语来实现的。话语不仅是施展权力的工具，同时也是掌握权力的关键，权力与话语不可分割。① 话语能够对话语中的主体及其陈述活动进行支配，包括赋予陈述的权利，限制言说的内容和建构话语的主体。而话语生产出来的客体，就是知识，通过知识逐渐形成一些法则和规范，支配着人们的特定实践，而这中间体现了权力机制的运行。这种权力是一种泛化的概念，充分融入了我们的日常生活，即个体被整体的文化体制所规制。福柯的这些论断主要针对人文学科的知识，他试图告诉我们这些知识的真理性值得怀疑，因为它们是"被建构"出来的，而非具有绝对的确定性。因此，福柯话语权理论分别由"语言、知识、权力"三级构成，其可以用来建构事实，建构思想，甚至建构人的身份、国家的形象，进而影响其认识和行动的能力。

布迪厄认为，社会科学研究要关注话语将某些合法观点强加于人的力量，即社会现实建构过程中话语所具有的依言行事权力及其创造世界的力量。由此看来，话语研究的三个不同方向在与社会实践相结合的分析过程中都有涉及话语权力的问题，区别是角度略有不同。

中国学者对话语权也进行了大量的研究和界定。综合多位学者的观点，可以概括为：话语权是话语权利、话语权力和话语能力"三位一体"的有机结合，话语权利的实现程度、话语权力的集聚状况及话语能力的运用效果都会影响话语权的实现程度。其中最基本的属性是

---

① 吕俊：《翻译研究：从文本理论到权力话语》，《四川外语学院学报》2002 年第 1 期。

权力和权利，权利是话语表达的资格，权力体现在主体行使权利后的影响程度和实现效果，即话语权利是话语权力的基础，话语权力则是话语权利的保障。

（二）国际话语权

在国际舞台上，各国都享有平等的权利，都有对国际事务发表意见的权利，都有参与国际规则制定的权利。但是话语权的竞争更多地体现为多种权力的角逐，权力的背后又涉及多方面利益的博弈，综合表现为国际话语权的竞争。国际话语权是全球化时代的产物，在大航海时代以前，各个国家或地区的信息传递相对困难，话语权的影响范围仅限于局部区域。地理大发现拉开了不同国家相互对话和相互竞争的历史大幕，由此，话语权开始在全球坐标上定位。

随着造船业的进步、工业革命的展开以及殖民活动的深入，西方文化开始扩展到全世界，英语也逐渐成为全球应用最广泛的语言，初步形成了一定的话语权优势。第二次世界大战之后，特别是"冷战"以来，世界权力运行范式发生了重大转折，军事权力的重要性相对下降，以价值观念、意识形态和文化输出为代表的软权力逐渐成为大国博弈的常用工具。此外，信息化的发展使更多的角逐转移到舆论场上。在复杂的国际竞争中，美国以其绝对的优势在经济、政治、文化等各个领域重新塑造了世界秩序，成为国际规则的主要制定者之一，以维护其分布在全球的各种利益网络。

当今世界，国际话语权一般是指一个国家的主张在国际舞台和外交场合的权重与影响力，其内含了一国对国际议程的设置能力、对国际舆论的主导控制能力、对国际事务、国际事件或某种商品的定义及定价权、对各种国际标准和游戏规则的制定权及推行权。梁凯音（2009）将国际话语权定义为以国家利益为核心，就国家事务和国际事务发表意见的权利，体现了知情权、表达权和参与权的综合运用，本质上反映的是一种国际政治权力关系。[①] 史姗姗等（2017）等学者

---

① 梁凯音：《论国际话语权与中国拓展国际话语权的新思路》，《当代世界与社会主义》2009 年第 3 期。

认为，国际话语权是全球化时代国家综合实力的新表征，反映了主权国家在世界范围内维护其价值观念、利益主张和发展要求的话语影响力，本质上是主权国家国际影响力的话语表现。国际话语权内在地包含国际话语权利的主张、国际话语权力的掌控及国际话语能力的运用这三个支撑点。① 其他学者对国际话语权的内涵界定也基本都是从国家利益的角度出发，逐渐达成了一定的共识。本书认为，国际话语权是主权国家或特定主体为维护其利益主张通过各种传播渠道将蕴含一定理念的话语渗透到国际社会中的一种软实力。

不同的机构与专业领域随着知识的积累逐步形成了不同的话语系统，因此国际话语权在政治、经济、军事、外交、科技、文化、生态、学术、传媒、国际制度等各个领域都有所体现，其核心反映的是一种国际政治权力关系。张焕萍（2015）提出国际话语权可以分为国际制度话语权、媒介话语权、学术话语权、文化话语权和民间话语权五个范畴。② 其中制度话语权就是利用国际规范、国际制度和机制来使自身话语合法化、权威化，从而限制他人、维护自身利益的一种力量；学术话语权包括指引导向权、鉴定评判权和行动支配权；媒介话语权也被称为第四权，指在"行政权、立法权、司法权"之外的第四种政治权力；民间话语权又可分为国际性民间组织话语权和国内民间组织话语权。左凤荣（2019）将国际话语权分为制度性话语权和舆论性话语权。③ 制度性话语权反映的是一个国家在国际机制中的地位与作用，舆论性话语权主要是就话语内容的吸引力、影响力和感召力而言的。

此外，国际话语权在全球各个经济体中的分布会影响其性质，在极端状态下会形成话语霸权，就是在表达某个观点时，用居高临下的态势向受众灌输某种意念，强制接受，先入为主。非话语霸权则不具有排他性，其权力主体追求的是不同话语主体间平等的对话交流。

（三）国际经济话语权

在众多的国际话语权当中，相较于偏重软性建构的国际政治话语

---

① 史姗姗等：《国际话语权的生成逻辑》，《马克思主义与现实》2017 年第 5 期。
② 张焕萍：《论国际话语权的架构》，《对外传播》2015 年第 5 期。
③ 左凤荣：《全球经济治理中的国际话语权》，《学习时报》2019 年第 2 期。

权和国际文化话语权，国际经济话语权对一个国家有更为直接、深刻的影响。国际经济话语权是指在特定的国际关系格局内某主体拥有的制定经济规则和维护该经济规则秩序运行的权力。[①] 金融与经济密不可分，是经济体系的一个重要组成部分，国际金融话语权的本质是基于现行的国际政治经济权力格局和国际金融体系框架，一国政府通过在国际公共空间或非公开场合自由传播意识形态、独立表达政治立场和定义国际经济事务，参与国际金融游戏规则的制定和修改，主导国际金融资产的市场定价，在动态博弈中对其他国家施加有效的政治、经济及金融影响，以获取最大化国际金融利益的一种综合能力。[②] 本书认为，国际经济话语权离不开整体的国际话语权环境，对国际商品的供应能力、对国际经济议题和议程的设置、对国际舆论的引导控制、对国际经济事务的观点研判、对全球经济治理的公共产品提供以及对国际贸易标准和国际金融规则的制定等都会影响一国的国际经济话语权。

大航海时代至今的近 500 多年来，在人类现代化进程中的大舞台上，相继出现了 10 个世界性大国，它们是葡萄牙、西班牙、荷兰、英国、法国、德国、美国、日本、俄罗斯和中国。按时代的不同，其国际经济话语权获得的方式也不同。西班牙、葡萄牙在大航海时代以武力垄断商路的形式控制着整个世界殖民贸易体系，而世界上第一个资本主义国家荷兰通过一系列金融制度和商贸规则深刻地影响了西欧经济走向，工业革命使英国成为世界工厂，殖民扩张和商品输出使其第一次有了现代意义上的国际经济话语权，英语开始走向世界。两次世界大战后，美国以其绝对的经济优势重构了国际经济秩序，至今仍掌握绝大多数的经济话语权。这其中法国、德国、日本、俄罗斯在相应的历史时期都有在某个领域的经济话语权，也都有殖民掠夺的积累，唯有中国的崛起是和平发展而来，中国的国际经济话语权正在凭借其强大的国际商品供应链能力一步步提升，正在逐渐修正不合理的

---

① 黄景源：《国际经济话语权及其影响因素研究》，硕士学位论文，中共中央党校，2016 年。

② 张谊浩等：《国际金融话语权及中国方略》，《世界经济与政治》2012 年第 1 期。

国际经济旧秩序。如中国提出的"一带一路"倡议、提议成立的亚洲基础设施投资银行，即是对现行世界经济体系提供的最新公共产品，两者充分结合了国内国际两个大局，旨在推动全球经济治理体系朝着更加公正合理的方向发展。

表 5-1　近 500 年世界主要大国经济话语权获取途径与语言特点

国家	语言（是否为联合国工作语言）	获取国际经济话语权途径	语言特点
葡萄牙	葡萄牙语（否）	殖民掠夺	葡萄牙语是继英语和西班牙语之后世界上使用最广泛的语种之一
西班牙	西班牙语（是）	殖民掠夺	西班牙语为联合国工作语言，全球使用人数仅排在中文之后
荷兰	荷兰语（否）	殖民掠夺、商贸规则、金融制度	荷兰语介于德语和英语之间
英国	英语（是）	殖民掠夺、商贸规则、金融制度、工业革命、英镑	英语是联合国第一发言语言，全球语言分布面积最广，是主权国家作为官方语言最多的语种，但母语者数量居世界第三，仅次于汉语、西班牙语。
法国	法语（是）	殖民掠夺、工业革命、启蒙运动、法国大革命	法语是联合国第一书写语言，全球语言分布面积仅次于英语，非洲近半数国家也将法语定为官方语言
德国	德语（否）	殖民掠夺、工业革命、马歇尔计划、职业教育	使用德语的人数占世界人口的 3.01%，以使用国家数量来算是世界排名第六的语言
美国	英语（是）	殖民掠夺、工业革命、国际组织、文化输出、美元、科技创新	进一步推动了英语在全球的传播
日本	日语（否）	殖民掠夺、产业政策	日本语的语汇中，日本语占 36.6%、汉语占 53.6%

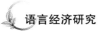
续表

国家	语言（是否为联合国工作语言）	获取国际经济话语权途径	语言特点
俄罗斯	俄语（是）	殖民掠夺、工业革命、国土资源	联合国工作语言
中国	汉语（是）	改革开放、产业政策、世界工厂、科技创新	联合国工作语言，世界上作为第一语言使用人数最多的语言

资料来源：根据笔者整理。

二　国际经济话语权的影响因素

国际经济话语权是一个国家文化软实力的重要组成部分。南希·斯诺（Nancy Snow）认为，衡量一国软实力有三个维度：一是该国是否通过其国内和国际行为赢得公信力；二是该国文化和观念是否符合全球流行标准；三是该国是否有能力运用全球传播渠道影响新闻的报道框架。按此逻辑，影响一国国际经济话语权的因素也可以概括为三个方面：首先，得有一定的综合国力来保证话语权利的实现，即能够说得出；其次，话语质量，话语内容要符合逻辑，要说得精准；最后，传播能力，话语要具有普适性，要传得开。因此，一国国际经济话语权大小体现为一个主权国家在国际经济事务中能不能够表达自己的观点，这主要取决于内在的经济实力强弱，如国际商品的提供能力、本国货币的国际化程度和国际金融资产的定价能力等。而话语是否得到认同以及能否广为传播、影响更多的主体则主要取决于其外在经济权力的运用效果，如国际经济议题的设定能力、国际经济规则的制定权力和国际经济行为的裁定能力等。

（一）综合国力

大国综合国力的兴衰更替伴随着国际经济话语权的消长与演变，故国际经济话语权的首要影响因素是综合国力，其在很大程度上决定了话语权利的实现，影响着话语权力的大小。综合国力包括硬实力和软实力，硬实力主要是指经济发达程度和科技领先程度，软实力主要指文化价值观念以及意识形态的被认可程度。综合国力是主权国家国际经济话语权的重要支撑，使主权国家可以按照自身的利益标准自主发声、阐释立场以及参与国际规则制定。弱国无外交，没有综合国力的保障基础，在国际舞台中就没有发言权。即使有发言权，影响也极其有限，只能成为话语依附国或话语弱势国，话语权利形不成话语权力。而综合国力强盛的国家可以将经济甚至文化中的隐性资源转化为话语权力。美国在第二次世界大战后凭借其综合国力有着强大的国际商品提供能力，通过建立关贸总协定、成立国际货币基金组织和世界银行独霸全球经济话语权。

但是，综合国力的强弱不一定与国际经济话语权呈绝对的正相关关系。一方面，综合国力较强的国家不一定有较强的话语权。从时间上看，全球化时代之前综合国力基本不可能形成国际经济话语权，国际交流往往受制于交通工具和语言障碍，无法实现综合国力与国际经济话语权的顺畅衔接；从空间上看，即使在全球化时代，一些国家实行封闭的孤立主义政策，缺乏将综合国力转化为国际经济话语权的主观意愿。而对于当前的新兴市场国家，其国际经济话语权的发展也囿于旧格局体系之中而停滞不前。另一方面，一些综合国力不是特别靠前的国家在某些领域却占据着一定的国际经济话语权。如北欧的一些国家，在气候治理问题上就有较多的话语论述；中东一些媒体发达的国家在某些特别报道上也具有专门的话语权。因此，国际经济话语权的建构有其自身的独特演变逻辑，每个国家在一定的物质基础上都有可能成为国家话语权中的一极。对于我国来说，如何将综合国力转化为话语权力，扩大话语的现实影响力，则是对目前国际话语能力的考验。

此外，综合国力具体到国际经济话语权上还体现为国际经济行为的裁定能力。一是指判断某国的贸易行为是否合乎规则，二是指假如某国的贸易规则不合乎规定，是否有能力通过经济手段使这一国家回归规则。这种裁定能力在当前更多地出现于国际贸易当中，或者是由政治事件或其他事件而引发的经济制裁或经济封锁。裁定能力或经济制裁的前提是该国在国际组织中有绝对的投票权或者该国综合国力较强，有商品、原材料供应的垄断优势或者某科技专利的特权。

（二）话语质量

话语本身总是一定立场或某种价值的体现，首先在语法上要精准，其次应该在内容上有逻辑。在语言学、语义学意义上的话语结构层面追求最充分的话语要素整合，这些要素包括话语所运用的概念、所选择的论述对象或议题、对事实的陈述、对规则的把握等。首先，话语要有科学依据，有深入的学术论证和学理支撑，应该符合最基本的当前科学理解。其次，话语要具有普适性，要有足够的战略空间。话语是否能产生权力，很大程度上在于它所包含的价值观是否被大多数主体认同。最后，话语要具有一定的创新性。在现有的话语体系下，中国在国际上的话语一定程度上受制于西方的观念和意识形态，在部分国际议题上总是很被动。事实上，我们在很多问题上具有话语优势，应该把本土的这些话语资源创新性地放置到国际舞台上来，主动设定国际经济议题。

单就话语创新而言，现实中很多国际经济议题的设置和国际经济规则的制定都与国家间话语竞争相关。我们当下的很多热议话题，像气候变化、全球经济治理、贫困问题等都是首先来自西方。要破除旧有的话语格局，提升话语的影响力就必须提升话语的创新性。对于话语的使用者而言，越是有系统地运用属于自己的话语，就越能主动地获得由这种话语所带来的权力。如果只是做他人话语的追随者，则很难获得属于自己的话语权。[1] 应持续在国际局势概况、国际关系变动、国际社会发展趋势和基本规律上发表独到的思想见解，形成具有广泛影响力的新议题、新观点和新理论，以此提升我国国际经济话语权。[2] 当然，在追求创新的同时，也要在现代化、国际化与中国自己的传统文化之间取得平衡。

话语质量不仅仅局限于话语本身的思想，话语要传播就得翻译成多种语言，翻译后的观点也需要重视，这就需要考虑话语的转换。首先，形式上的转换，即将本国语言转化为多个国家的语言。一种话语

---

① 张志洲：《话语质量：提升国际话语权的关键》，《红旗文稿》2010 年第 14 期。
② 赵葵萍：《提升中国国际话语权 重在话语创新》，《社科纵横》2017 年第 1 期。

往往在国内非常正确，人们很容易理解，但是在转换的过程中由于各个国家社会环境和人文差异导致其在理解上可能会出现歧义。因此，在翻译的过程中，我们要尽可能地把自己的话语在不改变本质含义的情况下转变为当地通俗可接受的话语。其次，内容上的转换，这种内容上的转换不是改变本意，而是说要融入世界体系，要将自己的观点转化为国际主流话语。当然，这种转换也要考虑话语的逻辑性和话语的普适性。此外，话语阐述或话语文本发表的主体、时机与场合也会影响话语质量。

有学者从语言学视角分析了话语权对言语交际的影响，言语交际的好坏本质上是话语质量的体现。话语权在言说顺序、言说机遇、言说内容、言说方式、言说效果五方面影响着言语交际。如果忽视了话语权的影响就可能导致表达的不力和理解的缺失，最终造成言语交际的失败。[①] 在外交场合，国际经济话语权的表现方式为言语交际模式和外交人员对交际策略的选择。为保证交际的顺利进行，与他国形成良好的双边关系，语言应用者必须共同遵守一些基本原则，而这些原则更多地体现为话语权强势国的理念。

（三）国际传播能力

传播能力可以说是国家硬实力与软实力综合效应的集中体现。国际话语传播是指话语在世界范围内进行集散和流转。从发出话语观点到话语被广泛传播，意味着主权国家在信息处理技术、话语竞争能力、舆论调控水平等各方面具有独特优势。话语传播优势类似于经济中的投资乘数，可以将本国的话语影响放大数倍，更容易成为话语引领者。缺乏传播平台与渠道，不懂得传播的方式与规律就会在国际舞台上很被动，致使综合国力不能助推话语权力，不能正确引导国际舆论，阻碍话语权的形成。

国际话语传播体系主要由传播技术、传播平台、传播主体和传播资源四个方面组成。传播技术的实力决定话语传播系统的先进程度，直接助力话语的价值保鲜性和可靠传递性，是一国科技文化实力的反

---

① 赵雅茹：《话语权的语言学研究》，硕士学位论文，陕西师范大学，2011年。

映。传播技术不平衡带来国家间的"数字鸿沟"会导致国家间传播能力的不平衡，导致信息势差，从而不利于国际经济话语权的公平竞争；传播平台是话语信息的发布和集散地，它往往与人们的日常交流和资讯相结合，通过筛选和把关话语信息，实现话语信息的精准定向流动和目标导向，成为国际经济话语权重要的竞争阵地；传播主体是话语调控的具体实践者，政府、媒体、各种社会组织、民间集体乃至个人都可以作为国际传播主体。传播资源包括用于话语处置和运作的各种要素，应丰富国内媒体生态，整合国际各种传播资源，利用好现有的传播平台，积极融入世界传播体系，提高国际话语传播的覆盖面。[①] 在移动互联和融媒体时代，人人都可以成为信息的生成者和传播者，都可以为国际经济规则的制定进行评论，都在或多或少地影响着一国国际经济话语权的形成。

海外投资项目情况乃至一国本地的营商环境变化如果能够正确而广泛地传播到世界各地，那么就可以减少双边或多边投资方之间的信息不对称问题，就可以更容易地在东道国开展项目投资，从而有助于更多国家的经济发展。时至今日，虽然西方发达国家人口数量只占不到全球人口总数的两成，但美联社、合众国际社、路透社、法新社等西方主流通讯社仍然垄断着世界大部分地区的新闻；汉语使用人数在全球排名第二（见图5-1），而国际上以汉语为传播符号的信息量却只占总量的5%左右。[②] 这就表明国际传播格局仍然被西方媒体所掌控，包括中国在内的广大发展中国家在国际传播领域处于一种很不利的地位。在世界前十大语言中，英语是使用人数最多的语种，世界上有60多个国家将其作为第二语言，这与早期的征服、殖民历史、近代的移民趋势以及国家的语言政策有关。如今的英语是多种语言的混合，也是不同母语背景之间常用的沟通语种，影响力仍在不断扩大。

[①] 史姗姗等：《国际话语权的生成逻辑》，《马克思主义与现实》2017年第5期。

[②] 陈正良：《软实力发展战略视阈下的中国国际话语权研究》，人民出版社2016年版，第264—265页。

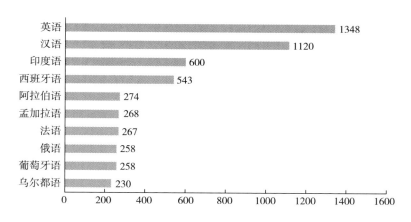

图 5-1　世界前十大语言使用人数

资料来源：Ethnologue：Languages of the World。

实际上，至少有两个国家的媒体对这种垄断局势有一定的突破。俄罗斯 2005 年成立今日俄罗斯国家广播公司，分为美国台和国际台，前期也是采用传统的方法，展示俄罗斯取得的成就，驳斥外部世界对俄罗斯的种种质疑，但是不能产生国际影响力，还会产生逆火效应。然后开始反守为攻，就是我不去反驳你的观点，而是提出新问题，通过这种形式反而收到了不错的反响。卡塔尔半岛电视台于 1996 年成立，他们邀请观点对立的学者进行演说或邀请一些非主流的学者常驻电台，从而形成舆论的另一种声音，在国际新闻舆论上也有一定的话语权，这两种媒体的传播形式都具有启示意义。

三　国际经济话语权的重要作用

国际经济话语权是世界各国在对外交往中软实力的一个体现，无论大国小国都在谋求一定领域的话语权。在国家形态以及国家认同的发展与演变过程中，话语权是一个不可低估的力量。对于具体国家来说，拥有国际经济话语权可以维护其国家利益和国家形象，在复杂的国际关系中保持自己的独立性，从而深度参与到全球经济治理当中，为人类命运共同体出谋划策。

（一）国家形象

国家形象是一个国家对自己的认知以及国际体系中其他行为体对

其认知博弈的结合，是在社会交往与互动中一系列信息输入和输出产生的结果，是一个结构十分明确的信息资本。美国政治学家布丁（Boulding，K. E.）认为，国家形象是国家软实力的重要组成部分，可以体现这个国家的综合实力和国际影响力。因此，国家形象的塑造与传播深受各国政府的重视。特别地，在经济全球化和社会信息化的时代背景下，形象与威望成为一个国家真实的国际战略资源。

国际经济话语权是一个国家建构自己国际身份或国际形象的重要手段，每一个国家都会用自己的话语向国际社会表明自己的国家身份定位。国际经济话语权可以影响国外公众对其国家本身、国家行为、国家的各项活动及成果的总体评价和认定，在国际形象塑造中具有重要作用。面对相同的客观基础，一国如果有较强的国际经济话语权，就能将自己的话语有效渗透到国际社会中，既有利于促进一国的民族文化传播、增进国际理解和认同，也有助于本国的海外投资，保证本国的经济利益主体在国际市场上不被不公平的规则对待和处理，从而对本国国际形象塑造产生较大甚至是决定性的影响。此外，较强的国际经济话语权也有利于经济议题设置，引导国际舆论，摆脱总是回应议题的被动局面。

同一个事实，通过具有不同价值倾向的话语来表达，其内涵就可能截然不同。中国作为一个正在崛起的大国，势必会越来越频繁地出现在全球媒介信息之中。由于中国的文化传统、经济环境和政治制度都与目前拥有较强话语权的西方国家明显不同，加上媒体本身所具有的特性，这就导致其在对中国报道时常常使用灰黑滤镜，有关中国的一些议题往往被一直处于文化优越、经济优越和制度优越感中的西方媒介所掩盖、重塑和放大。在当前中国媒介话语权不充分的情况下，如果不能够很好地引导国际舆论，就会处于"被定位"的状况。像"历史终结论""中国威胁论""文明冲突论"等西方制造的话语舆论就对中国的国际形象造成了一定的负面影响。

（二）国际经济关系

具有现代化意义的国际关系始于1648年签订的《威斯特伐利亚条约》，随后逐渐从欧洲开始向整个世界扩展开来。国际关系是国际行为主体之间关系的总称，包括政治关系、经济关系、民族关系、军事关系、文化关系、宗教关系、地域关系等。其中，国际政治关系是最重要和最活跃的关系，国际经济关系是最基本的关系。[①] 国际经济关系是指在开放经济条件下，为了实现国家利益最大化和全球利益的均衡化，国家之间的商品、资本、其他生产要素的流动所形成的经济联系。经济全球化、国际投资、贸易保护主义、气候变化、金融霸权、汇率操纵等都是国际经济关系范畴研究的议题。在"一带一路"倡议提出以后，西方社会利用其话语权优势不断制造各种言论来抹黑中国，如"债务陷阱""新殖民主义论"等深刻影响着"一带一路"共建国家和地区的对华关系形势。而双边关系的亲疏直接影响两国的经贸往来。因此，话语权在国际经济关系中扮演着重要的角色。

无论是国际经济话语权利的相关方、国际经济话语权力的作用方，还是国际话语能力的比较方都必须依托国际话语关系而存在。国际经济话语权本身也是个关系范畴，国际经济话语权的掌控者同时也是国际话语关系和国际利益关系的主导者。福柯话语权理论的价值在于其揭示了话语作为一种社会实践所具有的建构功能和权力特征，即掌握话语权的国家可以制造经济议题并在国际社会广为传播，最终以非暴力、非强制的方式改变他人他国的思想、行为，影响国际经济关系格局。正因为国际经济话语权的这种效用，一些国家和集团组织予以特殊的青睐，并充分运用于国际经济关系的政策实践中，成功地将对手的力量化解于无形，使话语对象不自觉地遵循着事先确定的方向和规则去改变，最终实现自己的目的。[②] 随着全球经济的发展，特别是互联网的普及与信息化革命，国际经济话语权对国际经济关系的影响越来越深。一些国际经济话语权强势国通过价值观念输出主导议程设置，通过签署相关经贸协定建立国际同盟，通过政府间的国际经济组织或非政府组织凭借绝对话语权区别对待不同国家主体，增强其在国际社会中的政治权力，钳制异议、压服歧见，深刻影响着国际经济

---

① 郑建邦：《国际关系辞典》，中国广播电视出版社 1992 年版。
② 陈正良：《国际话语权对国家软实力影响效用探赜》，《观察与思考》2017 年第 1 期。

关系的走向。

国际经济话语权对国际关系的影响还体现在外交层面。近年来，中国日益重视国际经济话语权，在外交实践方面通过不同路径不断提高中国的国际经济话语权，如提高话语质量、改变语言风格、扩大制度性权力、创新外交实践等。经济外交是主权国家元首、政府首脑、政府各个部门的官员以及专门的外交机构，围绕国际经济问题开展的访问、谈判、签订条约、参加国际会议和国际经济组织等多边和双边的活动。经济外交有两种表现形式：一是指国家为实现其经济目标而进行的外交活动，即以外交为手段，为国家谋求经济上的利益，如加入国际经济组织扩大对外贸易、引进外国技术与资金、消除外国对本国商品的歧视等；二是指为提高本国的国际地位而进行的经济活动，即以经济为手段，为国家谋求对外关系上的利益，如通过对发展中国家提供经济技术援助，以提高本国的国际地位、扩大在国际经济问题上的发言权等。国际经济话语权的提升可以在国际层面减少不必要的质疑、担忧、疑虑甚至摩擦，为未来与其他经贸国家的关系进一步发展营造了良好的话语环境①，促进国际经济合作。

（三）全球经济治理

联合国全球经济治理委员会在《天涯成比邻》项目中将全球治理定义为：个人和机构、公共和私人管理一系列共同事务方式的总和，它是一种可以持续调和冲突或多样利益诉求并采取合作行为的过程。全球治理的核心要素包括价值、规制、主体、客体和效果。价值即在全球范围内所要达到的理想目标，规制即实现人类普世价值的规则体系，主体即制定和实施全球规制的组织机构，客体指已经影响或者将要影响全人类的、很难依靠单个国家得以解决的跨国性问题，效果是指对全球治理绩效的综合评估。而全球经济治理包含全球治理中的每一个要素，旨在推进有关金融稳定、社会发展以及环境保护等问题的治理。国际经济话语权是一个国家实力、国际影响力和感召力的综合反

---

① 孙吉胜：《中国国际话语权的塑造与提升路径——以党的十八大以来的中国外交实践为例》，《世界经济与政治》2019 年第 3 期。

映，也是国家参与全球经济治理的重要抓手，掌握了国际经济话语权意味着在全球经济治理中掌握了更多的主动权、发言权和影响力①，可以更有效地解决全球治理问题。

国际经济话语权影响着全球经济治理的每一个核心要素。在全球经济治理中发挥主导作用的国家在国际经济话语权上一般也处于强势地位。因此，全球经济治理的主体，无论是政府部门还是非政府国际组织，拥有国际经济话语权的主体会在制定和解释各种国际游戏规则的复杂竞争中获得主导权，会引领更多客体，利于本国或主体本身价值观念和政策主张输出，扩大理念贡献。语言是各国参与全球经济治理、提高国际经济话语权的重要基础。语言版图的改变、语言的兴衰会对全球经济治理的效果产生影响，有广泛应用基础的语言会在全球经济治理方面输出更多的观点和议题。

当前人类面临的各种全球性问题，如地区安全、生态环保、贸易保护、跨国犯罪、气候变化等必须在全球合作的基础上进行共同治理才能解决。在共同治理的过程中，有涉及资源投入的话语权，有智库、学术会议和相关评级组织形成的话语权，还有隐性的政治话语权，而目前这些话语权的分布格局非常不均衡。部分有发言权主体的理念得不到重视，一些好的体制方案常常被既得利益者所压制，而话语霸权者则经常打着全球经济治理的旗号利用话语优势愚弄全球，这会阻碍全球共同治理的共识的达成，比如"金德尔伯格陷阱"。所谓"金德尔伯格陷阱"，是由美国智库学者约瑟夫·奈重提的一个概念，指在曾经具有世界领袖地位的大国衰落之际，如果新兴大国无力提供必要的全球公共产品，就会使世界治理的领导力真空，进而造成全球经济混乱和政治失序。用这样的逻辑来评判中国，认为中国不愿承担目前美国无力负责的重要国际公共产品的供给，其实是以话语优势将世界各国对全球经济治理的担忧抛给中国。

全球经济治理既要有较强话语权的世界大国引领方向，也必须符合多数国家的核心利益。一方面，世界发展需要各国团结协作，更需要领

---

① 左凤荣：《全球经济治理中的国际话语权》，《学习时报》2019 年第 2 期。

导者能够引领发展方向。世界大国能提供发展所需的更多公共产品,世界大国能组织更大规模的协调和合作。另一方面,国际经济话语权不是国家实力强所必然产生的,只有在实践中得到广大国家的认可,得到大多数国家的拥护,国际经济话语权才能逐渐形成。随着中国在世界经济中地位的不断提升,积极参与全球经济治理,与更多新兴经济体和广大发展中国家一道争取更多的话语权是应有之义。[①] 作为负责任的大国,中国一直在不遗余力地贡献自己的智慧和力量,积极提供与自身实力相匹配的国际公共产品。中国向世界提出了"构建人类命运共同体"的全球经济治理新理念,提出"一带一路"倡议,这是建构国际经济话语权的重要途径,也是破解"金德尔伯格陷阱"的最佳实践。

在当前的全球经济治理体系中,面对贫困、战争、恐怖主义等问题,西方国家拿不出切实有效的对策,西方政治话语在国际上越发苍白无力,全球经济治理亟待朝着更加公正合理、普惠共赢的方向改革完善。随着新兴经济体的发展,世界经济格局的重心在向东转移,新兴国家参与全球经济治理的意愿与能力都在增强,新一轮技术升级将催生大量新产业和新模式,国际经济话语权竞争的局面一定会越来越激烈,这样的国际环境为中国提升国际经济话语权提供了重要的战略机遇。当然,全球经济治理体系是由全球共建共享的,不可能由哪一个国家独自掌握。在一个权力更加分散的国际体系中,任何一个国家都无力单独为世界提供一整套国际公共产品。应积极参与全球经济治理体系改革,在维护多边贸易体制、推动新兴领域经济治理规则制定、构建面向全球的高标准自由贸易区网络等方面,不断贡献中国的智慧和力量。

第二节　语言在国际经济话语权中的价值实现

语言本身具有经济属性和政治属性,将语言运用到国际经济话语

---

① 蔡昉:《金德尔伯格陷阱还是伊斯特利悲剧——全球公共品及其提供方式和中国方案》,《世界经济与政治》2017 年第 10 期。

权中也会产生相应的经济效益和政治效力。其中经济效益体现在语言可以传递信息，逐渐形成声誉机制，强化国际经济话语权；语言可以降低谈判成本，创新的、先行一步的话语表达和议题设置可以占据战略制高点，获取外围的谈判筹码；语言普及到一定规模还可以进行制度套利。政治效力主要围绕当前国际话语格局展开，舆论引导、框架效应是指话语强势国利用其语言优势和话语权优势对话语依附国和话语弱势国的影响，既有正面效果，也有负面作用，关键在于使用主体是否为话语霸权国。而"寒蝉效应"和双重标准则是话语霸权国的常用政治手段。

一 语言在国际经济话语权中的经济效益

语言的经济效益是指语言在使用过程中产生的经济价值和经济效用。随着全球化进程的持续推进，语言在国际经济话语权中的经济价值越发凸显。语言是话语的基本生产材料，具有可持续性和无限延展性。其作为一种潜在资本，对社会信息交互、国家间的利益博弈以及宏观的营商环境都起着关键作用。

（一）降低信息不对称

恩格斯认为，劳动为语言的产生提供了心理和生理上的条件，也产生了语言的社会需要。在劳动的过程中，需要交流和配合，对于一些复杂的信息可能需要记录，这是语言最本质的经济效益。随着生产力的不断提高，国际经济分工不断细化，合作程度不断加深。其中垂直专业化的国际生产分工替代了传统的产品垂直贸易，跨国公司成为国际贸易与国际投资等经济活动的主体，语言的跨国运用与经济的联系也越来越密切。信息经济学的开拓者雅各布·马尔沙克（Jacob Marschak）于 1965 年在致力于信息经济学的研究时揭示了语言的经济学性质，认为语言具有与其他资源一样的经济特性，即价值、效用、费用和收益。每种语言都能为使用者的经济效益服务，但其经济价值却有高低之分。影响语言经济价值大小的因素既受国家间竞争结果的影响，也和语言在各种任务、各种职业和各部门的使用程度和供求法则有关。

从企业层面来看，语言的经济效益可以体现在增强其品牌效应，有助于在国际某领域形成一定的垄断话语权。语言是信息传递的载体，信息生成和发送有必然的内在规律。信息传递的过程涉及语言发送者、信息媒介和语言接受者。信息发送者通过一定的媒介或平台进入具体的交际环境，接受者收到信息并给予反馈，而收到信息的质量直接影响信息传递的价值。语言在国际上流通性越好，使用的人数越多，其信息传递的内容越精准，向外发出的信号也就越强，越有助于使用该语言企业的品牌推广和宣传，并通过声誉机制的不断放大形成国际经济话语权。此外，语言人才可以帮助企业更好地走向世界。跨国公司已经成为国际舞台上不可忽视的国际行为体，在国际政治和国际事务中的话语权不断加强，他们通过各种话语文本阐释自身需求。[①]通过品牌、标准以及规则等路径来影响市场的定价议价、东道国的政治经济政策，从而形成局部领域的国际经济话语权，同时也能增强其母国在这个领域的国际经济话语权。

从国家层面上看，语言是国际经济话语权的约束条件之一，国际经济话语权竞争的核心是国家利益，谋求国际经济话语权的最大化意味着谋求国家利益的最大化。国际经济话语权事实上也体现为国家层面上该语言的经济价值。它为一国的经济发展提供了适宜的发展环境，它所带来的经济价值是不可估量的。在国际投资和贸易中，通过语言翻译，两国不仅可以就经贸问题展开协商，也可以进行文化交流，更好地增加彼此的认同，解决信息不对称问题，减缓妨碍市场机制运转的因素，降低交易成本。比如，我国在世界各地建立的孔子学院，不仅有利于中文传播国际化，使我们的汉语在语言市场具有一定的话语权，也有利于当地民众了解汉语，进而了解我们的文化，为两国投资创造良好的营商环境，增加对中国的认同与投资信心。反过来看，经济的强势会催生强有力的话语权，而话语权的获得又有助于语言的推广和传播。因此，语言与话语权的经济效益是互相促进的。

（二）通过议题设置获取谈判筹码

谈判成本对企业来说指与外部交易对象在达成合同的过程中所投

---

① 刘渊博：《跨国公司的国际话语权建构》，硕士学位论文，北京外国语大学，2019 年。

入的资源。一般将谈判成本分为三部分：第一部分是为达成协议所做出的让步之和，其数值等于该谈判的预期收益与实际收益之和；第二部分成本是指为谈判而耗费的各种资源之和，包括人力、物力、财力和时间的经济折算之和；第三部分是机会成本，包括投入谈判中的资源在其他情况下所能获取的最大利润。[①] 对国家来说，一般是指广泛的外交谈判，即在国际舞台上国家之间的政治、军事、经济和科技文化方面的谈判，如国际贸易合作、国际文化交流、国际军事纠纷或者就相关热点议题进行的谈判。双边或多边谈判都有特定的话语立场，这里面既有语言艺术的灵活运用，又存在话语权的比拼与博弈。

外交谈判的谈判方（主要是主权国家）之间应该同时具有一定的共同利益和冲突利益。其中共同利益包含两类：一是积极的共同利益，即谈判方进行合作会带来各自更多的利益；二是消极的共同利益，即如何防止因谈判方之间的冲突损害各方既有的利益。如果谈判方之间不存在任何的共同利益，谈判就不可能发生，因为双方处于全面彻底的对抗当中，没有什么可以通过谈判来解决。而如果谈判方之间也没有利益冲突或争端，谈判就失去了存在的基础。谈判各方需要解决的争端可以分为两类：一是导致双方既有利益受损的争端，二是妨碍积极共同利益实现的争端。[②] 谈判的目的是寻求解决争端，这涉及制度性话语权的运用。但是部分谈判往往不是为了取得一致，而是服务于其他目的，如拖延、宣传、转移注意力或寻求获得有关对方及其谈判立场的情报，此时舆论性话语权就起到重要的作用。

国际经济话语权可以降低谈判成本。成功的谈判者需要能够较好地运用语言，要对谈判语言具有很高的敏感度，话语要得体且切合事实。在这个基础之上，拥有国际经济话语权的国家，可以通过制造议题、解决议题，获得谈判筹码，最终获得额外收益。在谈判之前双方都会有一定的筹码底线，都有各自的关注点，通过讨价还价，最终达成一个利益均衡点。而如果一国有较强的国际经济话语权，那么这个

---

① 杨晶：《商务谈判》，清华大学出版社 2005 年版。
② 陈志敏等：《当代外交学》，北京大学出版社 2008 年版。

均衡点就有可操作的空间。即使两国之间不存在较大的矛盾，但话语权强势国想谋取其他权益，也会利用其话语优势来凭空制造议题，这个议题就可以成为其谈判筹码。在谈判的过程中做出的妥协往往不是单向的，这意味着当话语强势国对议题有所调整的时候，话语弱势国也需要进行一定的利益让渡。最终的结果是话语强势国用自己外围的筹码交换了话语弱势国内部的核心利益。因为这个议题对于话语强势国本来是可以不存在的，是不构成重大影响的，但是结果却损害了话语弱势国的部分利益。

不断制造议题的能力一方面与话语权有关系，另一方面也与语言有关系，特别是学术话语中的语言权。一旦学术权力与语言权力结合就成为权力复合体，它们相互影响、相互借力、相互强化。其结果是，学术权力成为显性的一面，语言权力成为隐性的一面。创新学者如果选择用强势英语来表达新概念，就拥有了获得学术权力的先机。因为英语给学者表述创新成果带来更大便利，供他选择的传播平台更多、权威性更强、受众面更广、产生的学术影响更大。这又会推动其学术创新向纵深发展，随后便有更多创新成果用英语发表，进一步强化英语的权力优势。就像"滚雪球"一样，产生的马太效应越来越大。如无外部因素干预，这种循环会持续进行，学术权力和语言权力就不知不觉地合二为一，相互强化，成为话语霸权复合体。① 当前，一些热议的议题如人权、环境、气候变化等大多来自西方的学术圈，很大一部分原因是中文在互联网中的学术运用很少，不能形成国际关注的热点话题。人们在一定时期内所关注的议题总量毕竟是有限的，通过制造议题去获得谈判主动权的做法值得思考。因此，要竞夺国际经济话语权，一个关键点就是要推广自己的语言，做好长期的语言规划，善于设置议题，将本国的各种战略利益巧妙地结合在各种不同的议题设置中，获取谈判筹码，降低谈判成本。

（三）语言网络效应中的制度套利

制度套利的核心观点是指很多跨国企业在本国制度环境下处于不

---

① 文秋芳：《学术国际话语权中的语言权问题》，《语言战略研究》2021 年第 3 期。

利地位或者面临诸多制度约束，这些制度约束导致其在本国生产经营所需的交易费用远远超过其进行跨国经营所需的费用，因此他们在全球范围内进行对外直接投资的主要动机是利用特定东道国的比较制度优势规避本国的制度约束，从而实现套利。[①] 语言具有制度的基本属性和逻辑结构，因此语言是一种社会制度，是人类其他制度的信息承载物，是制度中的制度。语言作为一种制度是否有效率，要看它能否降低交易成本。然而语言不仅对交易成本产生影响，还影响着其他制度安排的效率。[②] 语言的"制度"属性长期以来成为英美等国在全球语言产业和文化产业规模不断增长的主要动力。

在世界交往中，国际社会逐渐形成并走向组织化、制度化、法治化。制度性话语权是指一个国家在国际经济政策、规则制定以及国际机制等方面的影响力和决策权。通俗地说，制度性话语权就是在参与起草、制定国际游戏规则中的影响力。17 世纪荷兰的一些基础金融规则、19 世纪英国的自由贸易体制以及 20 世纪美国主导的国际规则体系一直沿用至今。他们在制度顶层设计上拥有绝对的话语权，由此形成了一定的话语霸权。而军事霸权、金融霸权、科技霸权都是语言霸权的衍生物，都是以语言霸权为基础的。西方学者罗宾·洛克夫（Robin Tolmach Lakoff）提出：语言的控制权实际上是一切权力的核心基础。以美元霸权为例，它可以获得两个好处，一是铸币税收益，二是对地缘政治格局产生影响。英语霸权同美元霸权的逻辑类似，由于语言的公共产品属性，大家都用英语，逐渐形成网络效应，它就是一个"硬通货"。因此用英语设置一个议题的成本要远远小于其他种类的语言，但是其带来的收益却非常大，这可以理解为语言的"铸币税"收益；另外，由于历史殖民原因，英语在全球分布的广度远大于其他语种，汉语虽然使用人数较多但主要集中在东亚地区，影响力有限。

---

① Michael A. Witt and Arie Y. Lewin, "Outward Foreign Direct Investment as Escape Response to Home Country Institutional Constraints", *Journal of International Business Studies*, Vol. 38, No. 4, 2007, pp. 579-594.

② 张卫国：《作为人力资本、公共产品和制度的语言：语言经济学的一个基本分析框架》，《经济研究》2008 年第 2 期。

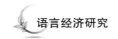

2016 年，阿尔贝托·卢卡斯·洛佩兹（Alberto Lucas Lopez）绘制了一张信息图①，将 7102 种已知现用语言浓缩到一张地图中，用不同的颜色形象地展示了世界各个国家或地区形成的母语区域（见图5-2）。值得注意的是，中文作为大语种本身包含多种语言，覆盖人数达 11.97 亿，但是使用主体非常集中。另外，英语、西班牙语、法语和阿拉伯语的使用人数不及汉语，但这些语种在地理上的分布却更为广泛。语言在全球分布越广泛，受众越多，信息传播源就越多，这就为制度套利和建构国际经济话语权提供了良好的社会土壤。再加上语言出版的翻译数量以及网络信息等文化输出能力，以英语形成的制度便利对地缘格局影响颇大。

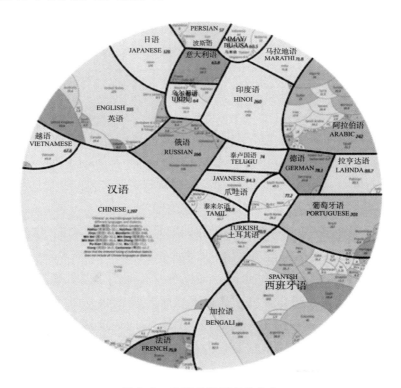

图 5-2　全球各种语言的分布

资料来源：Visual Capitalist。

---

①　详见 https：//www.visualcapitalist.com/a-world-of-languages/。

　　当英语成为世界通用语时，它就不再是简单的一门语言工具，围绕它进行的各种制度套利就会在全球逐渐开展。非英语国家为了获得"英语世界"的知识、文化、科技等先进制度就会投入更多的资源去学习英语、使用英语，而英语母国却不用花费这个精力，相反其语言产业会更加发达。其他国家为了去东道国经营与投资，也会考虑语言的通用性及在此基础上所形成的制度比较优势。长此以往，会出现语言濒危和文化多样性缺失的状况。这种非英语国家的语言赤字所造成的影响是全面性的、长期的，因为语言也是思想、文化和意识形态的载体，它会无形中塑造使用者的价值观和世界观。值得注意的是，语言作为一种制度是不断演化的，随着综合国力的上升，我国在全球经济治理中的制度性话语权不断提高，已逐渐深入参与到国际经济金融事务中。在联合国20国集团、亚太经合组织等全球和区域经济治理平台中担任的角色越来越重要，在国际货币基金组织、世界银行等国际金融机构中的地位和作用也大幅增强。汉语也在全球各地积极推广，我国语言话语权与制度性话语权的发展在一定程度上削弱了用英语进行制度套利的趋势，这将有利于我国经济营商环境的改善和全球语言市场的公平发展。

　　二　语言在国际经济话语权中的政治效力

　　语言的国际经济话语权不仅可以产生经济效益，还可以形成一定的政治效力。语言不仅可以作为个人交流和表达思想的工具，当其用于特定的交际场景，由特定身份的人传达，代表一个群体、阶层甚至国家的态度时，就具有了一定的政治相关性。语言和政治密不可分，历史上通用语的变化除了和语言自身发展规律有关，最大的影响就是政治中心的改变，一定程度上不符合政治要求的语言，自然会慢慢被淘汰。在古希腊罗马时期，希腊的哲学家们就开始将语言的政治属性纳入论辩术的研究范畴。语言世界观理论指出：每种语言都是国家或民族政治意志的表达。同时，国际政治局势的变化、国内政策法规的颁布与实施同样对语言系统的发展产生了重要的导向作用。可以说，语言反映了政治事件，政治的变动也会引起语言形式的改变，正是二者之间的这种交互性和共享性特征使语言具有了政治属性。① 拥有话语权国家的政治言论会产生"寒蝉效应",可以引导社会舆论,在国际经济中产生政治效力,引发一系列政治行为和政治事件。

(一)"寒蝉效应"与不均衡的话语权格局

寒蝉效应是指公共舆论中的团体、组织或个人因为惧怕发言导致的政治、社会、经济后果而选择不发表言论的现象,就如同蝉在寒冷天气中噤声一般②,即指主体无力承受将面对的预期耗损而放弃行使其正当权利,进而打击公共事务、社会道德和个人信心。"寒蝉效应"强调效应的波及广泛度,涉及个人思想、言论、集会等核心价值和自由权利。广义上讲,只要是权力阶级控制,造成部分群体无法有效发表意见的情况,就可以称为"寒蝉效应"。"寒蝉效应"的本质是行为、思维、言论受到制衡和约束,这种制约来自恐惧或先前案例带来的警告,即如果你这样做了,你也必须承担相应的后果。

哈贝马斯(Jürgen Habermas)认为,语言交流方式受到权力的扭曲,便构成了意识形态网络。语言具有建构性,是国际经济话语权的行使工具,语言的传播包含着个人、团体或国家的政治目的和政治主张,通过语言的策略性运用可以获得某种政治权力进而操控意识形态。在当前话语霸权国、话语依附国和话语弱势国为主要类型的分布格局下,"寒蝉效应"在很多领域都有体现。在多边政治或者说国际关系领域,话语霸权国利用自己的语言规模优势和流通性优势在涉及其核心利益的情形下会对话语弱势国进行一定的制裁,而小国的经济或政治体系一般比较脆弱,使部分话语弱势国逐步转变为话语依附国或者被迫保持沉默。在国际贸易领域中反倾销通过贸易破坏效应、贸易转向效应会对一国的总进口或总出口产生一定的负面影响,即反倾销"寒蝉效应",这明显不利于国际经济话语权的提升。

近些年来,话语权成了政治权力的一种越来越突出的表现方式,国际政治甚至在一定程度上成了"话语权政治"。"寒蝉效应"体现

---

① 白新杰:《语言的经济属性和政治属性探究》,《北京科技大学学报》2020年第6期。

② 王广涛:《日本涉华舆论中的"寒蝉效应"》,https://baijiahao.baidu.com/s? id = 1696495104371844414&wfr = spider&for = pc。

了当今全球经济话语权格局的分布不均衡状态，大体是西方，特别是美国处于一种明显的优势地位，而包括中国在内的广大发展中国家的国际经济话语权则相当有限。在今天信息如此发达的社会，"寒蝉效应"使支持中国的一些立场主体受到威胁，中国的真实形象得不到传播。只有从根本上加强话语质量建设，合理进行语言规划，打破旧有的话语格局，用自己的语言形成自己的国际经济话语体系才能真正提升中国国际经济话语权。

（二）舆论引导与政治关系

舆论引导是传播者通过对有关信息的组织、选择、解释、加工和制作来影响公众舆论的耗散状态，进而促使其向着自己希望的方向发展变化的一种社会过程。[①] 舆论引导的参与主体主要是政府、媒体和舆论引导的实施对象。政府或媒体通过对社会舆论的评价对人的主观意向进行引导，进而影响人的行为。具体来说，舆论引导包括对当前社会舆论的评价、对当前社会舆论及舆论行为的引导以及就某一社会事实制造舆论。正向舆论能够对社会发展起到推动和促进作用，而负向舆论则对社会发展起到破坏和阻滞作用。此外，舆论引导与议程设置关联性很大，媒介议程设置功能越强，引导舆论的能力就越大。

话语权是舆论引导的关键，引导者只有建立强有力的舆论话语，才能实现社会舆论引导之功效。[②] 有话语权的政治语言具有一定程度的鼓动性，不仅能够引发政治舆论，同时也能够平息民间谣言。主导话语通常能压制其他话语，更容易引领国际舆论。像 20 世纪的"阿拉伯之春""颜色革命"的爆发很大程度上就受到互联网的舆论操控影响。舆论引导也要通过构建相应的话语去实现，选择什么样的语言方式，利用多少种语言类别也构成舆论引导的一部分。出于其在国际政治中的地位和作用，舆论性话语权是各国必争的利益。中国在认识到舆论性话语权的重要性之后，语言学界提出了汉语的话语权，商界提出了价格的话语权，意识形态部门提出了宣传的话语权，外交领域

---

① 陈少徐：《论议程设置与舆论引导的关联性》，《吉林省教育学院学报》2011 年第 5 期。
② 曹劲松：《舆论引导的话语权与实现路径》，《南京社会科学》2015 年第 1 期。

提出要提高国际政治议程制定中的话语权。但是，由于"西强东弱"的话语格局，一些发达国家在国际经济话语权方面具有很大优势，世界上很大一部分地区看到的评论基本上都是来自英语国家的观点，致使我国舆论引导一直处于被动地位。

"历史终结论""文明冲突论""人权高于主权论"等西方论调都是将舆论问题上升至政治领域。相关数据显示，西方媒体掌握着全球90%以上的新闻信息资源，英语仍然是全球使用最广泛的语言，近70%的海外受众是通过西方媒体了解中国的，一些国家可以轻易地进行舆论引导影响局部的政治关系。但是，随着我国互联网行业的迅速发展，我国网民人数已占据世界第二位（见表5-2），这意味着汉语在互联网舆论场上有了更多可以发声的主体，有利于中文在世界范围内的传播。近几年，我国经济不断向好，一些西方国家心态失衡，故意对我国进行污名化和抹黑，这就必然导致在全球舆论中的中国与真实的中国相去甚远。因此，要想在国际社会上正确地引导舆论，必须在话语权上下功夫，汲取网民智慧，研究如何通过自己的语言引导大众舆论，如何运用国际上的强势语言修正自己的国际形象。特别是在我国"一带一路"倡议的实施中，要在舆论场上争夺到更多话语权，不影响双边政治关系和国家重大战略推进，不至于使双边民众陷入外媒轮毂，让国际社会能够听到中国的声音，以正视听。

表 5-2　　　　　　　世界主要语言的网民状况①

语言种类	使用人数（2021 年估计）	互联网用户数	网民渗透率（%）	2000—2021 年网民增长率（%）	网民占世界的百分比（%）
英语	1531179460	1186451052	77.5	7.429	25.9
汉语	1477137209	888453068	60.1	26.504	19.4
西班牙语	516655099	363684593	70.4	15.11	7.9
阿拉伯语	447572891	237418349	53	93.48	5.2
葡萄牙语	290939425	171750818	59	21.67	3.7

① 资料来源：https：//www.internetworldstats.com/stats7.htm。

语言种类	使用人数 （2021 年估计）	互联网 用户数	网民渗透率 （％）	2000—2021 年 网民增长率（％）	网民占世界的 百分比（％）
马来语	306327093	198029815	64.6	33.56	4.3
法语	431503032	151733611	35.2	11.646	3.3
日语	126476461	118626672	93.8	1.52	2.6
俄语	145934462	116353942	79.7	36.534	2.5
德语	98654451	92525427	93.8	2.362	2
前十种语言	5273725132	3525027347	66.8	11.882	76.9
其他语言	2522890578	1060551371	42	11.141	23.1
世界总量	7796615710	4585578718	58.8	11.703	100

（三）西方的双重标准

双重标准是指对于同一性质的事情，话语主体会根据自己的喜好、利益等原因做出截然相反的判断，或者同一件事开头和结尾产生不同的评判标准的情况。长期以来，西方国家以"双重标准"来评判自身和其他国家中的经济、政治和社会体制。从政治上看，西方"双重标准"的观念根源在于"西方中心主义"的价值观，制度根源来自自由民主制在国际社会中占据的优势地位，而借助民主输出战略及行动，西方"双重标准"得以持续至今。非西方国家只有坚持自己的发展道路和模式，实现国家治理的现代化，才能从根本上摆脱西方"双重标准"的话语体系。①

政治语言是政治主体在政治活动中表达政治主张和进行政治交流的工具，集中体现了政治主体的意识形态和社会的主流导向。在当前国际经济话语权分布不均衡的状况下，话语权强势国经常运用双重标准，他们的政治语言也有内在的矛盾性。其"普世"标准对自己的话语依附国姑息纵容，对敌人严防死守，这就是典型的双重标准。如资助宣扬西方民主的媒体和非政府组织，资助和培训目标国的反对党从事竞选活动，利用美国之音和自由亚洲电台等宣传机构批评目标国政

---

① 陈尧：《西方"双重标准"的多重根源》，《人民论坛·学术前沿》2020 年第 3 期。

府，通过世界银行和国际货币基金组织胁迫受援国进行西方式民主改革，这显然是通过其既有的国际经济话语权优势在国际政治领域实施双重标准。

西方部分媒体在2020年新冠肺炎疫情的报道中也表现出一贯的双重标准。根源在于政府财团控制下的西方媒体沦为政治宣传工具，以及西方中心主义价值观灌溉下的媒体偏见。[①] 此外，对于同样的公共外交活动，推广西方文化就是天经地义，而推介中国文化就被无端指责。这种"只许州官放火，不许百姓点灯"的现象很大程度上源于我们在国际经济话语权上的缺失，我们越被动地去解释，越不能掌控到话语主动权。

(四) 隐性框架效应

普林斯顿大学心理学教授丹尼尔·卡尼曼（Daniel Kahneman）发现，针对同一个问题，两种在逻辑意义上相似的说法会导致不同的决策判断。即当一个人描述同样一件事情的时候，不同的表达方式会给倾听者不一样的感觉，从而使倾听者出现两种截然相反的决策，这种现象称为框架效应。它奠基于心理学中前景理论下的损失厌恶，即在做有关收益和有关损失的决策时，人们对于损失的重视要比同等的收益大得多，这种对损失和收益敏感程度的不对称会导致面对损失的痛苦感要大大超过面对收益的快乐感。

框架效应的类别可以分为特征框架效应、目标框架效应和风险框架效应。特征框架效应是指以积极的语言描述事物的关键属性会使人们的满意程度更高；目标框架效应是指强调不做出某种行为的消极后果比强调做出这种行为的积极后果更有说服力；风险框架效应是指，冒险的意愿程度依赖于潜在结果被积极表现还是被消极表现。此外，基于社会学基础的框架理论假定个人不可能做到全面地理解世界，往往会根据他们自己生活的经历来理解世界和合理化这个世界，即个人会利用一个解释性图式或者基本框架来对信息加以分类并根据自己的理解赋予其意义。将框架效应运用到带有政治立场的语言中去就使人

---

① 刘晶晶、支振锋：《西方媒体传播中的双重标准与应对》，《青年记者》2021年第6期。

们不自觉地加强话语中的立场。

钱钟书先生曾谈到："文网语阱深密乃尔。"在国际经济话语权的政治传播中，框架指受众通过报纸、电视新闻，或者个人等信息源对一个特定的社会政治议题进行界定的过程，这个界定过程框定了哪些事项与该议题相关。框架通过对某一议题进行选择性的描述来凸显该议题的某个方面，暗示该议题和什么因素相关，以便促成人们对该议题给予定性评价、归因解释和道德评估①，即提供一种主导性的角度来影响公众对争议性议题的判断。当受众阅读"带有框架"的文章时，框架通过激发其长期记忆中已经存在的想法或信念来发挥作用。国际经济话语权中的框架效应也会通过唤起人们记忆中的某一信念或思考，使议题的某一属性的显要性更为突出，从而改变人们对议题不同属性的权重。

一般地，框架效应会通过语言将你不知不觉地带入一种选择的境地，让你不用去做判断而是去做选择，可以理解为语言的艺术。国家的话语选择特别是政治外宣中的话语传播在框架效应下对国际经济话语权的形成影响重大。有研究表明，在框架竞争中西方主流媒体的"强调框架效应"会产生更直接的受众效果，掌控更多的国际话语权。② 如西方媒体为宣扬其政治合理性，对中国的负面报道话语会使得受众形成一定的舆论倾向，这对中国主流媒体进行国际传播和舆论反制具有重要启示。

综合以上分析，国际经济话语权的建构受到综合国力、话语质量和传播能力的影响，国际经济话语权本身又可以影响国家形象、国家经济关系，乃至推进全球经济治理。语言是构成国际经济话语权的基础性要素，作为人类文化的载体和重要组成部分，是人类认识世界的工具，也是互相交流的手段。将语言的特定功能运用于国际经济话语权中可以超越时空的限制，可以利用框架效应于无形中加强自己想要输出的观点，

---

① 马得勇：《政治传播中的框架效应——国外研究现状及其对中国的启示》，《政治学研究》2016 年第 4 期。

② 张克旭：《中西方主流媒体的国际议题话语权竞争——基于"华为危机事件"的实证分析》，《新闻大学》2019 年第 12 期。

可以在重要的议题博弈下降低谈判成本，甚至可以利用语言规模优势进行制度套利。然而，在话语霸权体系下，国际经济话语权下的语言功能也会产生"寒蝉效应"，会进行恶意的舆论操控，故意对话语弱势主体使用双重标准。它们之间的关系如图5-3所示。

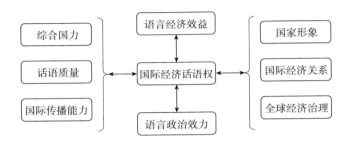

图5-3　语言与国际经济话语权逻辑框架

第三节　建构中国国际经济话语体系研究

　　落后就要挨打，失语就要挨骂。在半殖民地半封建社会时期，基本上就是强权战胜公理。中国国际经济话语权自新中国成立以来才开始逐步建构，历经70余年，受国际格局的动荡变化而螺旋上升。但是，作为世界第二大经济体和最大的发展中国家，当前中国综合国力与国际经济话语权地位仍不相匹配，发展优势没有转化为话语优势，语言规模也没有转化为话语权力。并且国际经济话语权在互联网时代的作用远大于工业时代，国际社会已然形成一张网，语言是交织的网线，话语权力中心必然是重要的节点。因此，进一步提升中国国际经济话语权迫在眉睫。这一部分在梳理中国国际经济话语权发展历程的基础上，首先分析语言产业的发展如何能够助力建构国际经济话语权，然后在语言视角下以更多的维度去发现语言与话语权之间的内在联系，并提出一些改进中国国际经济话语权的建议。

一　中国国际经济话语权的发展历程与现状

国际经济话语权是伴随全球化而产生的，大航海时期的中国虽然也有郑和下西洋，但是目的却与西方不同。大航海之后的西方不断走向强盛，而中国闭关锁国政策越来越严。全球化趋势预示着中国不可能一直处于封闭的状态，鸦片战争之后中国被动开放，国际地位下降到低点。无论是制度性话语权还是舆论性话语权都由西方强国所掌控，巴黎和会上中国外交的失败意味着中国的国际话语权几乎为零。直至中国共产党成立，中国的国际经济话语权才开启了萌芽阶段。中华人民共和国成立后，中国国际经济话语权稳步向前，其变迁大致可以分为三个阶段。

（一）经济话语的曲折构建（1949—1978 年）

中华人民共和国成立之初，中国实行"另起炉灶""打扫干净屋子再请客"和"一边倒"的外交方针。面对西方意识形态打压，中国坚持对国际事务进行表态和发声。和平共处五项原则、求同存异方针等推进了中国与亚非国家的友好关系，提升了中国在亚非国家和地区的地位和话语权，对当时的国际秩序形成了一定的影响。随着中苏关系的恶化，"两个拳头打人"成为当时必须面对的情况。通过大力发展与"两个中间地带"国家之间的关系，并提出"三个世界"的理论划分，中国国际地位进一步提升。1971 年，在众多非洲国家的帮助下，中国成功恢复了在联合国的合法席位，大大地提高了中国的世界声望，打破了以美国为首的西方资本主义阵营对新中国和中国共产党的公开敌视和全面封锁。之后，中美、中日关系正常化，中国的声音越来越多地出现在国际舞台上，国际经济话语权得以初步建构。

在这一阶段，尽管中国对外传播媒介不足，传播手段落后，经济实力较弱，但中国在世界上的话语影响力却能与日俱增。其原因之一就是善于传播既有的先进思想和经验；二是产出了很多合理且深刻的创新概念；三是敢于对国际经济话语权力体系进行挑战。[①] 毛泽东的

———

① 吴贤军：《中国和平发展背景下的国际话语权构建研究》，博士学位论文，福建师范大学，2015 年。

国际话语实践是马克思主义中国化后形成的理论输出，启示我们应当自信地对中国特色社会主义制度和中国道路优越性进行传播与推介。无论是"两个中间地带"，还是"三个世界"，都较为合理地反映了当时的国际力量对比，因而在广大反抗帝国主义霸权和反对美苏冷战的国家和人民中广为认同。敢于直面话语攻击，打破现行游戏规则，主动而坦诚地阐明中国的态度，为在东西方两大阵营之间争取战略空间主动创造了条件。

（二）经济话语稳步提升（1978—2012 年）

党的十一届三中全会以后，党和政府工作中心转移到经济建设上来，实行韬光养晦的战略，集中发展国内经济，主张"不争论""不当头"。这一阶段中国外交工作取得了巨大的成就，为国际经济话语权的稳定发展提供了良好的国际环境。党和政府也在不断推动"南北对话"和"南南合作"，显示出中国的大国责任与担当。囿于美苏冷战等因素的干扰，20 世纪 90 年代之前中国国际经济话语权总体上还停留在政治斗争和意识形态较量层面，尚未形成一种自觉、系统的话语权战略思维。苏联解体后，世界格局发生了深刻复杂的变化。世界社会主义运动陷入低潮，"南北对话"陷入僵局，"南南合作"亦步履维艰，第三世界国家日益走向分化，中国国际经济话语权有所回落。此时美国成为世界上唯一的超级大国，在国际经济话语权上取得无可比拟的优势，而包括中国在内的广大发展中国家虽然在竭力争取国际经济话语权，但往往受到以美国为首的资本主义国家的诋毁和抹黑[1]，出现了意识形态领域的"历史终结论"和"文明冲突论"，严重损害了中国的国际形象和国家利益，对中国的稳定和发展造成了不利影响。

2001 年我国加入世贸组织，2003 年提出"和平崛起"战略，资本主义国家又开始大肆炮制"中国威胁论"、人权高于主权等话语陷阱，在一定程度上加剧了部分国家对中国的忧虑和恐惧。中国敏锐地

---

[1] 殷文贵等：《新中国 70 年中国国际话语权的演进逻辑和未来展望》，《社会主义研究》2019 年第 6 期。

觉察到这一点，适时地将"中国崛起"调整为"中国和平发展"，让世界对中国有更加清晰的认识和了解。[①] 2008 年国际金融危机重创全球资本主义体系，美国等国家推行的颜色革命使部分国家动荡不安，大大降低了美国的金融实力和政治话语权。中国在此阶段抓住机遇，奥运会、世博会的举办让世界看到中国的发展速度，上合组织的成立使中国在世界经济话语权中的地位进一步提升。2010 年中国 GDP 超过日本，成为世界第二大经济体，走到了世界经济的主要国家阵营中，在世界政治经济舞台上承担更重要的角色，在处理国际和地区事务上有了更大的发言权。之后，我国在世界银行投票权升至 5.05%，在 IMF 投票权增加至 6.08%（见图 5-4）。但是经济话语权仍相当有限，在关键汇率、贷款政策、资金援助等方面维护广大发展中国家正当合法的权益依然比较困难，全球经济治理需要更多的中国智慧。

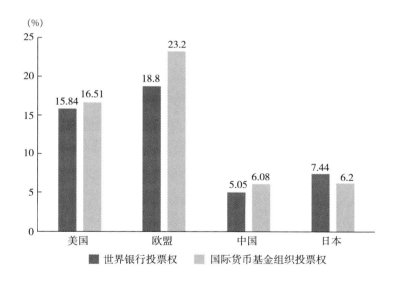

图 5-4　主要经济体在两大国际组织中的话语权

资料来源：世界银行与国际货币基金组织官网。

---

　　① 毕红秋等：《中国共产党国际话语权构建的百年历程、基本经验及提升路径》，《贵州省党校学报》2021 年第 3 期。

（三）经济话语全面发展（2012年至今）

党的十八大以来，中国政府在国际经济话语权建设上积极作为。首先，在话语概念上，提出"一带一路"倡议，推动构建相互尊重、公平正义、合作共赢的新型国际关系，推动构建持久和平、普遍安全、共同繁荣、开放包容、清洁美丽的人类命运共同体以及共商、共建、共享的全球经济治理观等契合时代发展潮流和全球根本利益的话语。其中"构建人类命运共同体"的主张已连续四次被载入联合国相关重要决议。其次，在话语平台上，金砖国家峰会、G20峰会、博鳌亚洲论坛、中非合作论坛、进博会、服贸会等重要国际会议相继在中国举办或召开，不断向世界传递中国精神、倡导中国方案、贡献中国智慧，极大地拓展了中国国际经济话语权的平台。最后，在各个领域的话语权力上都有所改善。2015年人民加入特别提款权（SDR），人民币的国际地位不断增强提升，有助于中国获取国际商品交易中的定价权；设立亚洲基础设施投资银行和丝路基金，我国在全球经济治理中的制度性话语权特别是国际规则的制定权不断强化，更加全面深入地参与国际经济金融事务；2019年中国专利总数为5.899万件，首次居于世界首位，打破了美国40年来的垄断霸主地位，意味着我国国际科技话语权体系也在不断完善。

值得注意的是，亚投行采取的投票权计算方法是每个成员的投票权包含基本投票权、股份投票权以及创始成员享有的创始成员投票权。每个创始成员国有600票投票权，这对创始成员有一定的激励，这个常数会随着股份的增加而稀释。但基本投票权按占总投票权的12%来分配，从而避免固定的基本投票权随着股份增加而被稀释的情况（这也是现有布雷顿森林机构被批评的原因之一）。这种安排降低了股份在投票权中的作用。这对于股份较多的成员的投票权是一种限制性措施。① 比如，中国目前认缴的股份为297.8亿美元，占总股份数的30.78%，但投票权只有26.59%。这也说明亚投行从成立之初就在治理机制上做出了诸多创新安排，通过结构化的投票权与决策机制

---

① 欧明刚：《亚投行五年：回顾与展望》，《银行家》2021年第2期。

设计，使参与各方取得了更加公平的经济话语权。截至 2021 年 10 月，亚投行有 104 个成员方。

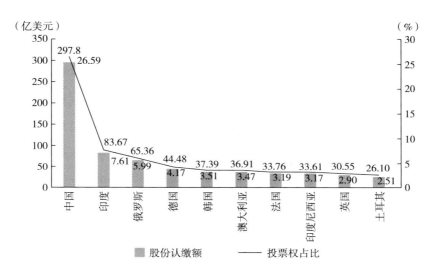

图 5-5　亚投行前十大经济体股份认缴额及投票权占比

同时，中国的发展影响了现有的国际经济话语权格局，话语陷阱随之而来。"中等收入陷阱""修昔底德陷阱""金德尔伯格陷阱"以及"债务陷阱"等概念被西方媒体大肆炒作，因为西方开始看到国际经济话语权的核心正在发生偏移。2017 年以后，国际经济话语权建设上升到国家战略的高度，目标是形成同我国综合国力相适应的国际经济话语权。2020 年，面对一场突如其来的公共卫生危机，面对国际上部分主体对中国的无端指责和污名化，中国在成功防疫的同时对很多国家进行了无私援助，对中印边境冲突、中美会谈、新疆棉花事件等问题进行了有理有利有节的处理，让世界的目光深度聚焦于中国。越来越多的外国人开始学习汉语，中国前所未有地接近于世界舞台中央，中国的文化整合力、国际感召力、舆论引导力、投资吸引力和政治参与力正在全面提升。

二　语言产业发展助力建构中国国际经济话语权

在提升和建构国际经济话语权的研究中，多数学者是从传播学角度进行研究。为了体现语言在国际经济话语权中的基础性作用，语言如何助力话语权的提升，本部分尝试从语言产业发展对话语权的影响角度进行分析。

目前，世界上有 7139 种语言正在被使用，这个数字还在不断变化。大约 40% 的语言现在处于濒危状态，只剩下不到 1000 名使用者。与此同时，仅 23 种语言就占了世界人口的一半以上。[①] 罗恩（Shahar Ronen）等研究人员运用来自书籍、维基百科和 Twitter 的数据以严格的量化方法来定义语言的全球影响力，最终发现这三个全球语言网络（Global Language Network）的结构以英语为全球枢纽，英语成为从一种语言翻译成另一种语言的最大信息中心。包括俄语、德语和西班牙语在内的其他语言也可以作为其他语言的枢纽，但与英语相比程度较小。[②] 如图 5-6 所示，中文的语言中心化程度并不高，中文在三个网络中均处于边缘地带，与其他语言的互动也较少，其全球影响力的提升还有巨大空间。因此，应该通过中长期的语言政策规划增加中文同世界其他语言的互译，多视角探讨国际中文教育转型发展方略，发展与汉语相关的语言产业，建立关于中文的全球语言网络，增强中文的世界影响力，从而增强中国的国际经济话语权。

根据陈鹏对语言产业的定义：语言产业是以语言为内容、材料，或是以语言为加工、处理对象，生产出各种语言产品以满足各种语言需求的产业形态。[③] 下面分别从语言内容产业、语言处理产业和语言培训产业各个细分业态分析语言产业的发展何以促进中国国际经济话语权的建构。

（一）语言内容产业

语言内容产业是对语言内容进行整理、复制、组合、翻译和创新的产业，包括语言出版、语言翻译、语言创意、语言艺术等业态。语

---

① 资料来源：https：//www. ethnologue. com/guides/how-many-languages。

② Ronen Shahar, et al. , "A. Links that Speak: The Global Language Network and its Association with Global Fame", *Proceedings of the National Academy of Sciences of the United States of America*, Vol. 111, No. 52.

③ 陈鹏：《语言产业的基本概念及要素分析》，《语言文字应用》2012 年第 3 期。

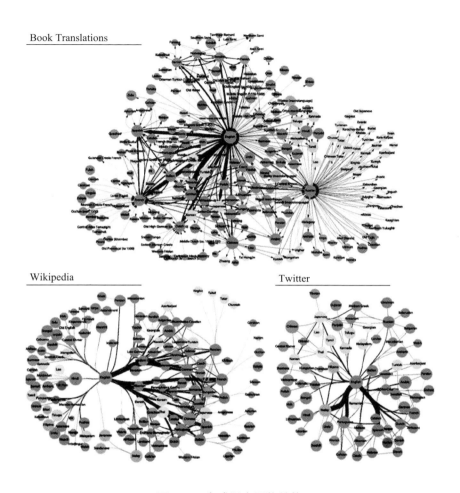

图 5-6　全球语言网络结构

言翻译其实就是把一种语言所要表达的含义翻译成另一种语言，但是翻译的过程是创造性的，也是复杂的，涉及文化背景、语义层次、思维逻辑、表象载体以及应用方式等，并不能简单地给予语言本身一个准确的定义，翻译出来的语言可能对不同的人有着不同的意义。此外，任何一个社会中的其各个层面都是具有特定的话语语境的。这些话语组合起来就形成一个缜密的网，它控制、驾驭着社会成员的思维行动以及组织规范或条例，使社会所有活动都受到这种特定话语定义的限制。比如，文学翻译等活动绝不是一种私人事务，它们受各种权力话语的制约从而成为一种人为操纵的产物，是以作者或译者为一方，以社会机制和实践为另一方的谈判后的产物。① 无论是翻译国际投资著作还是国际经济议题中的互译，都应该考虑到各自的语言特征。

国际话语的构建是一种跨文化的语言编码活动，根据语境适应论，准确地传达中国对世界的理解以及对自身的理解，才能真正提升话语的质量。因此语言翻译是话语质量的一个关键因素，能否把母语表达的含义精准地翻译成不同的语言是塑造国际经济话语权的重要组成部分。特别是在外宣翻译中，中国特色外宣翻译话语体系是交际主体在外宣翻译这一领域通过语言符号构建的具有中国特色的话语体系，是国家层面意识形态、发展理念、价值体系、利益诉求的外在表征。构建中国特色外宣翻译话语体系能建构良好的国家形象，为我国和平发展谋取更为稳定、友好的外部环境，进一步增强我国国际话语权。② 要慎重地做好中国特色外宣翻译，让世界正确地了解中国的变化，了解中国的政策及未来的蓝图，以吸引更多的市场主体对中国进行经贸投资。

数字时代，话语权之争一定程度上体现为文化产业话语权之争。语言出版是文化产业的一部分，出版产业对于我国文化的国际传播、话语国际表达以及民族文化自信有很大作用，可以提高中国文化国际经济话语权的感召力、辐射力和影响力。从市场占有率看，英语作为国际通用语，在全球出版产品中占据主导地位。每年全球出版的图书中25%以上是英文图书。从我国出版物进口情况看，以中国图书进出口（集团）总公司为例，2018年从美、英两国进口的图书占进口册数的36.16%，占进口金额的45.47%，从这两个国家进口的期刊占进口册数的32.71%，占进口金额的69.43%。③ 未来，我国语言出版业应加快国际化步伐，推动中国影视、书籍、期刊等文化产品和学术成

---

① 吕俊：《翻译研究：从文本理论到权力话语》，《四川外语学院学报》2002年第1期。
② 尹铂淳：《构建中国特色外宣翻译话语体系》，《公共外交（季刊）》2021年第1期。
③ 张纪臣：《数字时代中国文化国际话语权研究——论我国出版产业国际传播能力建设》，《中国出版》2020年第2期。

果"走出去",共享更多的中国知识,贡献中国智慧,扩大中国国际经济话语权。

语言创意产业作为语言产业中一个以创造力为核心的新兴业态,不仅涉及自身的产业安全,也关乎国家的经济、政治、文化安全。语言创意并非局限于某一具体行业内部,而是作为一种元素存在于广告创意、品牌命名、广播影视、音像传媒、视觉艺术等诸多与我们日常生活密切相关的行业之中。广告语设计得是否恰当、品牌命名设计得是否合理,首先影响的是企业自身的经济效益,其次会影响行业印象,甚至会影响国家形象。[①] 语言创意产业可以通过商业手段扩大汉语的使用范围,推动汉语在全球范围语言竞争中的影响力,从而传播中国文化,扩大话语权影响范围。语言艺术产业的内涵目前还没有统一的说法,主要涉及语用技巧、文学写作风格、书法、声乐等涵盖语言视觉、听觉、视听艺术三类形态。[②] 可以肯定的是,语言艺术同语言创意产业一样对中国话语的话语传播能力和话语质量有重要作用,最终会塑造国家形象。

（二）语言处理产业

语言处理产业是利用各种软硬件技术和设备对语言进行储存、书写、传递、显示、转换、识别和理解的产业,是将人类交流沟通所用的语言经过处理转化为机器所能理解的机器语言,包括字库、输入法、文字处理软件、字形识别、语音识别、机器翻译等业态。语言是人类思维的载体,人类历史上以语言文字形式记载和流传的知识占知识总量的80%以上。随着信息时代的到来,互联网和移动通信得到大规模普及和应用,人们使用自然语言进行通信和交流的形式也越来越多,激光照排、搜索引擎、机器翻译、自动问答和人机对话系统以及语音识别和语音合成等应用场景在逐渐影响人类的生活方式和思维方式。毫无疑问,这些前沿产业的发展对于我国的科技话语权建构有着重要意义。

---

① 乔钰涵等:《构筑语言创意产业健康发展的安全支撑》,《人民论坛》2020 年第 3 期。
② 彭爽:《语言艺术产业的态势分析及策略研究》,《东北师范大学学报》2018 年第 6 期。

其中的机器翻译是研究如何模仿人类语言认知过程从而建立语义的形式化表示和推理模型。借助人工智能技术形成的机器翻译可以增加媒体话语传播速度，让信息更快、更准地流动到世界各地，提高信息传递的效率。在语言识别上，阿里达摩研究院通过语言处理相关技术使一批珍藏于加州大学伯克利分校的中文古籍善本以数字化方式回归故土，公众可通过汉典重光平台翻阅、检索古籍。这不仅有利于提升我国在语言处理产业上的经济话语权，也有利于我国优秀传统文化的传承和传播，有利于我国语言基础资源的保存，并推进我国的知识工程建设和丰富中文话语库。

（三）语言能力产业

语言能力产业是围绕语言能力的习得、维护和评测来展开的产业，包括语言培训、语言康复、语言能力测评等业态。语言能力的提升能够扩大我们获取知识的边界，能够减少我们沟通的障碍。作为重要的人力资本，语言能力通过影响微观个体的知识生产影响技术进步，进而影响经济增长。[①] 语言能力产业致力于语言人才培养，语言能力产业的发展与升级关系到国家语言能力的建设，国家语言能力的好坏直接影响话语权的竞争。文秋芳学者认为，国家语言能力是政府运用语言处理一切与国家利益相关事务的能力，国家语言能力可以分为国家语言资源能力和国家话语能力。[②] 语言培训、语言康复以及语言测试产业的发展可以提升国家话语能力，让更多人可以更好、更多样地表达，缩短语言距离，推动语言形式和语言内容平等化，扩大说服外国、推广中国的群体，增进文化认同，化解语言冲突。

三 语言视角下多维度建构中国国际经济话语权

中国已是世界第二大经济体，在国际舞台上的话语权虽然在不断提升，但仍与其大国经济地位不相匹配。如何通过语言这一工具引导国际社会全面客观地认识中国，塑造良好形象，是当前建构话语权的一个重要任务。梁凯音学者将话语权分为以下五个方面：话语施行

① 李琳：《区域经济发展与语言能力建设》，《吉首大学学报》2020 年第 3 期。
② 文秋芳：《对"国家语言能力"的再解读——兼述中国国家语言能力 70 年的建设与发展》，《新疆师范大学学报》2019 年第 5 期。

者、话语内容、话语对象、话语平台和话语反馈。① 借鉴该思路，从话语内容、话语平台、话语主体、话语客体四个维度分析语言在当前国际环境下如何发挥作用以提升话语质量和传播能力，拓展国际话语新空间，努力形成与我国的国际地位和经济实力相称的话语体系和话语权力。

（一）语言与话语内容

国际舞台上的话语内容反映一个主权国家所关注的与自身利益相关或与承担的国际责任、义务相关的观点和立场，可以包括政治、军事、经济、文化及社会生活等方面。在当前和平与发展的时代，有关经济议题的话语内容往往与其他内容紧密相连。从国际经济关系发展的现实来说，经济话语内容往往是由一个主权国家的实力及其在处理国际经济事务中的地位和拥有的影响力所决定的。

随着我国综合国力水平的不断提升，话语内容的空间越来越大。经济的发展使中国有底气同任何国家进行公平的谈判；新冠肺炎疫情期间中国政府的高效运转让更多的外国人重新认识了中国制度体系；5000 年的文化传承给予我们强大的文化自信去结合当前最新科学创造新的理论，这些都可以成为我们的话语内容。但是，话语内容的质量也需要得到提升。从语言角度来看，首先，我们应该重视对外翻译的质量，用其他国家的语言讲述好中国故事，主动定位自己的国际身份，做好外宣翻译话语体系。其次，通过优化语言翻译的模式提供更多非汉语使用者理解中国的契机，如对于背后拥有大量含有中国文化内涵的词汇可以考虑直接音译，外国人在看到或者使用的过程中也会思考、探究这些词背后的一些文化传统，随着时间的推移也可以在跨文化交流中形成一定的话语权。最后，利用好语言的工具职能与文化职能，推进语言教育改革，发展和繁荣基础性的人文和社会科学研究，构建属于中国自己的，且有国际影响力的学术概念和话语。

（二）语言与话语平台

话语平台是指话语凭借何种载体或渠道以期实现话语主体表达的

---

① 梁凯音：《论国际话语权与中国拓展国际话语权的新思路》，《当代世界与社会主义》2009 年第 3 期。

权利。在国际舞台上主要有公众媒介、国际会议、国家间的对外交流与援助等渠道。

在公众媒介层面，要着力打造具有较强国际影响力的外宣旗舰媒体，充分利用微博、微信、贴吧、论坛等新媒体向国际社会传达中国理念。充分挖掘"一带一路"沿线国家的媒体平台和新闻媒介，增加非通用语的宣传信息，让更多国家的民众可以通过他们自己的信息平台了解中国和中国经济。在国际会议层面，汉语已经是世界公认的第二大通用语言，也是联合国的官方语言，每一位中国人可以在合适的会议场合更多地使用中文进行发言。在国际学术会议上报告一般要求说英语，且全世界非英语学术论文的百分比一直在下降，这就涉及学术话语权中的语言权问题。在国家间的对外交流和援助层面，无论是文化交流、经贸合作还是科技合作，应该有意识地增加汉语信息的输出量，利用好孔子学院的文化平台功能，扩大汉语的文化交流圈。通过这些平台增强汉语在全球的中心化程度，不仅可以更好地实现话语主体的权利，扩大话语传播能力，更有助于建构中国国际经济话语权。

（三）语言与话语主体

话语主体，即话语施行者，既可以是主权国家的官方机构，也可以是非官方组织或群体，其所用符号既可以是语言的，也可以是非语言的，包括但不限于政府、智库、相关国际组织、跨国企业和民间特定群体。

中国特色新型智库是国家科学民主依法决策的重要支撑，是高质量话语的生产机构和基地。智库要把理念国际化，语言传达很重要，能够将中国概念以其他国家理解的方式翻译和创造；对于政府来说，为提升话语权，在语言交流时，应该把普遍需求转化为共同话语，把民族愿景转化为世界表达，在接受国际化的公共概念系统的同时输出我们自己的且能够得到国际认同的公共话语；跨国企业在"走出去"的同时，可以尝试把公司的 Logo 或者其他标识改用中文，无形中也有助于话语权的积累；应该成立与语言相关的国际机构，了解当前国际组织的宏观语言环境，梳理国际组织的语言政策与规划，在此基础上提高中文在国际组织中的使用地位和使用比例，有利于提高国家文化软实力；对于民间特定群体，要重视发挥移民海外华人、留学生两个群体的作用，他们一般既掌握英语，又精通汉语，他们在海外可以更便利、更好地讲述中国故事，传播中国声音，从而促进人文交流，增进文化认同。

（四）语言与话语客体

话语客体即话语对象，可以是外国政府和国际官方组织，如联合国及其所属机构，还可以是国际非官方组织、外国民间组织和民众等。

对于不同的客体，我们应该考虑到不同的语境，注重语言结构的可对话性和语言内容的可理解性。话语权是权力与权利的结合，要在对外话语中形成互动，能够得到话语客体的反馈才有助于话语权的塑造，否则要么演变为话语霸权，要么沦为零话语权。因此，要建构中国的国际经济话语权，应该要理解客体背后的语言内涵，客体语言的文化，通过客体的语言传达我们的话语，或者通过增强我们的语言魅力来吸引客体主动地研究我们的话语。"一带一路"共建国家和地区是我们重要的话语客体，要重视语言交流，助力民心相通。为此，应该加强语言传播规律的研究，以精准的语言表述为中国话语提供深厚的学理支撑，形成富有中国特色且能广为传播的话语体系。这里面无关乎强权，就是通过语言的力量把各种话语资源转化为对他国的感召力，将利益关系融合为世界主流话语的表达，增强民族语言的全球影响力，以更加持久、更加深入人心的形式把中国应有的国际经济话语权争取过来，并不断拓展国际话语新空间。

第六章

语言战略规划与经济全球化治理

　　全球经济一体化的步伐推动国际贸易向纵深发展，国际间的经济技术合作迅速扩大，却也加剧了经济两极化和发展无序化问题。由此引发的文化冲突和价值摩擦激化了全球语言生态的激烈竞争，见证了"语言帝国主义"的强盛和世界多样性民族语言的消亡。面向国际社会的信息化、多极化与文化多样化的持续推进，各国面临的国内发展情况和国际地缘政治环境均发生了较大转变，最为凸显的是全球互联互通及数字化转型。而数字技术和互联网也为语言竞争提供了新的手段和平台，加重了语言生态危机。

　　事实上，语言竞争问题是全球竞争的一个侧影和真实写照，凸显出全球经济发展面临的严峻挑战。在此背景下，语言作为信息承载手段、文化沟通桥梁和价值传递工具，其重要作用在愈加频繁的国际交往活动中逐渐得到重视。各国政府开始有目的地开展语言规划活动，试图通过改变社会各群体的语言使用方式及在国际交往中的话语运用模式，调整或稳固国家内部建构与群体关系，深化国际交往能力和话语权力。

　　掌握语言战略规划的发展历程和演变逻辑，分析各个国家、地区、组织如何利用语言规划解决现实世界中的语言及发展问题，并结合当前我国内外发展需求及环境现状进行对比分析，切实有效地完善我国语言政策体系，提升语言实践的社会经济效益，最终外溢至全球经济互动发展大局，贡献中国的语言经验与文化智慧，为世界经济生活秩序的良性转型提供正向牵引力。

第一节　语言战略规划推动经济全球化

国际交往的纵深推进催生了语言规划概念内涵的完备与所涉领域的拓展，并使其呈现出与社会经济发展需求几近相同的发展步调。当前，国际语言规划和政策研究可以说做到了包罗万象，在特定的国情、语情下考量了宏观经济发展进程及不同经济主体的语言差异，业已有效实现对信息传递裂缝的弥合及对高度全球化的经济活动的有力指引。新形势下的语言规划已经随经济社会发展浮现出了新的实践应用与效益增长领域，开启了以语言调整带动利益整合的全新发展篇章。

一　全球互联互通推动国际语言战略规划实践

近年来，随着要素跨国流动趋势渐深，国际社会的经贸交流已是融合了各个国家、地区及各经济主体的复杂性活动，跨国、跨区域交往成为经济发展的必要条件。由此，作为必要的沟通工具，语言在其中的协调与衔接作用得到凸显。如何发挥语言在国际交往中的润滑作用，利用语言实现民心相通，从而更好地促进资金融通、贸易畅通、政策沟通、设施联通、民心相通，实现全球经济良性发展，吸引了越来越多研究人员及利益相关者的关注。在这一过程中，如宏观层面的"语言产业政策""语言产业规制"和微观领域的"语言文字工作""语文建设"等词纷纷出现，究其根本均离不开"语言规划"[①] 和"语言政策"。它通常是指旨在改变全社会的说话、识字方式，以及在国际交往中的话语模式的大规模官方话语或行动。过往有学者提出语言规划就是语言政策[②]，然而语言规划的内涵较语言政策更宽，语言政策仅限于国家层面，而前者除在此基础上还将非国家层面囊括入

---

① Einar Haugen, "Planning for a Standard Language in Modern Norway", *Anthropological Linguistics*, Vol. 1, No. 3, 1959, pp. 8–21.

② 王烈琴：《世界主要国家语言规划、语言政策的特点及其启示》，《河北学刊》2012年第4期。

内。在此及后续的论述中，我们暂且移除语言政策和语言规划的主体区别，仅强调其内在关联性，即语言规划为语言政策提供理性与有效性标准，语言政策又能有效验证语言规划的思想与理论模式①。系统梳理语言规划和语言政策的历史发展趋向，及新时代热点领域的动态，将能更好地指导未来该领域的发展，提升其对全球经济发展的正向牵引能力，促进国际社会交往与连接的深化。

（一）语言战略规划与政策制定

国外学者对语言规划及政策的关注已有 60 多年的历史，已经形成了较为成熟完善的研究体系。鉴于此，我们根据领域内影响力排名，从 SSCI 名录中选取了五本相关主题期刊，借助 CiteSpace 将近 20 年刊载的文章进行了可视化处理，以便于掌握语言规划和政策的国际发展趋势。

鉴于 2001 年以前的语言规划模式及重心较为固定（下文将展开叙述），我们将取样区间设定在 2001 年 1 月 1 日至 2021 年 1 月 31 日，经过手动筛选剔除发刊词、编后语等不相干材料后，共获得 5668 篇样本文章。以下将按照所获文章数量对取样期刊进行简要介绍。第一是提供文章数最多的《国际语言社会学杂志》（*International Journal of the Sociology of Language*），在取样区间内共获取 2520 篇文章。该期刊创办于 1974 年，是语言社会学领域的标杆和先导刊物，研究主体是语言文字及话语行为对社会交往影响的体现。第二是《多语言和多元文化发展杂志》（*Journal of Multilingual and Multicultural Development*），共获 1118 篇文章。该刊研究话题较为多样化，囊括语言社会学、社会心理学等学科，涉及语言和文化政策、多语种的语言与文化规划和实践等内容。第三是提供了 661 篇文章的《语言政策》（*Language Policy*）。它是语言政策领域内的权威刊物，于 2002 年创刊，研究问题主要为宏观语言政策以及微观层面的语言教育政策。第四是于 1977 年改版的《语言问题与语言规划》（*Language Problems and Language Planning*），我们从中选取了 661 篇文章，该刊将语言政策、语

---

① Thomas Ricento, *An Introduction to Language Policy*: *Theory and Method*, UK: Black well Publishing, 2006, pp. 193–200.

言的经济效用和社会效用作为核心问题。第五是《当代语言规划问题》（*Current Issues in Language Planning*），如其名称，该刊致力于总结和研究当下不同语言政策及语言规划实践中的问题。

（二）国际语言规划与全球经济建设同步发展

论其过往发展路径及趋势，大致和不同时期社会经济发展需求相对应。当经济独立意识出现后，即会相应地出现有关语言变体的选择的问题，在此情形下，对语言本体书写形式、字词语法等的标准化即为第一步；其次是对语言规划的实施落实，即通过出台文件、文体教育和媒体舆论等方式来传播该语言变体，利用新语言本体形式承载各群体活动，为整体经济运行系统的建立与完善提供连接平台和疏通工具，此即第二步；第三步是语言规划的评价，可以利用评价程序统计语言规划的经济产出效益，分析民众对所使用的语言变体的接受度，或通过当前学界所关注的核心问题的变化趋向来判断是否达到了一定的效果，通常好的效果是研究转向词汇范围的变化，以此为载体进行语言活力保护研究[1]，为新阶段经济飞跃吸纳主体、拓展途径。结合以上基础，参考研究经验及最新数据分析，可分成三个阶段来看。[2]

1. 20 世纪 50 年代至 70 年代末：去殖民化实践期

自 20 世纪 50 年代末开始的殖民地国家及地区独立潮，各地接连铺开语言规划活动[3]，确立独立语言体系和语用习惯，以支撑政治、经济上的去殖民化。这一阶段，因殖民国家主要是英美等少数旧世界霸主，其在各地区的统治方式与方法具有一致性，所以各被殖民国家在语言去殖民化规划过程中展现出了极强的相似性。通常分为三步，设定官方语言，统一书写规范，完善字典、法律等硬支撑。印度尼西亚是这一阶段较为典型的例子。1945 年印度尼西亚脱离荷兰殖民统治后，政府宣布将本地化的马来西亚廖内方言作为其官方语言，也就是

---

① 托马斯·李圣托等：《语言政策与规划的过去、现在和未来》，《语言战略研究》2016 年第 5 期。

② 高雪松等：《国外语言政策研究的问题和路径》，《语言文字应用》2021 年第 1 期。

③ James W. Tollefson and Miguel Perez-Milans, "Research and Practice in Language Policy and Planning", *The Oxford Handbook of Language Policy and Planning*, New York, NY: Oxford University Press, 2018.

现在的印度尼西亚语（以下简称"印尼语"）。1972年，在政府指导下印度尼西亚完成了印尼语书写方式的标准化，随后，1988年《印尼语官方大字典》投入使用。可以看出，在这一阶段内的语言标准化过程较为漫长，但印度尼西亚等政府则较成功地利用语言规划和语言政策把国家独立时鲜有人使用的本土语言推广成为全国各族群统一使用的国家语言，顺利地完成了语言去殖民化。

2. 20世纪80年代至90年代末：用途政治化研究期

第二阶段，在各国依次完成初步标准化之后，约20世纪80年代末，相关学者开始反思语言标准化过程中出现的权力支配问题，即政策制定者试图通过语言规划实现强化政府统治、解构不平等现象或强化阶级划分等政治意图。[①] 如菲律宾政府选择在独立后继续维持英语强势语言的地位，以便于部分群体保持他们的地位和利益，同时能为跨国资本提供相匹配的廉价劳动力，以从中攫取运营利润。在这之后，大部分学者将近20年视为一个完整的发展阶段，认为其体现了语言规划和政策的制定从"自上而下"向"自下而上"转变的过程，与经济活动主体的变化趋势相符，民间力量在语言规划中也得到凸显。[②] 基于此，在这一阶段的研究中，研究者将研究主体和内容细化，从宏观转向了微观，将各层级主体及内容串联来判断其发展趋势、原因和目的。

整体来看，语言规划与政策的前两个发展阶段，具体内容、主体和意义均较为固定，而第三阶段呈现出较为明显的多样化特征。

3. 迈入21世纪：多主体、多领域、多区块的多元碎片发展期

在数据分析过程中，我们对近20年国际语言规划和政策研究做了关键词凸显，并制作了国家和机构分布可视化图谱。首先需要提及的是，同语言经济学类似，语言规划和语言政策也呈现出"多学科参与"的特点。从国际上看，语言学及教育研究是语言规划和政策研究

① James W. Tollefson "Language Policy in a Time of Crisis and Transformation", *Language Policies in Education: Critical Issues* (2nded.), New York, NY: Routledge, 2013.

② James W. Tollefson and Miguel Perez-Milans, "Research and Practice in Language Policy and Planning", *The Oxford Hand book of Language Policy and Planning*, New York, NY: Oxford University Press, 2018.

分布最多的两大学科，而将其与政治学、法律等学科相结合，是未来研究语言规划和语言政策时需加强关注的新态势。

图 6-1 将 5668 篇文献进行了关键词共现，并根据相关性强弱，以深浅度不一致的色块生成了聚类区分。可以看出，近年来国家语言规划、双语政策、社会适应性、语言使用、语言意识等是较为核心的研究内容。在此基础上，我们试图进一步通过关键词凸显直观展现各关键词出现的年份，以了解国外学者对该领域研究的发展变化。图 6-2 中的关键词看似较为分散，没有明显规律，但以 2010 年为分界，研究者开始逐渐关注语言的实际使用价值。进而在随后的十年间，我们可以看到凸显的关键词大部分都涉及语言在各领域内的实际操作，或是具体的使用群体。并且，较为明显的是，在近 5 年间，国际上对于语言使用主体的研究呈现出热度的持续积聚。

除此之外，我们将共现内容替换为国家、地区和机构，得到图 6-3。其中节点的圆圈图样越大，就表示这 20 年中与该节点具有相关性的研究数量越多。在直观感知下，美国、澳大利亚、西班牙、荷兰、中国香港、南非、瑞典，在取样年间组织发起的语言规划和政策研究较多。而与图 6-2 类似，若要进一步探究各机构研究集中程度的变化趋势，我们需借助国家及机构凸显图谱，见图 6-4。

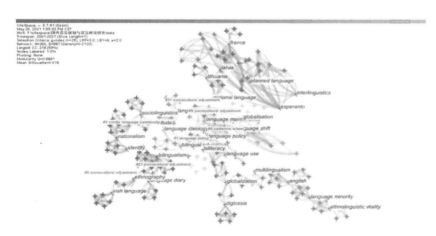

图 6-1　2001—2021 年国外语言政策研究关键词共现图谱

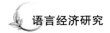

Keywords	Year	Strength	Begin	End	2001—2021年
language planning	2001	1.7772	2004	2006	▃▃▃▃▃▃▃▃ ▆▆ ▃▃▃▃▃▃▃▃▃▃▃▃▃▃▃▃▃▃▃▃
nationalism	2001	1.1681	2005	2006	▃▃▃▃▃▃▃▃▃▃ ▆▆ ▃▃▃▃▃▃▃▃▃▃▃▃▃▃▃▃▃
language shift	2001	1.0579	2005	2006	▃▃▃▃▃▃▃▃▃▃ ▆▆ ▃▃▃▃▃▃▃▃▃▃▃▃▃▃▃▃▃
language maintenance	2001	1.1636	2006	2007	▃▃▃▃▃▃▃▃▃▃▃▃ ▆▆ ▃▃▃▃▃▃▃▃▃▃▃▃▃▃▃
latvia	2001	1.1681	2007	2008	▃▃▃▃▃▃▃▃▃▃▃▃▃▃ ▆▆ ▃▃▃▃▃▃▃▃▃▃▃▃▃
planned language	2001	1.059	2007	2009	▃▃▃▃▃▃▃▃▃▃▃▃▃▃ ▆▆ ▃▃▃▃▃▃▃▃▃▃▃▃▃
interlinguistics	2001	1.059	2007	2009	▃▃▃▃▃▃▃▃▃▃▃▃▃▃ ▆▆ ▃▃▃▃▃▃▃▃▃▃▃▃▃
language use	2001	1.0136	2010	2012	▃▃▃▃▃▃▃▃▃▃▃▃▃▃▃▃▃▃ ▆▆ ▃▃▃▃▃▃▃▃▃
language policy	2001	0.5261	2012	2013	▃▃▃▃▃▃▃▃▃▃▃▃▃▃▃▃▃▃▃▃▃ ▆▆ ▃▃▃▃▃▃▃
language diary	2001	0.9272	2013	2016	▃▃▃▃▃▃▃▃▃▃▃▃▃▃▃▃▃▃▃▃ ▆▆▆▆ ▃▃▃▃▃
irish language	2001	0.9408	2014	2017	▃▃▃▃▃▃▃▃▃▃▃▃▃▃▃▃▃▃▃▃▃▃ ▆▆▆ ▃▃▃▃
language ideology	2001	1.0579	2015	2016	▃▃▃▃▃▃▃▃▃▃▃▃▃▃▃▃▃▃▃▃▃▃▃ ▆▆ ▃▃▃▃
language attitude	2001	1.0579	2015	2016	▃▃▃▃▃▃▃▃▃▃▃▃▃▃▃▃▃▃▃▃▃▃▃ ▆▆ ▃▃▃▃
esperanto	2001	0.46	2016	2018	▃▃▃▃▃▃▃▃▃▃▃▃▃▃▃▃▃▃▃▃▃▃▃▃ ▆▆▆ ▃▃
adolescent	2001	1.1136	2018	2021	▃▃▃▃▃▃▃▃▃▃▃▃▃▃▃▃▃▃▃▃▃▃▃▃▃▃ ▆▆▆▆

图 6-2 2001—2021 年国外语言政策研究关键词凸显

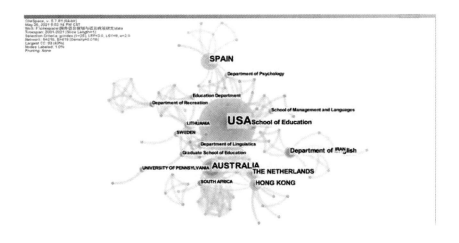

图 6-3 2001—2021 年国外语言规划与政策研究机构及国家共现

Countries	Year	Strength	Begin	End	2001—2021年
UNIVERSITY OP PENNSYLVANIA	2001	1.1773	2002	2004	▬▬▬▬———————————————————
Graduate School of Education	2001	0.9385	2004	2008	———▬▬▬▬———————————————
SWEDEN	2001	1.1699	2009	2011	——————————▬▬▬——————————
School of Education	2001	0.7523	2013	2014	——————————————▬▬————————
CANADA	2001	1.3477	2014	2017	——————————————▬▬▬▬————
Education Department	2001	1.0729	2014	2015	——————————————▬—————————
IRAN	2001	1.1176	2015	2017	————————————————▬▬————
AUSTRALIA	2001	1.0045	2016	2018	——————————————————▬▬———
Department of English	2001	1.9273	2016	2019	——————————————————▬▬▬—
SOUTH AFRICA	2001	0.9908	2018	2021	————————————————————▬▬
Department of Recreation	2001	1.1326	2019	2021	—————————————————————▬▬▬

图 6-4　2001—2021 年国外语言规划与政策研究机构及国家凸显

剔除掉关键信息遗漏导致归属地不明的机构，由图 6-4 可知，国际语言规划和语言政策研究热点国家，由最初的欧美国家，逐渐转向大洋洲及亚洲、非洲国家。同时，由图 6-4 有效数据中的凸显持续时长可看出，加拿大和南非在近 20 年国际语言规划和语言政策研究发展中，做出了较大的贡献。

（三）国际语言规划与全球化发展

在上文中我们已经提及，要实现对高度全球化的经济活动的有力指引，未来国际语言规划和政策研究必然也要做到包罗万象，将语言、语言教育与政治、法律、人类学、宗教学、国别区域研究等领域相结合，是无法避免的新态势。究其本源，必然离不开日趋紧密的"人类命运共同体"。近年来互联网的普及和诸如 4G、5G、人工智能等技术的出现和升级，不断削弱、消解着各国、各地区之间地理上的天然屏障，全球化大势不断加深，世界政策沟通、设施联通、贸易畅通、资金融通和民心相通程度持续推进。正因如此，如何在诸多跨国交往活动中实现自然、通畅的交流成为亟须被破解的问题。以共建"一带一路"国家为例，"一带一路"倡议所涉范围广、参与国家数量多、相关活动体量大，涵括了世界上几乎所有的宗教和绝大多数族群，同时也造就了各共建国家之间极大的文化差异。

鉴于此，为打通交往通路，各领域对语言的关注度大幅提升，语言规划与语言政策方面的研究人员，也根据特定的需要，逐步由国家内部宏观的语言政策研究转向了针对某一群体、某一文化、某个地区的微观语言研究；从对单一语言的研究转向了对双语、多语言的研究与规划。

结合图例来看，从图 6-2 中，我们将近 5 年间持续凸显的关键词按时间顺序整理并提取如下：爱尔兰语（Irish language）、语言意识形态（language ideology）、语言态度（language attitude）、世界语（Esperanto）①、青少年（adolescent）、语言复兴（language revitalization）、少数民族语言复兴（minority language regeneration）、语言少数群体化（language minoritization）、社会文化适应（sociocultural adjustment），正是为以上分析提供了佐证。

由此可见，以维护国家利益、解决社会问题、拉动区域经济合作发展、深化人类命运共同体为目标，聚焦多语言、多领域、多层级，关注微观语言使用者的语言态度、语言习惯②及由政治、法律、经济、文化等社会因素对其造成的影响，建立并完善语言规划与政策评价体系③，拓展语言的社会效益，是未来较长一段时间内语言规划与语言政策研究者发力的方向。

二　中国特色经济制度与其独特的语言规划体系

分析国际语言规划发展进程时发现，一个国家的语言规划及所制定的语言政策是由特定的国情、语情决定的。除考量宏观经济发展进程之外，还要根据内部不同经济主体的语言差异制定区别性政策，以弥合信

---

①　世界语（Esperanto）是由波兰籍犹太人眼科医生拉扎鲁·路德维克·柴门霍夫（Ludwig Lazarus Zamenhof）博士在印欧语系的基础上于 1887 年 7 月 26 日发明创立的一种人造语言，以求帮助人们跨越语言、肤色、种族、地域等界限，用同一个身份——世界公民来平等、友好地相处，而并不打算取代任何民族语。"Esperanto" 词汇原意为 "希望者"，表达了对人类美好未来的憧憬。讲世界语的人被大家称为 "世界语者"（Esperantisto）。世界语是国际上使用最广泛的国际辅助语之一，全球 150 多个国家和地区都有世界语者及世界语组织。1954 年联合国教科文组织正式把国际世界语协会列为 B 级咨询关系单位，从而确定了国际世界语协会（UEA）在联合国教科文组织的正式地位。联合国协会世界联合会对推广世界语采取了积极的态度。详见 https：//baike. baidu. com/item/世界语/563425？fromtitle＝Esperanto ＆ fromid ＝3410021&fr＝Aladdin。

②　戴曼纯：《语言政策与语言规划的学科性质》，《语言政策与规划研究》2014 年第 1 期。

③　康铭浩等：《国际语言政策与规划研究的新进展》，《当代外语研究》2020 年第 6 期。

息传递裂缝。将视线聚焦至我国，现今我国 56 个民族使用着 100 多种语言和 30 余种文字，以及盲文、手语等多种语言形式，另外国内还存在数量可观的语言学习者、中外混血居民以及外国人士，各国外语在国内也有着较高的使用率。同时，不同于英美国家，内部各地使用的语言大多仅是语音语调上的细微区别，并无语法、字词上的巨大变化；我国各民族语言分属不同语系语族，即使是官方语言汉语也有官话和非官话之分，各方言之间差别跨度极大。以上情况一并构成了我国多民族、多语种、多方言、多文字的基本语情，进而要求我国政府在进行语言规划时充分考虑语言文字的多样性和使用情况的复杂性，以语言整合带动利益整合，消解语言障碍，深度开展跨群体经济合作。

但从宏观角度来看，国内各民族语言之间、汉语内部各地方言之间的差异和分歧不应被过度放大，当今稳固的多元统一大局更值得被肯定。一方面，九成以上的国人均说汉语，使用全国统一的文字①，且各地区方言之间的差异并未至完全阻碍交流的地步，甚至能够在以两湖和川渝地区为典例的相邻省份、城市间发现用词、发音的相似性。另一方面，前面我们提到，21 世纪推广普通话已经取得了巨大成就，且步履未停，国内语言的统一性持续加强。截至 2021 年 6 月 1 日，全国范围内普通话普及率达到 80.72%，比 2000 年的 53.06%提高了 27.66 个百分点。中国各民族语言和汉语各种方言长期接触、互相影响、共同发展的语言发展历程，使我国语情得以形成多而不散、杂而不乱的独特局面。由此便不难理解我国语言规划与语言政策"大势统一"和"主体多样"两大特征的由来。

（一）"大势统一"的语言发展政策与经济效应

1. 语言标准化质效提升经济向心力

共性决定事物的基本性质，统一的语言能实现各地区经济要素的信息互通，有效保证其能够"泛而不散"，以实现对禀赋与需求之间利益互换的合理统筹。因此，我国在 70 余年的语言政策制定与推行

---

① "一般人都知道中国语言分歧的方面，忽略中国语言统一的方面。我国人民百分之九十五说汉语，使用全国统一的文字。"详见李荣《中国语言地图集》，中国社会科学出版社 1987 年版。

进程中，始终将语言和文字的标准化，即汉字简化和普通话推广放置在重要地位。

近年来，通用语言和文字普及被提上日程，通过学习资源的开发、群体示范等途径，聚集力量拉动乡镇居民、少数民族等核心受众参与学习和应用实践。此外，增加了"汉语汉字信息处理"的工作，即我们现在所说的"信息化"。规范化、标准化和信息化，构成了我国语言规划工作的"三化"，从量上大幅提升了普通话和简体字的使用率。同时，近些年政府在普通话普及度较高的地区重点加大对龙头企业、教育、媒体、语言服务等所属及相关从业人员的通用语言文字应用能力和语言文字素养的检测和培养，旨在拉动通用语言和文字的普及和应用质量。

2. 中文国际应用增强海外竞争力

我国语言规划在国际上体现为一系列提升中国国际地位和应用率的措施，如通过政府和非政府组织，向外国人士和海外同胞提供华文教育资源，并通过调整政策条例不断刺激资金技术投入和方式方法创新，推广国际中文教育。较为典型的例子有两个：一个是中外合作建立、广为人知的孔子学院，另一个是由教育部和国家语言文字工作委员会指导，由科大讯飞股份有限公司建设和运营的智能语言学习平台——全球中文学习平台（www. chinese - learning. cn）。前者早在2004 年就已经创办，后者于 2019 年 10 月 25 日上线。政府先后在服务引导社会语言生活和传承传播中华语言文化方面开展了卓有成效的探索，并通过出台相关政策措施，与各国政府、国际组织、企业建立联系，旨在提升中文在国际会议、国际贸易、建设项目等大型国际活动中的使用和地位，使国内企业在与全球经济体交流碰撞中，借中文之势有效提升自身的国际竞争力。

3. 语言与文字制定"大体统一"的发展主旋律

国家在完善新时代语言规划的过程中考虑到了技术革命带来的一系列空间和领域的变化。在互联网、大数据、云计算、区块链、人工智能、5G 技术等复合而成的空间和领域内，语言和文字的使用标准和管理规范；现实空间和网络空间深度交融下，营造安全、和谐、文明的网络语言生活，均是进入 21 世纪后我国语言规划发力的新目标，包括制定、实施、宣传、普及、遵守和监督语言文字法律法规，推进语言文字法治建设；加强公民教育，提升网民语言规范意识与能力、道德自律与约束，以及话语主体的健康心理等。[①] 就网络空间而言，除要保障基础语言技术能力之外，网络空间的语言安全问题是语言规划关注的重中之重，对此我国在构建网络空间话语传播体系，扩展汉语在网络空间应用的同时，尤其注重对于网络话语使用的监测，利用相关政策和法规，为网民营造安全自由的网络语言环境。持续推进国家通用语言文字智能化、数字化，加快自然语言和非口头语言的转码处理，以语言形式的更新为先锋为经济在新场域的发展开辟路径。是当前及未来我国语言政策及规划瞄准的一大方向。

（二）"主体多元"的语言规划理念和包容特性

此前提到，从国家语情概述上看，我国语言使用的主体多样性突出体现为少数民族、跨国生活人群、华人华侨，以及视障、听障等特殊人群上，处理好这部分语言使用群体的"沟通难"问题，就能有效整合更广大主体的力量，助推我国经济指标达到又一新高，故而在语言规划和政策制定过程中处处可见"主体多元"的中国特色。

1. 尊重少数民族语言和文字的复杂性和特殊性

在为语言文字制定规范标准时，《国家通用语言文字法》曾将少数民族语言文字一并纳入考虑范围，但是最终在 2000 年 2 月全国人大常委会委员长会议上，决定不重点规范少数民族语言文字方面的问题[②]，仅对具体使用范围等重要问题在相关法律中做出明确规定，委以地方负责法规的细节构想及制定，并且着重强调了少数民族语言和文字较之于国家通用语言文字的地位、语言平等问题。同时在相关条例中突出强调要"科学保护各民族语言文字"，实现语言和谐发展，最终逐步形成"《宪法》相关规定为基本原则，《国家通用语言文字

---

① 国家语言文字工作委员会组编：《中国语言政策研究报告（2020）》，商务印书馆 2020 年版，第 113 页。

② 卢千奇：《关于〈国家通用语言文字法〉的几个问题》，2002 年 6 月 1 日，参见周庆生等《语言与法律研究的新视野》，法律出版社 2003 年版，第 51 页。

法》为专门法律,《民族区域自治法》和民族自治地方的自治条例中有较为具体的规定,各地有实施《国家通用语言文字法》的地方性法规规章,民族自治地方多地有少数民族语言文字单行条例"的语言文字规范体系①,为少数民族营造较为自由的语言环境,保证民族语言及文化传承。

2. 排解华人华侨及在华外籍人士所面临的复杂的语言选择问题

随着我国对外开放政策的推行和深化,国内外交流往来和人口流动更为普遍,我国语言规划也逐渐加强了对华人华侨及在华外籍人士语言意识和语言管理的关注,设立了专门篇幅,以解决其特殊的语言选择和语言需求。由于这部分群体可调动多种语言资源,使用多语种较为便捷地进行跨国交往和流动,故而语言规划也多根据具体应用场合进行细分,如在公共空间②倡议使用所在地的官方语言,在家庭环境中则建议使用母语,以便于缓解语言使用和情感认同的反差③,同时达到多语技能的锻炼及代际传承的实现,并通过相关政策促进语言认同、文化认同、情感认同,凝聚华人华侨及在华外籍人士的力量,调动其投身国家建设与国际合作的积极性。

3. 消除特定人士的语言交流障碍

对于听障、视障等存在语言与文字识别及使用障碍的人士,在政策指导和情感趋势下,国内政府、学界、相关机构和组织从上至下为其开展了语言文字信息的管理、服务、治疗、无障碍转码和运用等活动。2018 年由教育部、国家语委、中国残联联合发布了国家语委语言文字规范(GF)《国家通用手语常用词表》,对过往常用手语词语进行了收集,在表达中用动作和表情替代了一部分手指字母的使用,系统对手势感知、手势识别、手势理解做出调整规划,完善了手语信息处理能力和规范;同年发布的《国家通用盲文方案》则进一步完善了

---

① 张日培:《新中国语言文字事业的历程与成就》,《语言战略研究》2020 年第 6 期。

② 董洁:《家庭中的"声音":海外华人家庭语言规划案例二则》,《语言战略研究》2019 年第 2 期。

③ 孙浩峰等:《福建侨乡"洋留守儿童"语言生活现状调查研究——基于福清市江阴镇的田野调查》,《语言文字应用》2019 年第 2 期。

现行盲文的标调规则、声调和符号用法规范，并不断更新相应规划与政策，促进字音之间的转换，发挥汉语拼音的中介作用，助推盲文资源的信息化转换。

虽然针对听力障碍群体的替代性普通话水平测试方式还未曾面世，针对其他语言及文字识别及使用障碍群体的规划和政策仍有疏漏及不完善之处，但在学界和相关组织的努力下均已有了一定的研究基础，在可见的未来将会出台更加具有普适性的普通话测试、推广与应用规划及政策。

（三）语言战略规划为经济建设提供指导

我国的语言规划及政策在过往发展的 70 余年中，不仅反映了中国国情和语情的发展变化情况，更体现了我国语言规划及政策的独特内涵与精神风貌。"大势统一"的发展主旋律和"主体多元"对各群体展现出的兼容并包，使我国的语言规划不仅在政策层面呈现出较为严谨、完善的一面，更在实践中保障了国家统一和民族团结，对提升地区间关系、文化自信以及中文国际地位有战略性意义，并持续保持了国家文化多样性和生命力。未来，面临科技革命和国际格局骤变交织的复杂发展环境，我国将有针对性地继续完善、深化相关规划及政策，为语言生活中的问题提供更加合理有效的解决途径，为社会发展和国家建设打造更坚实可靠的语言后盾。

三　语言规划在当前经济发展中的应用场景

面对国际社会的信息化、多极化与文化多样化的持续推进，各国的国内发展情况和国际地缘政治环境均发生了较大转变，最为凸显的即是全球互联互通及数字化转型。相应地，为更好地发挥语言沟通交互的桥梁作用，适应当前区域发展和社会需要，各国语言规划纷纷开始开辟新领域。整体上看，现今国际语言规划研究的焦点大致在语言服务、语言治理及语言联通三大领域，以下将分别进行阐述。

（一）语言服务：实现无障碍沟通，提升信息安全

语言服务的主要内容大抵可以归纳为语言咨询和人才培养，语言应急和语言援助，特定行业、活动及区域的语言服务三大板块，核心

目的是利用语言文字、知识、技术①等为个体及组织提供支持与帮助。②

语言咨询和人才培养包括社会咨询、多语种外语规划、语言人才输送等细支。以我国为例，近年来如打造技能、知识、文化一体化培养模式，打造语言景观，服务智慧城市项目，建设国家外语志愿人才及相关资源动态数据库，提升语言能力，服务"一带一路"建设等倡议及活动已经走进了千万人的视野。特定行业、活动及区域的语言服务，如国际会议和比赛，重点在于利用语言服务实现无障碍沟通，研究聚焦于专业口笔译、电话翻译、志愿者和设备的辅助翻译；而对于数字化建设中如何实现语言智能化，实现信息集成与安全共享，利用多样化的语言资源增加生产生活中的经济收益，更是吸引了不同领域学者及利益相关者的广泛关注。

语言应急和语言援助源自突发公共事件带来的各类语言问题，能够直接影响短期内应急反应行动效率和效果，也将影响对应急事件带来的长期社会治理问题的处理效度。③尤其在2020年新冠肺炎疫情暴发后，由于沟通交流不畅、信息误读等造成的防治与救援不及时、效果差等严重影响，国内外迅速掀起了对突发公共事件语言应急和援助的研究热潮。当前的研究主要落在信息发布、沟通交流、舆论管控上。其一，在面对突发公共事件时，政府及相关团体如何兼顾不同群体，用合适的话语及时、有效地发布信息，如何规划事件信息的透明度，如何对事件本身进行有效控制，将直接影响事件主体的形象和公信力。对此，中国政府在疫情期间探索出合理有效的信息和新闻发布话语，针对主体多元的国内语情，中央广播电视总台采取了普通话、方言、少数民族语言、外语、手语等多语服务的模式，并在分语微信公众号用蒙、藏、维、哈、朝5种民族语言节目对疫情防控进行充分播报；各地政府则利用山歌、民谣、歇后语等方式呼吁不懂汉语的群众做好防疫工作；针对在华国际人士，国家移民管理局则推出了英、

---

① 李宇明：《语言服务与语言产业》，《东方翻译》2016年第4期。
② 屈哨兵：《我国语言活力和语言服务的观察与思考》，《学术研究》2018年第3期。
③ 王春辉：《突发公共事件中的语言应急与社会治理》，《社会治理》2020年第3期。

俄、法、德、日、韩6种外文版本的《新型冠状病毒感染的肺炎公众预防提示》，确保第一时间将最重要的信息尽可能广地传达出去。其二，在危害人民生命安全及财产的重大事件中，如何进行有效沟通，进而减少不必要的损失，在最短时间内推进救援抢险活动，往往是灾情控制的一大法门。尤其是在分散、局部救援中，救援沟通与翻译服务对高语境及低语境语言转换、跨语言和跨文化转换的能力[1]有更高的要求。另外，新媒体时代附加云存储、区块链和5G技术，信息发布和信息获取渠道趋向多元化，信息安全问题热度高居不下，突发公共事件中的谣言管控和舆论引导也是新形势下语言应急和语言援助领域研究的一大方向。

（二）语言治理：提升语言能力发展，增强国际话语权

语言是文化最为重要的承载者、阐释者和建构者[2]，在国家治理中起着至关重要的作用。一方面，语言服务是社会经济发展的重要资源和支撑，优化语言服务可以促进社会经济发展和建设；另一方面，语言治理体系是国家治理体系的重要组成部分，语言治理体系的提升，关系着不同文明之间的对话与理解。[3]而考虑到现实层面，国内普遍存在的多语码化趋势，语言功能、空间分布及新变体的出现，语言需求的更新和深化，以及国际层面存在的中国汉语应用率较低、话语权较弱等问题，都使得语言治理的重要性和发展方向愈加明显。总的来说，语言治理侧重以问题为导向，常以权力多中心化的治理体系，将政府、社区、企业、公司、学校乃至个体纳入治理主体范围，倡导社会多元主体平等参与治理实践。从具体内容上看，当前语言治理的研究者们主要关注社会多语分化，以及国家语言能力及话语权问题。

社会多语分化表现在不同群体、不同地区对同一事物的命名差

---

① Patrick Cadwell and Sharon O'Brien, "Language, Culture, and Translation in Disaster ICT: An Ecosystemic Model of Understanding", *Perspectives*, Vol. 24, No. 4, 2016, pp. 557–575.

② 李宇明：《语言在全球治理中的重要作用》，《外语界》2018年第5期。

③ 王玲等：《语言治理观及其实践范式》，《陕西师范大学学报》（哲学社会科学版）2020年第5期。

异，新混合语、新方言等语言变体，不同语言的地位张力日渐增减，部分语言甚至走向衰灭。当前学界提出的主要应对措施有二：一是自下而上收集民众需求，了解语言使用的真实情况，进而由各地方管理部门分析、探讨，商榷解决语言问题的治理对策及方案，最终传递至顶层部门；二是由顶层部门统一协调、管理，根据已知问题和现实需求制订宏观方案，并细化出基本规则和治理红线，进而自上而下传达至各分级部门，结合具体情况做出适当调整，监督下发及落实。而在国家语言能力及话语权问题上，随着国际关系研究的语言学转向，近些年在批评话语分析、后结构主义语言学的基础上①逐渐兴起了对外交话语体系建设和治理的研究。

外交话语是指以主权国家为代表的外交单位在一定时期内②在跨国交流过程中，为解释外交理念、指导思想、战略地位、目标规划和政策实施所发出的具体言论和行为，是能够较为全面地呈现一国意识形态、政治主张、核心利益的语言载体。③ 在其基础上展开的外交话语体系建设和治理，主要发力点在于话语内容、话语方式和话语传播。我国在当前的外交话语结构是时代发展、国际关系和对外政策糅合发展的结果，实现了核心理念的丰富、国际责任的肩负和发展目标的凸显和维护，然而国内外、官员与学者之间仍然存在分歧，有必要进一步加强言语产生、翻译与交流之间的有效联系。④ 确保话语内容的平衡、立体，兼顾我国利益和其他国家的理念认同，破除英语通用话语体系的桎梏，合理融入非通用语言，塑造新话语体系。同时，在具体研究当中也出现了理念分化。一部分学者认为外交话语应当作为研究外交关系与政策的手段，从而为国际关系领域语言研究提供基本路径⑤；另一部分认为，外交话语应被视为一种特殊的话语类型，并

---

① 胡开宝等：《国内外外交话语研究：问题与展望》，《外语教学》2018 年第 6 期。

② 金正昆：《现代外交学概论》，中国人民大学出版社 1999 年版。

③ 李志丹：《试谈外交话语体系建设》，《中国社会科学报》2019 年第 3 期。

④ 孙敬鑫：《"一带一路"对外话语体系建设的问题与思考》，《当代世界》2019 年第 1 期。

⑤ 尤泽顺：《外交话语分析框架构建——以涉领土争议话语研究为例》，《山东外语教学》2019 年第 5 期。

应局限于语言学领域。结合历史文化语境和具体话语，我们希望展示话语如何反映外交现实，外交政策构建、促进政治执行并最终改变外交现实。

除此之外，学界认为语言治理还应覆盖国家语言能力和国际话语权层面。当前中国参与全球治理的外语能力、国际汉语传播能力、语言及行业结合程度、国家整体话语能力均存在不足。即便我们在过往工作中已取得了一定成就，例如，2020 年我们见证了全球中文学习平台进一步优化完善，并进一步丰富了相关产品，其中包括口语评测引擎和声韵调纠错在内的多项关键技术取得突破，借助科大讯飞 AI 理念和技术支撑，研发上线了"译学中文""知学中文""幼学中文"等手机软件，增设港澳台频道，补充针对性学习资源。截至 2020 年年底，平台累计用户超过 210 万人，覆盖近 170 个国家和地区，汉语已经是 60 多个国家中国民教育体系认可的语言。但需要意识到，汉语在国际组织中使用程度不高，服务"一带一路"建设的语言能力，尤其是与各行业的结合还不足，同时"一带一路"范围内的 50 余种官方语言中仍有少部分语言未被纳入我国语言教育系统，"一带一路"语言人才数量及培养层次仍有待优化，着力提升国家语言能力，深化"一带一路"人文交流水平。

（三）语言联通：消解区域边界，以语言整合利益

语言联通指的是通过语言手段，发挥地缘优势，在国家间、区域间的经济、文化、政治层面建立深层联系、深化友好关系。近年来，随着"一带一路"倡议不断推进，以及"一带一路"建设在全球范围内成果的深化，除经济效益之外，其所带来的政治、文化效益也逐渐引起了越来越多人的关注。"一带一路"65 个共建国家中有 53 种官方语言，是全球语言多样性最为丰富、文化差异性最为突出的地区。语言在"一带一路"经贸投资合作、文明交流互鉴中起到了重要桥梁和纽带作用①，"一带一路"倡议及其框架内合作带来的民心相

---

① 梁昊光、张耀军：《"一带一路"语言战略规划与政策实践》，《人民论坛·学术前沿》2018 年第 10 期。

通，主要是依靠语言手段实现的。

当前，中国语言文字事业的国际影响力随着中国国际地位的提升持续扩大。截至 2020 年年底，世界范围内已有超过 180 个国家和地区开展中文教育，中文已经被 70 多个国家纳入国民教育体系，海外中文学习者超过 2000 万。自 2021 年 1 月 25 日起，中文正式成为联合国世界旅游组织官方语言。以中文全球学习平台为代表的基础信息技术研究，结合先进的技术应用，意味着人工智能打造了一个可以随时学习中文的在线环境，能够在任何地方独立利用各种资源创造知识效益，坚定提升中国的传播力和国际影响力。"截至 2020 年年底，全球中文学习平台累计用户超过 210 万，覆盖近 170 个国家和地区"。

放眼全球，借助语言载体传播本国文化和理念，通过直接的教育、文化交流，或间接的经贸、投资合作，建立友好关系，谋求经济发展和利益最大化，在国际社会广交朋友，是各国提升本国国际话语权和国际地位的新途径。进而诸如语言的国际推广、国际文化交流平台搭建等语言规划战略也成为新形势下学界争相研究的新话题。

第二节　语言实践与经济建设

语言政策的制定需要较为系统地考虑国情、语情，以及国际环境的影响，进而为国家社会发展和全球经济建设提供理论上的支撑。而语言政策又只有通过落实到实践中才能真正为经济文化发展和社会进步做出实质性贡献。故而我们需要从语言实践的角度，对各国及国际组织的语言政策做出机制及效果的分析与评价，并从中攫取经验教训，以求为我国语言规划与政策、语言实践以及经济效益高产出提供更强有力的支撑。

一　20 世纪以来国际语言政策的实践范式

首先需要考量的是各国的语言政策及实践情况，鉴于全球 200 多个国家和地区这一庞大的数量，在此我们选取了在国情、语情和过往语言政策及实践表现上较有特色的国家进行阐述，并在此基础上做出概括分析，旨在提升我国语言政策及实践科学性、有效性的同时，探寻同类国家、组织在语言规划上的通路，进而更好地实现共同发展和人类命运共同体的伟大愿景。

（一）部分国家的典型语言政策与发展成效

在此我们选取塔吉克斯坦、实行多元文化主义的发达国家新西兰，以及较为成功地在语言统一化下实现多样性的人口小国不丹这三个具有代表性的国家作为例子进行介绍与分析。

1. 塔吉克斯坦：善用族际语，拓宽经济建设路径

塔吉克斯坦位于中亚东南部，是一个多民族新兴独立国家，境内民族数量多达 86 个。塔吉克斯坦在其独立前即出台相关法律确定了塔吉克语的国语地位，并同时将俄语作为族际间的交际语。

独立后的第一部宪法鼓励全民使用塔吉克语①，民族和国家的认同得到加强，塔吉克斯坦作为独立主权国的威望逐步提高。2009 年颁布的关于塔吉克斯坦共和国语言的国家语言立法规定，所有公民都有义务为政治、经济和社会目的学习塔吉克语，但并未提及俄罗斯语的地位。自 2011 年政府意识到自身经济发展对其的需求后，塔吉克斯坦政府改善了其对俄罗斯语的态度，规定允许在参与某些司法活动时使用俄罗斯语。

而对于塔吉克斯坦的语言本体规划，主要体现在全领域统一塔吉克语的书写体系、推行塔语标准化和规范各领域的术语上。塔吉克斯坦设立了专门负责推行和监督语言改革的委员会，并编撰了《塔吉克语拼写规则》（*Web of President of the Republic of Tajikistan*）和包含现代科技等各领域术语的语言百科全书，境内所有大众媒体和机构都需要使用遵守拼写和语言规则，以及规范的行业及领域术语和语言使用标准，并限制外来词和术语必须适应塔吉克语的文学语言要求。极大地促进了塔吉克语作为文化、科学和技术等方面的官方工作语言的全面

---

① 1994 年塔吉克斯坦颁布了独立后的第一部宪法《塔吉克斯坦共和国宪法》，其中第一章第二条规定，"塔吉克斯坦的国语是塔吉克语。俄语是民族之间交往的语言。居住在共和国领土上的各族人民均有权自由使用其本民族语言"。详见朱福惠、王建学编《世界各国宪法文本汇编（亚洲卷）》，厦门大学出版社 2012 年版，第 584 页。

发展。

　　同时，塔吉克政府根据法律为占人口很大一部分的少数民族提供自己的语言保障和支持，并通过立法确保所有少数民族都有权学习和使用自己的语言。然而，塔吉克人仍然专注于推广塔吉克语，随着塔吉克语地位的提升，相应压缩了少数民族语言的应用空间和影响力度。

　　从对待外语的态度上看，塔吉克斯坦政府重视外语（特别是英语）的学习和发展，塔吉克斯坦的许多幼儿园课程除使用塔吉克语授课之外，还广泛使用俄语和英语。首都杜尚别的卡佛拉特中学（Kafo-lat）和杜尚别国际学校①甚至还使用英语授课。随着高等教育体系向国际标准调整，塔吉克斯坦政府于2018年9月正式开设了中亚大学，该大学在霍罗格成立后所有课程均以英语授课。不久，塔吉克斯坦剑桥世界学院成立。教师严格按照英国学校体系和塔吉克国家课程标准教习英语。从表6-1中得知，除了英语外，塔吉克斯坦各学校开设的外语专业还有俄语、汉语、法语、阿拉伯语、土耳其语、伊朗语、德语、日语、韩语。其中，大部分学校开设汉语专业。

表6-1　　　　塔吉克斯坦开设多语言专业的主要高等学校

学校名称	开设语种	汉语专业开设时间
俄罗斯—塔吉克斯拉夫大学	汉语、俄语	1997年
塔吉克斯坦共和国科学院	英语、汉语	2016年
彭吉肯特师范学校	塔吉克语、俄语、汉语	2012年
丹加拉国立大学	塔吉克语、俄语、英语、汉语	2013年
塔吉克斯坦阿维森纳国立医科大学	塔吉克语、英语、汉语、德语	2013年
塔吉克国立师范大学	塔吉克语、俄语、英语、汉语	2013年
塔吉克斯坦国立民族大学	塔吉克语、俄语、英语、汉语、伊朗语	2009年

---

　　① 杜尚别国际学校（Dushanbe International School，DIS），位于塔吉克斯坦杜尚别市。DIS除了提供本地考试之外，还提供剑桥国际考试。分为三个部分：幼儿园、小学和中学。杜尚别国际学校共有11个年级。英语、塔吉克语和俄语是必修的第二语言。

续表

学校名称	开设语种	汉语专业开设时间
塔吉克斯坦国立语言学院	塔吉克语、俄语、英语、汉语、德语、阿拉伯语、法语、日语、韩语	2000 年

资料来源：《塔吉克斯坦高等教育发展状况研究》①、《塔吉克斯坦大学汉语教学现状调查研究》②。

2. 新西兰：摒弃英语独尊思维，发挥土著语言作用

作为前殖民地国家，新西兰尊重英语的语言政策的合理性在非殖民化运动期间受到质疑，第二次世界大战后，国内经济发展对劳动力的需求导致大量来自太平洋岛国的移民涌入，这进一步增强了少数民族的实力，少数民族的语言地位显著提高。因此，1961 年，政府为了维护社会稳定宣布放弃同化政策，提倡多元文化主义，平等对待所有民族的文化，充分发挥各民族的积极作用，在维持外部经贸关系的同时，刺激土著居民主体生产能力。

在新西兰的多元文化体系中，以基督教为中心的欧洲文化从一开始就以其庞大的人口和先进的经济、科学、文化和文化为基础，主导了新西兰的技术和思想发展。毛利文化作为一种地方文化在新西兰的多元文化体系中发挥着重要作用，亚洲文化已逐渐发展成为文化体系的重要补充。但少数民族的文化复兴使这些少数群体迫切需要提高语言的地位，新西兰政府为了增强认同，在大众的呼声中于 1974 年通过了《毛利事务法修正案》，在其中正式承认毛利语为新西兰官方语言，与英语具有同等法律效力。政府授权在族群内外学习和使用毛利语，并将毛利语正式纳入新西兰中小学课程。

新西兰教育部为毛利语的复兴提供了巨大的财政和教育支持，整个毛利语教育系统由政府语言网络推动，从而促进了其在全国小学、

① 邓皓东：《塔吉克斯坦高等教育发展状况研究》，《教育现代化》2017 年第 37 期。
② 多斯：《塔吉克斯坦大学汉语教学现状调查研究》，硕士学位论文，南京师范大学，2018 年。

中学和大学中的发展，建成了独特的民族文化发展体系。而在系统顶层的民族大学为整个教育系统推广毛利语、文化和其他研发项目和服务，并向下级学校派遣合格教师，进而打造了毛利语教育系统中最受欢迎的"学前教育"。为了提供毛利语情景教学、营造充满亲情的文化氛围，让孩子们能够在"沉浸式环境"中学习母语和文化，每年民族大学都会培训大量毕业生进入毛利民族中、小学。在毛利语复兴母语运动中，具有"沉浸式"环境的语言巢为社区儿童提供了完整的毛利学前班，并为保护母语做出了最大贡献。

3. 不丹：以多语共存优势弥合人口要素缺口

不丹是世界上人口密度最小的国家之一，是一个全民信教的国家，也是多民族国家①，共有二三十个民族，全国使用着 19 种本土语言，目前使用较广的主要有 6 种（见表 6-2），但是其中强势本土语言只有国语宗喀语和尼泊尔语。此外，不丹还使用着一些外来语言，如作为官方语言的英语以及若干种邻国语言，如印度的印地语（Hindi）和阿萨姆语（Assamese）②、尼泊尔的斑塔瓦语（Bantawa）、马嘉尔语（Magar）和达芒语（Tamang），通过外来语言地位的认定吸纳生产要素，壮大国内经济生产队伍，缓解人口不足导致的经济效益问题。

表 6-2   不丹主要语言构成

语言	英文名称
宗喀语	Dzongkha
尼泊尔语	Nepali
夏却普语（又称昌拉语、东部语）	Sharchop（Changla）
洛昌语	Lhotsam

---

① B. R. Giri，"Bhutan：Ethnic Policies in the Dragon Kingdom"，*Asian Affairs*，Vol. 35，No. 3，2004，pp. 353-364.

② 1949 年，印度独立后与不丹签订了《永久和平与友好条约》，其主要内容是不丹内政和外交都要接受印度的指导。此外，印度是不丹最大的贸易伙伴国、援助国和债权国。可见印度对不丹的影响。20 世纪 50—60 年代（直到 1964 年），不丹学校用丘克语作为教学媒介语，可是由于用这种语言出版的教学读物非常有限，不丹政府决定以印地语为学校的辅助语言（ancillary language），现在印地语依然是不丹国内的主要外语之一。另外，由于地理位置的原因，印度的阿萨姆语也是不丹的一种常见外语（MOE2014）。

续表

语言	英文名称
纳龙语	Ngalong
布姆塘语	Bumtang

资料来源：根据笔者整理。

宗喀语在不丹有着四个世纪的广泛使用史，于 1971 年正式成为不丹王国的国语，初期规定宗喀语为学生必修课，后被列为高校入学考试的必考课目。随后几年宗喀语发展委员会（Dzongkha Development Commission，DDC)① 建立，对宗喀语的词汇、拼写及语言使用规范做出统一规定语管理。不久后，政府规定所有不丹人在公共场合必须说宗喀语。在外来语使用方面，为搭建与外界的沟通桥梁，自 1961 年以来，不丹中小学采用了双语教学体系，英语逐渐成为不丹各级教育的教学媒介。大学通常用英语教学。然而，在不丹唯一的综合性大学——不丹皇家大学（RUB），基于古代藏医的概念，国家传统医学院的教学在宗卡、不丹僧侣学院或藏传佛教寺庙（lamasery）也保留传统的宗喀语和藏文（丘克语）进行教学。

不丹权衡宗喀语和英语重要性的过程几乎将宗卡语推向了与英语同等重要的地步。然而，宗喀语在各个方面都无法和英语竞争。学生表示，学习宗喀语比英语更难，尤其是在笔画方面②，进而通过考试成为大部分学生学习宗喀语的唯一原因，家长也更愿意把孩子送到英语氛围更浓的学校上学，逐渐地，学生的英语水平普遍高于宗喀语水平。如果说宗喀语代表的是不丹的"传统"与"身份"，那么英语代表的则是不丹的"现代"与"发展"。当前，在面对宗喀语和英语之

---

① 宗喀语发展委员会（DDC2014b）是不丹语言管理的最高机构，该委员会设有秘书处、宗喀语推广处、宗喀语词汇研究处、文字编辑处和后勤处。委员会的计划和活动均要遵从皇家法令、宪法条款以及全国代表大会的法规。该委员会的最高决策机构由九人组成，主席由不丹总理兼任。

② Dorji Thinley and T. W. Maxwell，"The Role of English in Culture Preservation in Bhutan"，*Journal of Bhutan Studies*，Vol. 28，January 2013，pp. 1-29.

间的竞争时，不丹政府的语言政策重点转变为尽量平衡好两者的关系。①

不丹语言政策的另一大特色是通过加强语言管理直接达到提升国家凝聚力和民族认同感的目的，进而提高国民幸福总值（Gross National Happiness，GNH）。在其中，宗喀语发展委员会起到了重要作用，其使命是通过推广宗喀语提高国民的宗喀语使用频率和水平，以便保护不丹的文化遗产，维护社会的和平发展，提高民族凝聚力，巩固国家的稳定性。1989 年，不丹政府颁布了《传统的价值和礼节条例》，将在公众场合和学校都讲宗喀语和穿额朗族人的传统服装（Ngalongdress）制定为一项法条。② 但是，不丹的语言政策在提升宗喀语地位的同时，也给予了其他语言生存的空间，做到了"语言统一化下的多样性"（Unity through Diversity）③，是以文化的包容赢得经济发展的一个典型示范。

（二）国际组织善用语言政策调和成员利益

除部分国家之外，出于更好地推进国际间交往和共同发展的目的，在分析语言政策时，还需要将视线投到国家外部，关注到国际组织的语言政策和管理情况。国际组织，亦称超国家组织（supra-national organization），是国家间为了实现特定目的和任务，根据共同遵守的国际条约而成立的常设性组织。据国际协会联盟（UIA）的统计，目前各类国际组织共有 7 万多个。在此以欧盟和国际海事组织为例。

1. 欧盟：打造服务经济文化发展的"语言共同体"

欧盟的语言政策最为突出的是其建立起了一个较为完备的"语言档案袋"体系，较为成功地达到了语言联通的作用，进而能够为组织内国家间的经济发展服务。为了在多语言、多文化和多民族的跨国环境中成功地建立一个单一的经济实体，有效的语言和文化交流已成为

---

① 张治国：《南亚邻国不丹的语言生态及语言政策研究》，《语言战略研究》2016 年第 3 期。

② B. R. Giri, "Ethnic Policies in the Dragon Kingdom", *Asian Affairs*, Vol. 35, No. 3, 2004, pp. 353-364.

③ George Van Driem, "Language Policy in Bhutan in Michael Aris and Michael Hutt, Gartmore" (eds.), *Bhutan: Aspects of Culture and Development*, Scotland: Kiscadale, 1994, p. 98.

主要问题，经过反复讨论和实证研究，欧盟委员会创建了适合欧洲交通的终身投资组合，客观反映了欧洲公民的个人语言能力，欧洲语言组合由三部分组成：语言护照、语言传记和语言档案。它有三个功能：收集，欧洲语言组合中的官方资格证书与基于欧洲语言共同参考框架的欧洲共同标准相关联，并保存学习经验和文化经验的个人记录。可以看出，自创建以来，欧洲语言组合一直致力于促进欧盟国家之间的经济发展和文化交流，并取得了良好的效果。

2. 国际海事组织：分类分层的差异性政策

国际海事组织是联合国专门负责海上安全和防止船舶污染海洋的组织。其语言政策可分为两类：第一类是行政语言政策，主要关注各种会议、文件、网络资源的语言使用，以及组织内与其他国际组织相应的日常工作；第二类是水上政策，它主要侧重于不同国家的海员及其人员在水通信领域的语言政策，这与其他国际组织不同。[1] 可以说国际海事组织的语言政策是将办事处的行政人员与船上工作人员区分开来，并考虑到使用多种语言和单一语言的不同使用情况。前者分为官方语言政策（英语、法语、西班牙语、阿拉伯语、汉语和俄语）和工作语言政策（英语、法语和西班牙语），后者分为海事英语政策，制定了分类和分级的语言政策，不仅反映了国际海事组织内部工作方式的差异，还反映了国际海事组织内部的统一性；它不仅体现了国际组织在尊重和保护语言多样性方面的带头精神，而且还确保了水中语言交流的独特性和安全性。

（三）世界语言政策制定及边际效益

从以上例子我们可以看出，一个国家或组织的语言政策会在实践过程中根据推行效果、社会发展情况和内部成员需要进行或大或小的调整。若要更好地完善我国语言政策体系，提升语言实践的社会经济效益，需要我们借鉴过往国际语言政策及实践发展成果，归纳总结已有经验，正视并规避语言实践中可能存在的风险及问题。

一方面，语言政策的制定和语言实践的推行要充分考虑到内部产

---

① 张治国：《国际海事组织语言政策述评》，《当代外语研究》2020 年第 6 期。

业构成和社会资本来源。例如，塔吉克斯坦在早期就提升了塔吉克语的地位，压缩了俄语的使用空间。虽然外国塔吉克斯坦人撤离，大批移民工人返回安置地，但许多讲俄语的俄罗斯人也撤离了塔吉克斯坦，这也阻碍了塔吉克斯坦和俄罗斯之间正常的移民交往和产业发展。塔吉克斯坦大多数家庭的收入来源于跨境工作，几乎95%的移民工人希望留在俄罗斯工作，而在俄罗斯的塔吉克居民由于工作和生活要求必须掌握一定的俄语技能。塔吉克斯坦的经济发展与俄罗斯有着密切的联系，这也是政府在后期恢复俄语地位的原因之一。同样，塔吉克斯坦近年来在其语言政策中增加了大量的汉语教育和管理，而这主要是因为"一带一路"倡议和塔中丝绸之路经济带建设合作框架的签署带来了巨大的经济效益。中塔两国的这种经济合作与发展，在塔吉克斯坦引发了"华人热"，不仅在塔华人地位提高，塔吉克人在中国的地位也是如此，两国的语言也在对方国家相继有了地位转变。近年来，在中国学习的塔吉克斯坦学生人数有所增加，中国已成为塔吉克斯坦学生进修的第二大目的地。

另一方面，语言政策的制定和语言实践的推行，尤其是通用语的选取，要充分考虑到国内民族关系。一般来说，通用语言具备超越特定民族、地域、宗教和文化等特点。这就要求在各民族、文化之间寻找一定的共同倾向，因此民族间的关系变得异常重要。具体又分为两个层面，一是历史民族关系，二是当前民族关系。前者可见于塔吉克斯坦，后者可见于新西兰。作为苏联和独联体的一部分，塔吉克斯坦居民有亲俄情结，愿意使用俄语，约66%的人支持保留俄语族际交际语地位，历史渊源使塔吉克斯坦必须认真考虑和规划俄语在国内的地位。同时，俄语又是联合国的官方语言之一，俄语对于塔吉克斯坦来说是与外界接触的一扇窗户，塔吉克斯坦要想与国际接轨，其语言规划离不开对俄语的关注。新西兰的例子则充分表明，语言政策始终与语言使用者的政治、文化和其他社会环境密不可分。为了巩固其统治地位，新西兰前殖民政府开始重视协调内部民族关系。为了减少历史上欧洲移民与土著群体和少数民族之间的不平等关系，它采用了多元文化主义。在全球化的今天，文化反霸权的浪潮正如火如荼地蔓延。脱离殖民统治，他们日益壮大，民族文化地位逐渐提高。这种多元化发展的趋势将继续促使一些典型的英语国家适应这一趋势，致力于多元文化主义。除上述例子外，各国实际上也在实践这一原则。它只尊重英语，避免了语言认同问题可能带来的关联问题，促进了美国的政治稳定和经济发展。西班牙各民族为争夺其民族语言的官方地位而不断发生冲突，在这种情况下，"一种官方语和多种地区官方语并存"的语言政策就成为明智的抉择。澳大利亚和新加坡"多种官方语言共存"的语言政策也体现了对民族语言的尊重，避免了民族冲突，促进了国家和平与经济发展。但是由于共存给印度的发展带来了巨大障碍，将英语作为印度事实上的国家通用语对于政治稳定和经济发展是有意义的。

同时，非政府组织的语言政策和实践更加需要顾全大局，不仅需要考虑到各成员团体之间的联系桥梁问题，还需要关注到各成员团体内部的语言文化多样化问题。欧盟的语言政策为前者提供了较为适当的实践通路，而国际海事组织则通过分类分层的办法以及多语和单语并用的形式解决了后者带来的问题。尽管我们列出的是专业性较强、成员覆盖较广的两大组织的语言政策，但其内容框架、性质特点及所遇挑战在超国家组织域中都具有普遍性。也就是说，在众多其他专业性国际组织、综合性国际组织等组织机构中的语言政策中也有相同的现象。而语言实践方面（尤其是国际组织等专门领域语言政策和语言实践方面）遇到的挑战也仍然需要各组织联合起来实现智慧共享，共同在未来发展中摸索破题路径。

二　数字时代下国际语言经济发展路径及溢出效应

随着互联网的普及，我国正式加入世贸组织（WTO），信息化、国际化（全球化）发展对社会语言生活产生重大而深刻的影响。在国内，英汉"双语教学"进入大中小学、道路名称通名的拼音开始转变为英文翻译；在国外，孔子学院出海将中文和中华文化传播至世界各地。不仅是在中国，世界范围内都出现了语言的交融现象。这一方面对各国国内官方语言和少数民族语言的地位造成了一定程度的冲击；另一方面，官方语言的"全球化"也让各国的语言文化在国际舞台上有了崭露头角的机会，两者共同作用，使各国政府在调整国内语言政策的同时，也开始探索如何适当加快加深语言的国际推广，此即是本部分所要探讨的内容。

（一）国外语言国际推广模式及效用产出对比

从宏观角度看，世界主要国家通常都设立专门机构，负责本国的语言规划与对外语言推广，对本国语言战略予以高度关注和投入。美国国务院是官方主管对外英语教学的部门，其运作主要通过美国驻各国的大使馆来进行。其最典型的对外推广政策即在全球范围内大力推行对外英语教学，托福考试、雅思考试、GRE 考试等，成为外国留学生进入美国大学的外语通行证，英语作为"世界语言"进入各国教育体系，影响各国语言、文化发展，形成"语言霸权"。"9·11"事件后，美国陆续出台《国家外语能力行动倡议》《国防语言转型路线图》《语言与区域知识发展计划》《国家安全语言计划》《国防部语言技能、区域知识和文化能力的战略规划（2011—2016）》等多项语言政策规划和举措。①

1492 年，美洲新大陆的发现使西班牙殖民者开始在他们新开辟的殖民地推广西班牙语。18 世纪皇家西班牙语研究所成立，自此有了负责西班牙语标准化和使用的专门机构。西班牙语的推广主要在于三个方面：建立一个专门的语言推广组织；加强官方语言的教育体系建设，鼓励西班牙大学将西班牙语课程作为外语开设；通过广播和电视等现代手段强化语言技能。

法国学院、法语和方言总局、词汇委员会和法国法语联盟是历届法国政府设立的专门机构，用于规划和推广法语。法国学院专门从事法语拼写、词汇、语法和语法的标准化，技术词汇委员会负责语言环境规划，并负责规范各部委和社会行业的技术词汇，找出相关领域法语词汇的遗漏，并进行相关收集、纠正和推广，利用国际法语组织的资源传播官方词汇。② 1883 年 7 月，一个促进法国和法国文化的非政

---

① 王烈琴：《世界主要国家语言规划、语言政策的特点及其启示》，《河北学刊》2012年第 4 期。

② 戴曼纯等：《法国的语言政策与语言规划实践——由紧到松的政策变迁》，《西安外国语大学学报》2010 年第 1 期。

府和非营利组织——法语联盟，于巴黎成立。它主要通过法语教学活动面向德国和国外法语作为第二语言的学生推进法语和法国文化，可以说是一个全球文化和语言多样性的论坛。在此之后，"法语国家国际组织"的出现及在世界范围内的推广为法国文化的影响力做出了超越国家实力的重大贡献。

　　日本政府建立了许多专门的日本对外资助机构，如 1918 年的"日中协会"、1931 年的"日本六大文化协会"、1935 年成立的"国际校友会"、1941 年成立的"日本语言教育振兴协会"、1972 年的"国际外汇基金"和 1974 年出现的"国际合作署"。日语的教习对象主要瞄准把日语作为第二语言学习的外国人，特别是学生和学者；以及生活在国外，特别是来自加拿大、美国夏威夷、加利福尼亚州，和拉丁美洲的日本移民。外语教学是日本最重要的外语推广形式。从 1895 年到 1945 年，日语的传播几乎扩展到整个亚洲地区。"二战"后，日本对外教育体系几乎瘫痪，在 1954 年重启、改良后，于 20 世纪 70 年代后重新进入兴盛期。日本政府成立了负责对外语言传播的基金会和国际合作协会，在对外文化研究、师资培训、教材编写、教学设置配置等方面的建设上投入大量的人力和财力。截至 20 世纪 90 年代，讲日语的人口已居世界第九位。①

　　韩国外交和贸易部、文化和旅游部以及教育和人力资源部是韩国传播外国语言和文化的主要机构。韩国文化机构一般都带有图书馆、教室和带有投影设备的多功能会议室。当地人可以免费参加韩语课程、借用场地观看韩语电影和韩语书籍。具体来说，我们可以将歌德学院（德语）、法语联盟（法语）、日本文化交流中心—国际交流基金（日语）、英国文化协会（英语）这四个具有代表性的国际文化和语言推广平台作为例子进行分析，以此为探索中文的国际推广路径提供借鉴。首先，从几大平台的官网导引栏可看出其各自的项目服务方向，如歌德学院（见图 6-5）除了德语教学与评测之外，最为突出的是其以电子图书馆、美术展、电影资源分享、独创杂志、媒体站为特

---

　　①　苏金智：《日本的语言推广政策》，《语文建设》1993 年第 3 期。

色的艺术交流与信息服务。

图 6-5 歌德学院（中国）官网界面首、尾导引栏截图

资料来源：歌德学院（中国）官网。

在其网站 2019 年年度报告中，对旗下的国际艺术交流活动和信息提供平台也有较大篇幅的介绍（见图 6-6、图 6-7），通过与当前人们喜闻乐见的娱乐形式以及发达的数字技术相结合，2019 年歌德学院在世界范围内组织开办了 32000 场国际艺术活动，其线上图书馆访问量达到 1500000 人次，这些数字不仅仅承载了歌德学院当前的项目成就、资金流向，更是德国文化传播广度与深度的象征。在先进且合理的文化传播理念助推下，歌德学院从 1952 年成立至今已经在全球 98 个国家设立了 157 个分院、1100 个联络站，近年来在俄罗斯、科特迪瓦、法国、埃及、波斯尼亚和黑塞哥维那、多哥以及中国迎来了歌德学院开设数量以及德语学习人数的剧增。

其他各平台在推广方式上也有较为类似的地方。英国文化协会在和中国、俄罗斯等国家联合开办艺术活动的同时，考虑到了部分人群因为物质条件或个人习惯仍旧使用电台，英国文化协会创立了自己的电台节目，以包含更广的受众。此外，通过涉足社会领域（见表 6-3），塑造勇于承担责任、心系人类福祉的形象，成功争取到了一定的社会声望。据其最新公示的数据，2020 年其通过文化保护基金向 42 个文化遗产保护项目发放了 970 万英镑的赠款。法语联盟的文化活动

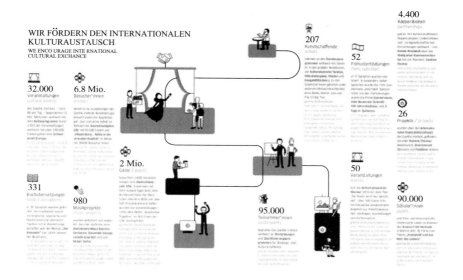

图 6-6   2019 年歌德学院国际艺术交流项目相关数据公示

资料来源:《歌德学院 2019 年度发展报告》。

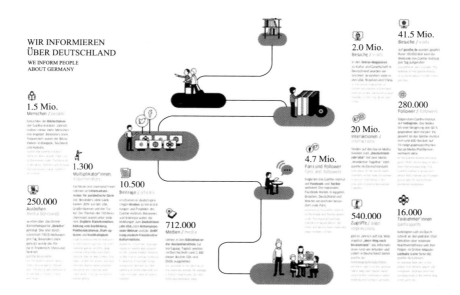

图 6-7   2019 年歌德学院线上图书馆及媒体平台相关数据公示

资料来源:《歌德学院 2019 年度发展报告》。

涉及音乐会、歌舞表演、舞台剧、美食工坊、法语角等多个方面，同时，法语联盟共有 484 家多媒体图书馆，每年收藏近 140 万部作品。日本国际交流基金则更是在日本文化传播上投入了极大资源。在其对外门户日本文化交流中心网站上，将下属项目划分成了三大类。其中第一个板块下的主要活动是在世界各国举办画展、公演、动漫节和文艺座谈会，第三个板块主要是同各国大学、企业建立联系与合作，包括培养研究人员和在各机构内设立文化研究所。根据《日本国际交流基金年报（2019）》，在其 2019 年的支出构成中，日本国际交流基金的 35% 是围绕日本文艺、习俗、历史等内容的推广与研究展开。

表 6-3   英国文化协会在艺术、教育及社会领域工作一览

领域	具体工作项目
艺术	2021 年中英文化连线基金
	Five Films for Freedom 2021
	电台节目《英伦音乐前沿》
	天地留声·中英音乐人创作计划
教育	对接高等教育，提供近 400 款免费英国大学线上课程
	英语教学、测评
社会	The Climate Connection 项目
	中欧法律援助合作项目
	制定《中英社会企业及社会投资名录》

资料来源：英国文化协会（中国）官网。

在语言推广方面，几大平台的通用路径是"培训+考核"双推进。一方面在全球范围内通过设立平台下属分机构、与政府和企业合作办学等方式进行日语教学培训和人才培养；另一方面，通过制定模式化测试标准、开发数字化测试平台等方式为学习者提供学习和考级"一条龙"服务，部分平台还通过与高校对接进而为学习者提供升学、留学等借助所学语言开展进一步学习的机会。在具体的服务种类上，歌德学院除广泛寻求考试合作伙伴，设立教材中心、德语阅览室、文化

协会和语言学习中心，还为有需要的学院提供住宿服务，营造"基地式"沉浸化体验。全世界有 1550 万人学习德语，其中 940 万人在欧洲。27.8 万人受到歌德学院的欢迎。在课程设置上，法语联盟按照对象学员的年纪将课程分成两大类：成人（15 岁及以上）及青少年（3—14 岁）。其中 3—14 岁的孩子又细分为启蒙班（3—5 岁）、儿童班（6—7 岁和 8—9 岁）、青少年班（10—14 岁），每个班都有适应该年龄段的教材。15—18 岁的青少年可以选择直接上常规的成人班，也可以用专属教材上私教课。具体课时的划分是严格按照欧洲语言共同参考框架（CECR）来进行，以不同需求再划分出不同强度的课程，具体见表 6-4，每种课程不同时段的班都有最低开班人数。

表 6-4　　　法语联盟部分现设课程、学时及最低开班人数一览

课程名称	学时（小时/周）	最低开班人数（人）
全日制班	25	6
晚班	7.5	6
周末班	10	6
晚班+周末班	7.5	6
周末单日班	5	6
中级法语精修小班	—	3
口语专攻班	4	4
英法双修班	4	4
DELF/DALF 考前冲刺班	—	4
青少儿法语课程	1.5（3—9 岁）	3
	3（10—14 岁）	
一对一私教课	—	1
一对二亲子课	—	2

资料来源：法语联盟（南京）官网。

在资金来源和经济贡献程度上，英国文化协会因英语学习者体量相对较大，因此其教育板块带来的经济效益最为突出，而歌德学院因其开设的多样化艺术活动种类，因此有较为丰富的收益来源，法语联

盟则因上述提到的详尽的教学课程设置，调动了不同人群的参与积极性，因而在具体的课程培训收益比例上较有优势，相比之下，日本国际交流基金则广泛在下属各平台投放资金招募通道，吸收集体或个人捐助，营收总额在几大平台中遥遥领先①，在其年度报表中也有相当大的篇幅罗列该阶段所收集到的款项及其来源。除此之外，各平台均享受一定程度的政府资助和政策优惠。下面将部分可获数据整理如表6-5所示，以期对相关平台的服务力量和社会经济贡献度形成可视化比较。

表6-5　　　　**2019—2020年度各平台文化及语言推广成绩对比**

平台名称	学习人数（万人）②	测试内容及人数（万次）	总营收（已统一换算为人民币计量）（万元）
歌德学院	27.8	B2-Goethe-Zertifkat 格式/70	6898.69
英国文化协会	9600③	EnglishCore/400	11413837200
日本文化中心（日本国际交流基金）	14.2④	1. 日本语能力测试（JLPT）/135 2. 国际交流基金日本语基础テスト（JFT-Basic）/0.80	18407439.29

资料来源：歌德学院、英国文化协会、日本国际交流基金2019—2020年报。

由此我们可结合各大语言国家推广平台的成就得出初步判断：一方面，要学习日本文化中心，广开资金门路，吸纳政府、企业等组织与个人的力量，同时要争取政策支持，并与各级政府单位联动合作，夯实语言文化出海硬基础；另一方面，从英国文化协会和歌德学院的服务重心可知，要根据国家形象和文化印象拓展文化推广路径。以文化出海带动语言推广，以语言学习助力文化普及，勇挑社会责任大

---

① 因各平台统计方式与内容并不相同，因此实际情况或有出入，此处均选取年度报表中"总营收"栏数据进行对比，尽量减少其差异性。

② 此栏中数据所对应项目在体量和内容上均不一致，已分别标注，仅提供参考。

③ 该数据为英国文化协会数字学习频道年度使用人数。

④ 该数据为"JF日语学习学校"用户注册人数。

旗，全方位提升语言文化国际认同；而在具体教学方面，则可参考法语联盟多样化、人性化的课程设置，以及各平台"入门+测试+升学"的一体化流程及"基地式""一条龙"配套服务，拓宽受众人群，提升用户体验。对此，以下将结合我国语言文化推广现状做进一步分析。

（二）全球化背景下的国际中文教育

当前，我国"一带一路"建设正通过"亚投行""丝路基金"等推进人民币国际化、基础设施互联互通等，并通过孔子学院等国际中文教育活动推动语言文化的联通，取得了积极进展，但是"一带一路"语言国际化战略目标尚未明确，中文国际化政策尚待清晰，亟须从推进中国特色大国外交的战略高度制定"一带一路"语言战略规划和行动方案。首先，我们需要明确当前国际中文教育的发展状况和面临的问题，其次，要利用前文研究成果，借鉴他国语言国际推广的内容、模式和运行机制。以下将按这个逻辑分两大部分来阐述。

1. 基于"ASPECT"模型的国际中文教育发展态势

我们以国际中文教育为对象建立了一个"ASPECT"分析模型（见图6-8），即以目的、对象、模式、情感、内容、技术为考量内容，全面分析国际中文教育的发展现状，进而可以直观地展现出当前的发展问题及潜在风险，并且能有效地为未来发展路径提供指引。这一模型不仅可适用于国际中文教育发展，还可适用于分析国内外其他文化和经贸等领域的交往活动。以下将利用该模型对国际中文教育进行具体分析。

在教学目的方面，"一带一路"建设的推进为国际中文教育带来新的职业发展目标。"一带一路"倡议提出以来，汉语国际化人才需求呈现出覆盖生活各个领域的趋势，在国际化人才培养中，汉语教学已成为对外教育的首要和基础环节，而中国国际化人才的培养也成为中国国际化教育的一个重要角色。近年来，报纸经常刊登关于"一带一路"沿线国家对国际化人才需求的报道。相关需求领域已从"一带一路"初期基础设施建设、投资、贸易等学科发展到目前的全覆盖，包括高端科技、农业、医药、地理，生物医药、历史文化、艺术和体育

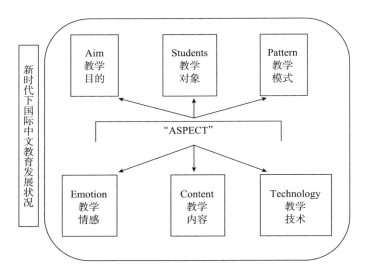

图 6-8　新时代下国际中文教育的发展状况"ASPECT"分析模型逻辑

资料来源：根据笔者自制。

具有多种特征，"一带一路"需要语言铺路。①在这些急需的国际人才培养课程中，汉语教学已成为首要和最基础的语言培训，"一带一路"建设中的语言人才培养也成为中国国际教育的重要角色。精准培养"一带一路"建设所需人才，迫切需要对培养模式进行转型和创新发展。②

在教学对象方面，国内留学生和专业学科数量大增，同时国际汉语学习者呈现出低龄化和成人化倾向。一是国内汉语国际人才培养的变化呈现出留学生人数增多和专业学科增多。二是参与学习的年龄层次也有所变化，既有低龄化倾向又有成人化趋势。李宇明专门探讨过海外汉语学习者低龄化问题③，他指出，中国留学生最近呈现出明显的年轻化趋势有两个主要原因。名人学习汉语所产生的示范效应会影响一群人；而一些国家，如法国、英国、美国、泰国、韩国和俄罗

---

① 李宇明：《"一带一路"需要语言铺路》，《中国科技术语》2015 年第 6 期。
② 邢欣等：《"一带一路"倡议下的汉语国际化人才培养模式的转型与发展》，《世界汉语教学》2020 年第 1 期。
③ 李宇明：《海外汉语学习者低龄化的思考》，《世界汉语教学》2018 年第 3 期。

斯，接受或吸收外来留学生使相关学校和专业快速扩张①，小学和中学（低龄化教学）也出现了对中文学习的需求。在这其中，最重要的是吸引低龄学生的兴趣。也就是说，青年教师必须唤醒青年学生的兴趣，了解他们的精神需求，保持他们对中文持续的兴趣，深化他们的语文学习动力。成人中文学习趋势的出现主要得益于"一带一路"建设为沿线国家提供了越来越多的就业机会，中国化职场口语培训的需求也越来越迫切，在成人汉语学习的这一部分，更多地需要关注汉语常识和简单的汉语术语的普及。

在教学模式上，传统的线下教学模式仍是主流。当前，虽然远程教学、网络教学、慕课（Moocs）等超时空的教学方式得到了较快的发展，固定空间的课堂教学也融入了线上教学的一些内容和元素（如课件、文件链接等），但在许多情况下，教材的内容被转化为信息并在课堂上展示。因此，传统的课堂教学总体上仍然是绝对的主流和主要技术，黑板和粉笔仍然是许多班级中最重要的教材，大部分教学内容不超过教材的纸质内容，课程设置仍以课堂教学环境为基础，教材编写基本上没有包括网络层面的教学内容和学习任务，教学理论和理论的研究继续侧重于传统课堂教学，教师发展及其研究仍然主要基于传统课堂教学技能，而对教学方法的研究主要还是基于教学环境，值得注意的是，绝大多数教师和学生已经习惯了这种传统的教学方法，甚至有这种感觉，经过多年的课程设计和系统的实施，人们普遍缺乏通过网络建立课程的意识，课堂教学的质量和效率没有得到最大化，语言教学几乎局限于课堂，借助网络将课堂学习和课外学习联系并结合起来并没有成为普遍的教学原则。

从教学内容来看，新冠肺炎疫情等公共突发事件充盈了国际中文教育的教学内容。一方面，疫情使传统的语文教学研究难以开展，如基于传统课堂的教学与习得研究、基于眼动仪或脑电等设备的语文认知研究；另一方面，由于疫情，外国学生无法返回线下课堂，导致相关研究数据的收集受到重大限制；此外，疾病状况提供了新的研究课

---

① 郭熙：《论祖语与祖语传承》，《语言战略研究》2017 年第 3 期。

题，并开辟了在线教学和紧急语言服务等研究思路。根据在线学习的特点和经验，介绍一些在线学习的理念和实践。

着眼于教学技术，人工智能、5G、云计算、区块链等技术的更迭升级为国际中文教育提供了新手段。互联网技术的进步和飞速发展标志着新时代的到来，也引领了新时代语言教育理念的更新。新时代是世界进入智能化的时代，智能时代的语言教育将发生深刻变化。[①] 新时期的语言教育理念包括提高语言能力、认知发展和终身学习的优质语言教育，这必须要有语言技术的加持，因此要加强人工智能和虚拟现实技术的应用。此外，新时代对语文教育理念的新要求也体现在对中国国际教育人才培养的新要求上，人工智能从根本上改变了固有的互动模式。传统的师生二元互动被教师、人工智能技术和学生的三方性质所取代。在这种新的模式中，参与者的身份、地位和功能被重建，形成了一种双向互动，建立了多方位、网络化的互动关系，其中教师的一些职能转移，互动焦点的认同弱化；人工智能技术已成为教师的延伸，教师可以独立或支持教师与学生互动，创造"人机学习"的场景；以学生为中心的教学理念不断巩固，学生获得了更多的自主权和选择权，反馈渠道更加多样化和畅通。[②]

2. 国际中文教育经济化发展新视角

除解决当前国际中文教育面临的发展问题，改善发展状况之外，我们要发扬海外汉语传播实验高地的经验模式，还要结合其他国家通用语言国际传播经验，为国际中文教育发展开辟新视角，在此提出三条路径。

（1）守正出新，线上线下结合发展。随着形势的发展，线上教学正在从之前的"线下辅助"和当前的"应急替代"逐步呈现出某些独立品质，成为与线下教学并行的样态。从当前发展趋势看，线下教学虽不会被完全取缔，但不可否认的是，未来线上教学比重将逐渐加大，因此怎样在两者并行的基础上，利用线下教学的经验解决线上教

---

① 魏晖：《新时代的语言教育管理》，《语言文字应用》2019 年第 1 期。
② 巴丹等：《"汉语国际教育线上教学模式与方法"大家谈》，《语言教学与研究》2021 年第 2 期。

学的缺陷，是值得探索的部分。在线课程面对的是一个非生命体的镜头，缺少诸如肢体和表情等"温度"的表达。此外，网络信号和学生互动效果将直接影响教师的教学体验，因此，有必要在教学设计中把互动作为最重要的因素，以便尽可能地在线上课堂中注入"新鲜血液"，提升课堂活力。首先，需要施教者充分挖掘线上资源，更新互动理念，利用现实生活中可理解的语境，引导学生完成信息解码和反馈。其次，要根据各阶段的教学目的，丰富互动层次，如以单节课程为单位，开展课前自学效果检测、课堂情景演练以及课后巩固答疑，或以学期为单位划分不同阶段开展多层次互动。还可借助新线上平台，熟悉运用各种线上教学软件，根据不同需求交替使用，并借助点赞、举手、弹幕、互评、抢红包等功能调整互动任务，同时借助人脸、语音识别等人工智能技术作为辅助。

（2）多元互补，跨层级整合主体资源。要突破现有以教师为传播主体的单一模式，统筹发动志愿者、助教、地方组织和民间机构、当地政府、学校，整合不同主体资源，建立本地化教育体系。例如，吸引来自中医、武术、艺术、科技专业的志愿者，提高他们的汉语教学和文化交流技能，教授他们大众外交和公共外交的基本知识和方法，使他们能够具备开放的心态、专业素质和强效技能，顺畅地与当地人交流，为国际汉语交流发挥更大的作用。除此之外，还可以邀请学习过汉语国际教育的大学生担任助教，解决学生预习、课堂和家庭作业中的问题，做好学生个人的学习记录，全面掌握学生的学习情况，帮助教师减轻工作量。同时，从宏观角度看，我们不仅需要个人的参与，一方面还应该与当地中小学建立汉语合作项目，支持更多的学校开设汉语课程，提供汉语教师、教材和其他必要的教材以及汉语教育课程；另一方面，社会组织和非国家力量也应参与国际汉语教育的具体项目。由民办教育机构和企业经营，有效动员社会各界力量，同时鼓励符合要求的民办教育机构，开展与汉语教育相关的活动，为他们提供智力支持和建议，搭建多元化的国际汉语教育平台，巩固中国参与的基础。

（3）目标导向，精细培养专业人才。从目前的发展目标来看，国际汉语教育今后应做好专业化、精细化的人才培养，以实现准确的工作满意度；同时，要有效拓展国际汉语教育的内涵和质量，提高中国语言文化的国际知名度。海外华文教育是深化国际华文教育和华文教育国际传播的重要途径。海外华人和相关组织是直接驱动力，推动中国人融入当地民族教育体系，争取中国人和中国文化的国际认可。在这方面，我们应该帮助中国教育方面的出海企业，建设示范学校，助力他们打造中国教育品牌，发挥示范和辅导作用，与中国本土学校开展"中国寻根之旅"等文化交流活动，让中国学生在实践中体验中国语言文化的魅力，缩短中国学生与家乡的距离，提高他们对传承中国语言文化的渴望和认同。同时支持"汉语+"项目，依托职业学校为技术人才提供汉语培训，努力培养"汉语+"职业培训的人才。协助高校开展中文专业学术教育，整合优势资源，加快和帮助建设中文本科专业，培养高端汉语人才。针对国家、公司和专业开展有针对性的精准教学。确保口语生活、技术操作词汇和句型的准确性，实现语言和知识的安全，共同开创高质量国际汉语教育机构。

第三节　语言资源与经济合作

　　语言政策的经济效益产生于推行过程中，利用语言手段对要素使用效率及资本流动速度进行正向刺激。这其中涉及三个主体：语言政策、语言资源，以及语言使用者。对于资源的利用率，以及使用者的参与程度，将直接影响语言政策经济效益的产出比。针对这一问题，本节将在拓展语言使用者在语言规划与政策制定上的参与度，和有效利用语言资源，激发表层和深层经济效益方面展开论述。

一　语言政策与市场培育

　　语言政策属于公共秩序的范畴，是社会价值观的决定性分配。它直接关系到公众的切身利益，提升语言政策附加的经济效能，也就同时提升了公众参与公共政策最直接、最原始的动力。基于这一逻辑，语言政策不一定需要由相关机构宣布，还可通过不同主体自下而上进行交流、总结和塑造，凝结不同行为者在政策规划中的力量。公众的参与可以逐渐增进公众对于政府决策的信任，在一定程度上分流政府决策的权力，从而让政策制定过程更加透明化，形成能代表公共利益的公共政策，促进公众对政策决策的接受性，为政府决策提供合法性的基础①。公众参与政策过程的价值之一就是体现国家与公众之间政治关系的本质，可以为政府决策提供更多的资源，如知识与智力的支持。因此，为有效促进公共利益，应在政府决策和公众参与之间进行对应衔接。但是在实际的政策制定过程中，公众参与仍然是一个缺失环节，相关主体仍然面临政策参与的边缘化与形式化局面。

从规划主体的角度来看，经典的语言规划理论通常将国家、政府和相关机构视为规划者。规划者的角色是积极的，规划行为是一个自上而下的过程。大约在 20 世纪 90 年代，我国增加了微观语言规划和接受者的视角，并将个人作为语言规划者纳入研究视野。然而，在语言规划实践中，规划者仍然是官方机构、权力部门、专家或社会精英的专利。随着社会的进步和公共话语平台的发展，现代中国社会语言生活的多样性尤为显著。从国家政府到公民社会，人们对语言问题的关注程度和参与语言事务的热情都比以前好多了。过去被忽视的公众直接或间接地影响中国的语言生活状况，语言规划中有影响力的人物和利益相关者对语言规划的影响更大，这三类规划者的深度和广度都有了显著提高。

从操作层面来看，其一，要重视参与者在语言规划中体现出的语言态度，并随之做出相应调整，为语言规划营造更广泛的群众基础及更大的社会效益。尤其是在自上而下的语言规划中，语言使用者的语言选择实际上体现了一个重要的社会心理因素，即语言态度②，进而能够反映出人们对某种语言或其变体的价值判断，通俗来说，即选择使用何种语言。因此，在语言规划的各个阶段，必须重视语言态度调

---

① ［美］约翰·克莱顿·托马斯：《公共决策中的公民参与：公共管理者的新技能与新策略》，孙柏瑛等译，中国人民大学出版社 2005 年版，第 153 页。

② 语言态度是指人们对语言的使用价值的看法，其中包括对语言的地位、功能以及发展前途等的看法，也在某种程度上反映了使用该语言的群体在社会中的地位。

查，了解语言使用者对规划内容的看法和选择，以此作为调整语言规划的行为依据，从而提高规划的效率[①]和实践产出的经济效益。

其二，在具体主体方面，有学者[②]将作为个体的规划者分为四类：掌权者、专业技术人员、有影响力的人物及（语言规划的）利益相关者。包括了两大基层群体即专业技术人员和（与语言规划问题）利益相关的人，后又划分出了语言规划的五个阶段[③]，即启动（initiation）、参与（involvement）、影响（influence）、干预（intervention）和实施—评估（implementation-evaluation），并详细地分析了在语言规划和政策实施过程的每一个阶段起主导作用的规划者的性质及其作用。以下将参考这一思路，并结合国内语情及具体实例进行分析。

鉴于我国多民族多语族多方言的国情语情，一方面，少数民族聚居区基础语言教育所涉及人口量巨大，与广大的教师、学生及其他利益群体的利益密切相关；另一方面，民族自治区人民向内及向外沟通交流的通畅度能够直接影响少数民族地区未来经济发展。因此民族地区语言规划，尤其是语言教育政策方面的规划急需公众，如教师和学生这两个教育政策的重要利益相关者积极参与。使其表达自己的想法和意愿，维护自身的利益，通过这样广泛调研后所制定出来的政策才具有较强的可行性。以贵州少数民族聚居区为例，此前有调查数据表明[④]，76.1%的教师有意愿参与到相关的外语教育政策制定过程中。并且，由于一线教师长期和学生打交道，了解学生的发展状况和真实诉求，故而教师团体的参与有利于收集学生在语言学习方面所存在的问题，以便后期组织专门的学术研讨活动对相关问题进行分析归类、整合并入语言教学中，有效利用政策规划化解学生的语言学习和考试

---

① 白娟：《语言规划中的规划者研究》，《语言政策与规划研究》2015 年第 2 期。

② Shouhui Zhao and Richard B. Baldauf Jr., *Planning Chinese Characters*：*Reaction*，*Evolution or Revolution*? Dordrecht and New York：Springer，2008.

③ Shouhui Zhao and Richard B. Baldauf Jr., "Individual Agency in Language Planning：Chinese Script Reform as a Case Study"，*Language Problems and Language Planning*，2012，Vol. 36，No. 1，pp. 1-24.

④ 付荣文：《公众参与视角下的外语教育政策规划研究》，《上海外国语大学》2019 年第 1 期。

压力，营造轻松愉快的语言学习环境。

在教师参与政策制定的具体路径方面，其一，可尝试先在区域内组织召开以教师为主体的专题讨论会，针对特定的教育议题开展广泛而深刻的专题讨论，并总结反馈意见向上提出政策建议。在取得一定效果后，可层层递进，召开市级、省级、国家级教师专题政策研讨会。其二，在政策制定过程中由相关建制者发出邀请，通过开展咨询，征求政策建议，并通过分享决策权将教师纳入政策制定的合作协商机制之中，共享教育政策信息和资源，提高教育政策制定的透明度和效率，以及政策制定权力分配的合理性，打破政府在公共政策制定过程中的固有主导地位和民众权利边缘化的此消彼长的关系。因此，除了通过以上两种方式，保证教师长期有效地与政府一同参与到教育政策制定过程中，还应将教师在政策参与中的作用制度化，如调整大型会议中的教育政策提案或决策代表结构，扩大各级各类教师参与主体的覆盖面；进一步细化教师参与政策制定的法律法规，实现从教育政策专家决策逐步转向公众视角，从观念碰撞向实地研究转变，凸显教师调查、教师意见表达及其决策在教育政策制定中的基础性作用。①

除教师群体之外，少数民族聚居地区的学生群体对于参与区域性教育政策规划的意愿和态度也十分积极，认为各地政府应该将少数民族和偏远地区学习语言，尤其是口语学习的困难情况纳入考量，在国家统一框架下自行设定自己的语言教育大纲；同时非常有必要在语言教学内容中融进民族文化内容，由政府出台或制定民族地区的语言教育政策。由此可见，在基础外语教育政策规划中，专家学者的意见需要与公众参与的实际情况出发，制订符合地方和校本特色的外语教育实施方案或政策规划方案。

语言政策在带动经济发展的同时也受经济环境的反作用，这一相互关系直接体现在多语汇集的地区，除少数民族聚集地之外，还有外籍人士众多、外贸外事活动繁杂的经济发达地区，这其中以上海的语言规划

---

① 侯佛钢等：《教师参与教育政策制定的困境分析及路径探索》，《教育理论与实践》2013 年第 31 期。

最具主体多元特色。上海语言规划参与主体具有多元化、层次化特性，甚至因参与人数领域之广、数量之众，可称其为系统的"语言生活治理"实践。① 而从治理理论的视角来看，语言规划的主体不必局限于官方政府，应发动政府、社会、公民协力参与。政府在其中发挥主导作用，社会领域（包括社会机构和公民个体）也有作为的必要性和空间。②

上海的语言规划实践就很好地落实了上述治理模式，一贯重视多主体参与，调动一切可调动的社会资源与民间力量。如上海在对公共场所语言文字使用规范情况进行检查的过程中，通过开展"啄木鸟行动"，发动中学生和社会志愿者参与，并邀请上海高校的语言文字专家进行指导，实现语委牵头、部门协同、专家支持、社会参与，以更高效的办法检查和整改了各公共场所的多语使用问题，提升了城市语言文字规范化水平。在国家语言规划的框架下通过调适，上海在建设"全球城市"的背景下，对国际化、多元化环境的要求显著高于国内其他城市。由于其发展定位和自身条件与其他城市存在差异，上海的语言规划对外语和多语的重视程度也高于国内其他地区。正因为上海注重对国际化环境的打造，因此在外语规划上重视覆盖面，希望更多的市民参与。这也使上海转变思路，变语言规划为语言治理，制定了符合本地区实际情况的城市语言政策，在政府主导的前提下，鼓励多主体参与。正是由于上海所采取的语言治理，使上海的语言生活中政府、社会机构、公民等不同层级、不同主体间的互动尤其活跃。

由此可见，在开展语言规划、制定语言政策过程中，要深入了解当地的语言情况，不仅需要考察政府的文本和行为，更要深入了解民众的语言生活，同时也要重视企业、NGO、事业单位等社会机构在其中发挥的作用。③ 即不仅要考虑政策在未来推行过程中对经济的正向推动力，也要将现实环境业已存在的经济状况可能对政策发展产生的

---

① 张日培等：《"一带一路"语言规划与全球语言生活治理》，《新疆师范大学学报》（哲学社会科学版）2017 年第 6 期。

② 张日培：《治理理论视角下的语言规划——对"和谐语言生活"建设中政府作为的思考》，《语言文字应用》2009 年第 3 期。

③ 杜宜阳：《智能时代国际化城市的语言生活治理》，硕士学位论文，上海外国语大学，2019 年。

影响纳入考量范围。

二　语言资源的科学管理

所谓"资源"是指有价值的、可用的、有用的，或者尚不能开发但具备开发潜力的事物，通常分为自然资源和社会资源。语言不仅是一个符号系统，也是一种社会交际工具。它以其物质结构体系，提供了丰富而密集的社会文化信息。它为社会所用，能产生社会效益和政治、经济、文化、科技效益。因此，它是一种特殊的社会资源，具有价值性、可用性、效益性、多元变化性和发展性。语言资源观主张每一种语言都是人类的宝贵财富，语言是一种文化资源，甚至是一种经济资源。特别是语言资源主要包括本体论和语言社会应用。语言地理学包括语音系统、词汇系统、语法系统和语义系统，这是语言资源的物质基础；语言的使用包括语言在社会不同领域的使用，以及语言和文字在人类社会中的不同用途和效益。语言资源的价值包括语言本体的价值（语言地位、标准、历史、文化、材料等）及其具体体现（语言交际功能、用户群体、领域、社会服务等）。中国学术界讨论的"语言资源"可分为广义和狭义。广义的"语言资源"是指语言理念及其社会文化价值观；从狭义上讲，"语言资源"是指用于语言信息处理的不同语料库和语言数据库以及不同的语言词典。

研究表明，具备多语能力的人因拥有更为丰富的语言资源，故而比单一语言使用者有更多的就业机会。美国学者鲁伊兹提出将语言作为问题（language as problem）、作为权利（language as right）和作为资源（language as resource）的观点被当成是语言规划的价值性范式，他的语言资源观是将语言看成跨区域、跨族群的经济、文化桥梁，通过鼓励施行多语教育政策、开展多语交流活动，获得潜在利益。①对于前文提到的民族地区的学生来说，母语是民族身份的标志，是最重要的一种资源，也是最能让自己表达情感和思想的工具。而外语好比是一扇窗户，可以让民族地区的学生看到外面的世界，这也是一种重要的

---

① 王瑜等：《语言规划取向下双语教育政策价值逻辑分析》，《比较教育研究》2018年第11期。

资源。

语言资源价值的高低，与语言本身的功能和使用人数，以及国家和社会的需求及经济环境状况密切相关。功能比较齐全、用户较多的语言，如大多数国家的官方语言、一些民族间语言和地区通用语言，具有较高的资源价值；相反，濒危语言和方言的资源价值较低。同样，随着社会环境的稳定和国力的增强，对语言的需求增加，其内部主要语言的资源价值也相应增加；相反，如果国家和社会发展放缓或停滞，内部语言资源的价值就会降低，语言资源也会对经济发展和活力产生负面影响。语言具有无限使用和资源利用的特点。然而，语言资源在某种程度上是不可再生的。如果语言资源得不到科学管理和合理开发，从长远和全局来看，一旦语言资源濒临灭绝或逐渐消失，就会造成整个地区语言资源的流失和破坏，影响语言的有效使用，进而对语言经济的发展产生直接和间接的影响。如果人们从语言的开发和使用中获得经济利益，他们将重新审视语言和语言资源的作用，为了使语言的经济和社会发展进入良性循环，对语言内部切分资源如辩论、语法、词汇、语义、实用主义和文字的关注和投资越大，越有利于语言资源的全面开发，进而为语言经济的发展和壮大提供理论支持和实践指导。

因此，研究和掌握语言资源在一些语言经济活动中显得尤为重要，要进一步加强对国家语言资源的调查和普查，克服国家通用语言资源的状况，加强少数民族语言的研究和濒危语言的保护与抢救，合理保护和利用语言资源，在语言资源观的指导下，进行科学的语言经济规划和语言研究①，使语言资源发挥其应有的价值和功能。

（一）中国的语言资源

根据陈章太先生的研究，我国的语言资源大致有这样几类：超强势语言资源，强势语言资源，弱势语言资源，超弱势语言资源，消亡但仍有一定价值的语言资源（见表6-6）。

---

① 李现乐：《语言资源与语言经济研究》，《经济问题》2010年第9期。

表 6-6　　　　　　　　　　　　　我国语言资源一览

类别	特点	代表语言	价值作用
超强势语言资源	历史悠久，所承载文献资料丰富，使用人口多，应用地域、领域广，规范程度高，语言功能完善，应用效益显著，语言声望高	汉语普通话	对国家统一、民族团结、社会进步、经济文化科技等发展，以及国际交流等将具有重大作用
强势语言资源	语言规范程度较高，语言功能比较完善且正在增强，使用人口较多，应用范围较广，语言表现力较强，语言活力强盛	在中央及相关民族自治地方法定通用的少数民族语言，如蒙古语、藏语、维吾尔语、哈萨克语、朝鲜语、壮语、彝语；在民族自治州、县公务活动等使用或跨境使用的部分少数民族语言，如苗语、布依语、载佤语、侗语、白语、傣语、纳西语、达斡尔语、土语、傈僳语、哈尼语、独龙语等；以及汉语中语言活力强盛的主要方言和次方言，如官话方言、吴方言、湘方言、赣方言、粤方言、闽方言、客家方言及其次方言，以及某些地区实际通用的当地方言，如吴方言的苏州话、宁波话、温州话，粤方言的台山话、香港粤语，闽方言的福州话、厦门话等	对民族和区域的内部发展，以及民族间、区域间的沟通交流与合作，深化国家社会整体凝聚力有较为重大的意义
弱势语言资源	语言规范程度较差、多数没有文字、文献资料较少、使用人口较少、应用地区较小、使用范围较窄、语言功能减弱、语言活力较差、使用效果较弱	部分少数民族语言和部分汉语方言土语，如土家语、布努语、仡佬语、普米语、乌孜别克语、裕固语、保安语、门巴语、珞巴语和中国台湾地区的一些少数民族语言，以及汉语的某些小方言土语和多数边界弱小方言土语，如湘南、桂北、粤北的方言土语，皖南、浙西的某些方言土语，闽中地区闽语几大次方言交界的弱小边界方言等	对于内部沟通交流，以及文化的传承及维系有一定作用
超弱势语言资源	使用人口很少，应用范围很窄，大多没有文字和文献资料，语言功能萎缩，语言活力很差，已经处于濒临消亡的状态，但还在一些群体、范围内使用	满语、畲语、赫哲语、鄂伦春语、塔塔尔语、普标语、仙岛语、康家语、阿侬语、达让语、格曼语、葛玛兰语、赛德克语等20多种少数民族语言；状语、毕苏语、桑孔语、柔若语、图佤语、波拉语、泰耶语、苏龙语、布兴语、正话、军话、儋州话、站话、伶话等方言	

类别	特点	代表语言	价值作用
消亡但仍有一定价值的语言资源	具有文化价值，存在一定的社会需求	焉耆—龟兹语（又称土火罗语）、于阗语、西夏语、契丹语、女真语、古吴语、古越语、古楚语、古闽语等	对研究、解读我国古代历史、社会和文化等极具重要价值

资料来源：陈章太：《论语言资源》，《语言文字应用》2008 年第 1 期。

此外，陈章太先生提出，语言的各种社会变体、社会方言，如不同群体的语言、行业专用语，以及特种语言，如盲文、哑语等，或可看作语言资源或语言副资源。同时，外国语言对国家、社会、事业的发展等有重要价值和意义，故而亦可并入我国语言资源体系中的副资源类。

从观察和已知的情况看，由于语言接触的密切性和语言影响的扩大性，我国的语言和方言正在发生急剧的变化，语言生活丰富，语言成分多变，语言资源价值不太稳定，多数语言和方言处于强势语言资源和弱势语言资源状态，只有少数语言、方言比较稳定地处于强势语言资源状态，另有少数语言、方言处于濒危的超弱势语言资源状态。这值得我们充分重视和认真研究。

（二）语言资源的管理与保护

"语言管理"是语言规划领域一个相对较新的理论，在语言资源论前提下引入了管理理论，即语言资源不仅需要被传承与保护，避免文化伤害与文化损失的问题，语言资源的浪费和滥用也必然导致社会问题。自此之后，语言的"资源观"和"问题观"便成为不可分割的整体。

在语言规划，特别是"语言管理"领域，新加坡有着比较成功的经验，可以作为我国语言规划与政策的参考。新加坡是一个自然资源匮乏的国家，这就是为什么开发人口资源总是在各项事务中均需被纳入考量的原因。同时，新加坡也是一个移民国家，并且历史上一直是商业和物流中心，导致新加坡混杂了来自世界各地的人口和语言，国情语情非常复杂。新加坡建国后，语言和文化的复杂性成为一个重要的政治问题。鉴于一个只有几百平方千米、人口只有几百万人的国家可以实施相对简单的语言统一政策，新加坡政府在充分认识语言问题的复杂性和语言规划的科学状况的基础上进行了适当的研究，经过咨询和论证接受了"语言管理"的语言规划理念，并在"社会工程"的指导下将其纳入整体管理体系。新加坡的语言管理模式包括三个组成部分："确认资源""利用资源""发展资源"（见表6-7），形成了多主体参与、灵活施政、快速有效的人才培养机制特色。

表6-7　　　　　　　　　　新加坡语言管理模式

模式	特色	具体操作	作用
确认资源	多主体参与；理论和实践相结合	政府直接参与，同时支持学术界进行了比较全面的语言人口、语言使用状况以及语言教育、语言意识形态方面的调查研究；应用语言规划理论研究方面成果	语言规划者对语言资源有了比较完整的认识，掌握了当前的语言状况及与之相关的历史人文传统，能够对可利用的语言资源进行综合性评估，为确定新加坡的国语、官方语言和语言教育政策奠定了基础
利用资源	灵活施政；始终以发展需求及目标为指向	以1979年启动"讲华语运动"，并将华文教育重新纳入双语教育系统为典例，40年间，在当时形势下所认定的"促进经济发展、社会稳定、国家认同"的总目标下，灵活、策略地确定短期目标和执行措施，对语言工作和语言教育进行大小数次调整	从语言规划的角度来看，新加坡语言资源统筹管理成功地利用了华文教育传统、新加坡华人语言认同，并发展了大批华校毕业生作为重要人力资源，适时地收到了政治、经济、社会、文化等多方面的效益
发展资源	高效的人才培养模式，并能够直接定向输送高质量人才	政府出台相关政策，并提供相应的言语社区建设的配套措施，引导并支持以华语或英语为第二语言的家长主动为子女制造华语或英语的习得环境。培养出了大批华语、英语以及华英双语母语讲话人	快速产出了一代代华语和英语母语讲话人，新加坡母语人口的状况每十年就会朝着有利政府的方向产生几成改变①

资料来源：徐大明：《语言资源管理规划及语言资源议题》，《郑州大学学报》（哲学社会科学版）2008年第1期。

————————

① 徐大明：《语言资源管理规划及语言资源议题》，《郑州大学学报》（哲学社会科学版）2008年第1期。

由此可见，积极保护语言资源和合理利用语言资源不仅不相冲突，反而是相互促进的关系（见图6-9），处理好保护、建设与开发、利用的关系，是国家语言资源健康、持续发展的重要一环。在国内，对语言资源的"积极保护、科学建设、合理开发、有效利用"可以以普通话的管理为例。①

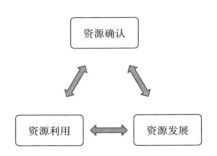

图6-9　语言管理模式效用机制

资料来源：笔者根据参考文献绘制。

普通话作为中国社会语言生活中一种超动态的语言资源，具有显著的社会、政治、经济和文化效益，这是中国语言政策合理有效制定和调整的结果，也得益于20世纪对语言实践的实施和监督，以及对普通话的积极保护、科学发展、合理开发和有效使用。中华人民共和国成立后，国家将普通话界定为官方语言和社会通用语言。后来，《中华人民共和国宪法》《中华人民共和国通用语言文字法》和其他法律明确规定了普通话的地位、目的和意义。教育、行政、经贸、广播、文化、体育等各个领域都制定了普通话使用标准，普通话在全国得到了有力的推广，通过对有关部门相关人员的普通话培训和测试，提高了普通话应用的质量（主要法律条文内容见表6-8）。

近年来，普通话不仅在我国语言生活中的主导地位和重要作用日益显现，在国际上的影响也越来越大，中文在国际社会的声望和地位与日俱增。当然，在过往对普通话的管理过程中，也有一些问题需要

① 陈章太：《论语言资源》，《语言文字应用》2008年第1期。

表 6-8 我国涉及推广普通话的主要法律条文

法律名称	条文内容
《中华人民共和国宪法》	第十九条规定："国家推广全国通用的普通话"
《中华人民共和国国家通用语言文字法》	第二条规定："国家通用语言文字是普通话和规范汉字"
	第三条规定："国家推广普通话，推行规范汉字"
	第四条规定："公民有学习和使用国家通用语言文字的权利。国家为公民学习和使用国家通用语言文字提供条件。地方各级人民政府及其有关部门应当采取措施，推广普通话和推行规范汉字"
	第五条规定："国家通用语言文字的使用应当有利于维护国家主权和民族尊严，有利于国家统一和民族团结，有利于社会主义物质文明建设和精神文明建设"
	第十条规定："学校及其他教育机构以普通话和规范汉字为基本的教育教学用语用字"
	第十一条规定："汉语文出版物应当符合国家通用语言文字的规范和标准"
	第十二条规定："广播电台、电视台以普通话为基本的播音用语"
	第十三条规定："提倡公共服务行业以普通话为服务用语"
	第十四条规定："广播、电影、电视以国家通用语言文字为基本的用语用字"
	第十八条规定："国家通用语言文字以《汉语拼音方案》作为拼写和注音工具。初等教育应当进行汉语拼音教学"
	第十九条规定："凡以普通话作为工作语言的岗位，其工作人员应当具备说普通话的能力。以普通话作为工作语言的播音员、节目主持人和影视话剧演员、教师、国家机关工作人员的普通话水平，应当分别达到国家规定的等级标准；对尚未达到国家规定的普通话等级标准的，分别情况进行培训"
	第二十条规定："对外汉语教学应当教授普通话和规范汉字"
《中华人民共和国民族区域自治法》	第三十七条规定："招收少数民族学生为主的学校（班级）和其他教育机构，有条件的应当采用少数民族文字的课本，并用少数民族语言讲课；根据情况从小学低年级或者高年级起开设汉语文课程，推广全国通用的普通话和规范汉字"
	第四十九条规定："民族自治地方的自治机关教育和鼓励各民族的干部互相学习语言文字。汉族干部要学习当地少数民族的语言文字，少数民族干部在学习、使用本民族语言文字的同时，也要学习全国通用的普通话和规范汉字"
《中华人民共和国教育法》	第十二条规定："学校及其他教育机构进行教学，应当推广使用全国通用的普通话和规范字"

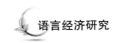
语言经济研究

法律名称	条文内容
《中华人民共和国义务教育法》	第六条规定："学校应当推广全国通用的普通话。招收少数民族学生为主的学校，可以用少数民族通用的语言文字教学"

资料来源：中国政府网。

引起重视并持续研究。比如"统一语言""纯洁语言"的偏误提法、过急过高的标准和行为，以及在推广教学、培训、测试中的不当做法，都不利于其语言资源价值的保护和开发。对此，可将李宇明教授曾经提出的语言保护三层次（见图6-10）纳入考量，与当前国内外语言保护措施和成效一一对照（见表6-9），以便于寻求更有效的资源利用和经济价值发展模式。

图6-10 语言保护三层次实施逻辑

资料来源：笔者根据参考文献绘制。

表6-9　　　语言保护现状及语言保护三层次规划对照

层次内容	措施现状	发展建议
语言保存	当前语言保存工作较为缺乏口语样本的记录，尤其是濒危语言的口语资源；古代书面文献、民间语言艺术等的记录也较为匮乏	通过书面记录和录音录像建立起数据库、博物馆等方式保存语言（包括方言）标本。并开展相应的语言展示、语言教学、基本研究活动。针对濒危语言或已消失的语言，可借助虚拟技术的帮助利用相关样本信息重新建立与该语言的联系

续表

层次内容	措施现状	发展建议
活态保护	处于探索阶段，如印第安语活态保护（北美洲），毛利语活态保护（大洋洲），裕固语活态保护、贵州苗语活态保护（中国），成效较弱，操作机制不完善	从外部发力，满足语言使用者的生存需求，改善其生活方式及生产生活环境，以保护使用者族群代代更迭的方式保护语言资源，延长语言寿命
开发利用	模式较为固化，未与相关团体达成良好有效的合作	与语言资源提供者建立良好合作关系，进一步开发语言保存、语言活态保护成果，开拓语言保护的社会红利

资料来源：李宇明：《中国语言资源的理念与实践》，《语言战略研究》2019 年第 3 期。

综上所述，正确对待并妥善处理保护、建设与开发、利用的关系，是保证语言资源持续健康发展的重要条件，也是未来仍需继续探索，不断调整、完善的重点内容。

三 语言资源与经济合作

语言资源的合理利用除在生活生产中提升经济效益之外，还能通过地缘位置外溢至国家战略和发展层面。如处于经济带的我国西南和西北少数民族与周围邻国有较为相近的语言、文化和习俗，一方面，当地劳动力可通过加强语言技能，实现向外流畅沟通，从而提高人力资本进而提升收入水平。[①] 另一方面，"一带一路"框架下的互联互通建设将为语言人才就业及语言产业化发展提供新的机遇，进一步助力语言经济价值的实现。同时，相似的语言文化能够作为国内外开展人文交流的桥梁，为"一带一路"倡议和框架内的建设夯实亚洲互联互通的根基。在这方面，语言资源的效益不仅是经济层面的，更是文化、政治层面的。为此，培养少数民族语言人才、推动少数民族语言保护路径研究，将有利于发展新时期我国少数民族语言文化的保护和资源开发，进而充分发挥特定语言资源附加的潜在效益。

[①] 刘倩等：《"一带一路"视角下语言的经济价值研究》，《财经理论与实践》2020 年第 4 期。

(一) 我国与周边国家民族、语系分布

中国幅员辽阔，与朝鲜、蒙古国、俄罗斯、哈萨克斯坦、吉尔吉斯斯坦、塔吉克斯坦、阿富汗、巴基斯坦、缅甸、老挝、越南以及印度、尼泊尔、不丹 14 个国家为陆上接壤邻国，在漫长的历史发展中，各国人民通过陆路通道频繁开展交流交往活动，其中一部分逐渐趋向融合，并由此拓展了本族居住地，形成了文化与民族的跨境现象。如我国境内的塔塔尔族（在我国文史资料中常被译为"鞑靼"），本族语言属阿尔泰语系突厥语族西匈语支，所属语言跨亚洲 6 大国 9 大民族（见表 6-10），有以阿拉伯文字为基础的文字，主要信仰为伊斯兰教。现主要散居在新疆维吾尔自治区境内天山北部地区，以昌吉回族自治州奇台县大泉塔塔尔乡为唯一的主体民族乡，其他则以伊犁哈萨克自治州和乌鲁木齐市人数较多，次集中分布在伊宁、塔城、奇台、吉木萨尔、阿勒泰。然而，从全球的塔塔尔族发展现状来看，其民族主体则位于中国境外，主要分布于俄罗斯联邦、乌克兰、巴尔干、哈萨克斯坦等国家和地区。

表 6-10　　　　　　　　阿尔泰语系所含语族及跨境分布情况

语系	所含语族	亚洲主要分布国	亚洲主要分布民族
阿尔泰	突厥 蒙古 满—通古斯	中国 蒙古 阿富汗 伊朗 土耳其 哈萨克斯坦	维吾尔族 哈萨克族 乌孜别克族 蒙古族 满族 锡伯族 达斡尔族 鄂温克族 赫哲族

资料来源：笔者整理。

又由于亚洲南部自然条件较北方更宜居，各族群聚居地之间距离更近，因此我国南方边境地区的民族与东南亚各国民族间血缘关系更为紧密，很多苗族、瑶族支系，如西双版纳的傣族，和缅甸的掸族，老挝的佬族，泰国、柬埔寨的泰族都是同一个民族。

参考黄行等学者的研究，从整体上来看，我国有50余种语言与周边国家存在跨境分布情况，占到我国语言总数的四成以上[①]，我们将大致情况整理如表6-11所示，其中西部接壤国家内部主要民族及其各自所使用的语言较为相似，因此将中国与中亚国家主要跨境语言使用人口占比情况摘出，整理如表6-12所示，由此可对中国边境地区与周边国家民族语言、语系、语族的"血缘"亲疏情况有较为清晰的了解。

表6-11　　　　　　**中国与部分邻国跨境语言分布情况**

分布国家	与中国相邻主要跨境内语言（名称以中国境内使用语言为准）
俄罗斯	俄罗斯语、塔塔尔语、图佤语、蒙古语、柯尔克孜语、鄂温克语、赫哲语
阿富汗	乌孜别克语、柯尔克孜语
蒙古国	达斡尔语、鄂温克语、哈萨克语、维吾尔语、图佤语
朝鲜	朝鲜语
越南	越南语、傣语、壮语、布依语、水语、仡佬语、拉基语、苗语、瑶语、哈尼语、巴哼语、拉祜语、彝语、普标语
老挝	傣语、苗语、瑶语、哈尼语、拉祜语、克木语
缅甸	傣语、苗语、藏语、哈尼语、拉祜语、怒苏语、景颇语、阿昌语、独龙语、布朗语
泰国	傣语、苗语、瑶语、哈尼语、拉祜语、布朗语、毕苏语
印度	藏语、珞巴语、达让语、格曼语
不丹	藏语
尼泊尔	藏语

资料来源：黄行、许峰：《我国与周边国家跨境语言的语言规划研究》，《语言文字应用》2014年第2期。

---

① 黄行、许峰：《我国与周边国家跨境语言的语言规划研究》，《语言文字应用》2014年第2期。

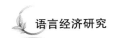

表 6-12　　　中国与中亚五国主要跨境语言使用人口占比情况　　　单位:%

	使用鞑靼语人数占比	使用乌孜别克语人数占比	使用俄语人数占比	使用哈萨克语人数占比	使用吉尔吉斯语人数占比	使用塔吉克语人数占比
哈萨克斯坦	2.0	2.1	37.0	41.9	—	—
吉尔吉斯斯坦	—	12.9	21.5	—	52.4	—
塔吉克斯坦	—	25.0	3.5	—		64.9
土库曼斯坦	—	9.0	9.8	2.0		
乌兹别克斯坦	2.4	71.4	8.3	4.1	—	4.7
中国	0.5%	0.7%	<0.1%	<0.1%	<0.1%	<0.1%

资料来源：笔者自行绘制。

（二）共建"一带一路"对我国少数民族语言资源保护与开发

针对以上情况，国家在制定少数民族人才发展长期规划时需要有更高的站位，在国家通用语言资源保护对策基础上做出相应的调整和补充，更好地发挥语言资源的经济、政治、文化效用，推进社会发展。而在国内外发展进程中，人才始终是最重要的生产力之一，"一带一路"建设更是需要大量的少数民族专业人才。综合来看，国家要统筹全局、科学规划，研究制定切实可行的少数民族人才发展规划及培养目标。

1. 制定专项语言保护法，给予少数民族人才发展法律保障

当前我国通用语言文字保护法和有关少数民族发展事务的政策涉及范围较广，内容较泛，权责不够明确。为此，要借鉴美欧等发达国家的条文制定模式和标准，为少数民族语言保护出台专项法案，明确保护内容、方式、范围及目的，规范公民、组织等不同主体所要承担的权利和享有的义务。并相应设定惩戒机制及措施，落实少数民族语言保护"有法可依"。

2. 设立专项语言保护资金，给予少数民族人才发展物质支持

要明确资金来源、体量、用途、方向和目标，明确资金的管理机构以及个人清晰的责任分担机制，以确保资金专项专用以及资金运用合理、有效。①

----

① 李莹：《"一带一路"战略机遇下我国少数民族语言保护的对策研究》，《戏剧之家》2016 年第 17 期。

3. 建立科学评价和考核机制，给予少数民族语言保护合理、及时的效果反馈

建立关于少数民族语言文化保护和发展的科学评价和考核机制，以此作为考核当地政府执政能力和民间各团体责任意识、行动能力，测试语言保护实施成效的一种手段，督促当地政府部门和各行为主体对少数民族语言文化保护工作加大人力、物力、财力的有效投入，提高少数民族语言文化的保护效率。

4. 激励各地加大对辖区内语言文化的宣传力度，给予少数民族语言情感态度正确的方向引导

情感态度即心理认同，是指一种精神依赖关系。一般而言，由于母语是民族认同、身份认同的一种体现，而语言的民族认同往往会受到环境、教育手段及内容的影响。在我国"多元一体"的语言政策影响下，一些少数民族的年轻人外出学习或就业，大多使用普通话，母语只在很小的场域中使用，致使体量巨大的一部分人对母语产生了明显的疏离感。同时，由于少数民族地区环境的限制，许多年轻人不愿回乡就业，影响了母语的代际传播。鉴于此，各地应广泛利用媒体力量，乘"一带一路"国际合作的东风，注重在外宣中对当地风俗、历史、英雄故事、景点、美食等语言和民族文化的特色和魅力的渲染，吸引游客和培养当地人民族自豪感并重。另外，地方媒体和地方政府可以从本地化的角度出发，选择合适的内容，仔细研究民族语言节目的编辑和播放路径，因地制宜、贴近群众，激发人们对民族语言的感情，把青少年追求时尚、新奇的心理与新媒体的传播特点结合起来，研究面向年轻人的语言专栏，巩固语言的代际交流。

语言资源整合是语言资源开发的重要组成部分。要把语言本体研究与语言应用研究紧密结合起来，关注语言变化及其使用和研究，关注社会语言生活，重视国家语言资源的保护和利用，使语言研究的理论成就在应用领域广结硕果，实现从原始文化资源到实际经济合作的阶段性飞跃。

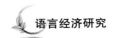

第四节　语言规划与全球经济治理

　　语言工作和语言发展既是一个与国家政治和社会经济发展息息相关的组成部分，也是新时期全球经济秩序研究的重要课题。从社会现实的需要出发，民族语言能力的研究备受各国关注，语言规划研究被纳入国家战略，成为经济生活研究的一个延伸热点。在全球经济秩序重组的新时代，语言政策和规划的主题、概念内涵和外延发生了根本性的变化，实现了语言习得和语言学向经济、金融、人文社会科学领域多个范畴的延伸和扩展。现行国家语言规划和应用作为大国竞争的领域之一，重点主要集中在"语言技能"的培养上。这一决定首先是为解决现实世界中的语言及发展问题。在世界转型发展的背景下，国家语言能力的建设具有重要意义，被各国视为重要的战略问题，对国内语言产业及语言资源合理规制，进而通过加强语言在国际事务运行中的作用和价值，使其为本国的国际话语权与经济吸引力服务。其次，提高语言能力需要加强对人力资源的投资，在这种情况下，一方面要逐一突破存在的问题，开辟发展道路；另一方面则必须借助外部力量以明确"一带一路"建设下的语言缺口。

　　同时，应注意到其在中国语言发展和参与全球经济秩序建设与维护过程中的战略作用，不仅是在提供语言服务和支持人们为相关发展进行交流方面，也要求政府相关部门和语言企业利用这一机会，从全球经济发展的角度出谋划策，参与世界经济生活秩序的良性转型进程。基于上述情况和视角，本节将探讨新时期中国语言规划参与全球经济秩序建设的主要任务和方式，结合语言规划、产业规制、资源保护与全球经济发展的互动发展，并将"一带一路"建设中的现实经验及需要作为例证，深化全球经济治理战略。

一　早期经济全球化加重语言生态失衡

　　语言学研究的学科任务是分析和研究自然进化规律或世界语言变体的社会特征，在人类语言发展的过程中，语言规划作为一种人工调节或人为干预，对社会政治及经济结构有着重大的影响。"二战"后，许多新兴国家在现代化进程中遇到了许多障碍，如意识形态交流、文化交流，通过不同语言传递信息和传播知识。在此背景下，语言规划研究开始受到重视，并被视为社会规划的一部分。自此，语言规划活动几乎涵盖了社会生活的各个方面。正如《语言规划与社会变迁》一书作者罗伯特·库珀所言："规划语言，就是规划社会。"① 从 20 世纪 50—80 年代，语言规划的重点是以国家为主体的语言问题。随着全球治理时代的到来，语言规划的范围迅速扩大，全球社会已经成为语言规划的新对象，语言规划导致了一场重要的学科变革，并日益成为全球联动发展过程中不可忽视的基础工程。

为了研究全球经济秩序发展中的语言实践方式及影响，我们需要先厘清全球经济秩序治理的概念以及当前经济环境与语言规划进程之间的关系。全球经济秩序治理作为国际秩序治理的延伸，已经突破了理论层面，成为企业、组织、政府等群体管理和标准化的实践活动，是国际社会应对全球经济环境变革和全球性问题挑战的一种新的发展理念、机制与实践活动。美国加州大学伯克利分校政治学教授马克·倍威尔在其专著《治理理论》中提到，治理是涉及不同主体通过法律、规范、权力和语言等手段实现社会实践中规则和秩序生成的所有过程，需要通过语言、意义和信仰共同发挥作用。② 放眼当今世界，全球经济一体化的步伐驱动国际贸易、国际间的经济技术合作迅速扩大。以美国为首的西方经济大国，依靠在政治、经济、文化、军事等领域的领先地位，源源不断扩大资本输出，引导跨国公司携带资本、制度、文化、价值观念逐步向新兴市场国家渗透、扎根。这就不可避免地造成了以英语为首的优势语言在国际事务中占有"工作语言"的地位。具体表现在国际间的交流、信息技术及大众媒体（电视、广播、报纸、杂志、音像及电脑软件等）都在用英语作为主要的传播工

---

① Robert L. Cooper, *Language Planning and Social Change*, Cambridge: Cambridge University Press, 1990, p. 182.

② Mark Bevir, *A Theory of Governance*, Berkeley: University of California Press, 2013, pp. 1–24.

具。政治生活的去中心化、去全球化、去权威化与国家关系的复杂化、群体身份的符号化，以及经济层面的两极化和发展无序化推动了全球语言生态的激烈竞争，各民族共同语言的语言地位以及各地区少数民族使用的强势语言迅速发展成为地区霸主语言，从整体上降低了语言作为跨群体沟通工具的价值和实用性，在很大程度上造成了语言的威胁和衰退问题。可以说，世界经济全球化进程见证了"语言帝国主义"的强盛和世界多样性民族语言的消亡。此外，数字技术和互联网为语言竞争提供了新的手段和平台，加重了语言生态危机。① 事实上，语言竞争问题是全球竞争的一个侧影和真实写照，凸显出全球经济发展面临的严峻挑战，而上述种种全球性问题最终都需要科学合理的语言规划来应对、解决。

而随着世界经济环境的变化，经济贸易与文化活动的主体越来越呈现多层次、多领域的特点，从主权国家到无政府主义国际组织，从民间社会到专业组织，从区域内到超区域到国际平台，从个人、家庭、学校、大型团体到政府，参与者范围的扩大也使语言问题逐渐群体化。经济问题广泛存在于突发战事、跨区合作与公共卫生隐患等各类国际热点事件中，需要语言从中进行利益调和或应急处理，也会由此加大语言文化摩擦风险。② 而主体经济需求带来的纵深接触也会加重文化、信仰方面的冲突，这些全球经济发展引发的语言文化安全问题，倘若处理不当，就会导致日常具有隐蔽性和潜在性的基础性问题转换为国际热点问题，增大语言规划压力，这方面的例子已经不胜枚举。

二　国家语言能力规划保障经济安全有序发展

国家语言能力规划是将语言能力建设从国家语言规划层面付诸实施的一项措施，其稳步推行有助于为国家、社会造就一个安全有序的政治、经济环境。西方国家对语言能力规划的研究由来已久，如语言政策和语言规划等，已有 70 多年的历史，具体来说其发展重点经历

---

① 郭书谏等：《互联网空间的世界语言活力及其成因》，《语言文字应用》2019 年第 1 期。
② 李宇明：《语言在全球治理中的重要作用》，《外语界》2018 年第 5 期。

了从以语言安全为中心向以语言资源为研究中心的转变。

初期国家语言能力规划关注的重点主要是如何自上而下地将语言纳入国家安全体系中，借用语言手段调动国家力量，以及通过开发和利用语言资源拓展国家安全局势和利益发展。第二次世界大战期间，为了应对海外作战与布局的需求，美国军方启动了以保障国家安全为首要目标的语言能力建设[①]，随之发起的一系列活动为战后占领、管制欧洲和太平洋地区、建立统一局面，做好了语言层面的准备。冷战时期，以美苏为首的两大阵营进入强竞争状态，其间发起的军备竞争广为人知，然而语言在其中的战略作用也不应被忽视。1957 年 10 月 4 日，苏联卫星（Sputnik Ⅰ）上天，震惊美国朝野上下，在随后实施的《国防教育法》（1958）中，美国称数学、科学和外语教学为"三大新能力"。1978 年，由白宫成立的总统委员会开始审查国家语言的能力和需求，首次提出了"国家语言能力"。[②] 一年后，该组织的调查报告开始将美国的国家语言能力及其在总体国家安全中的作用纳入考虑范围，此后，外语水平的提高被置于非常高的战略地位，"沟通同盟，分析敌对国家，并赢得自由国家的信任和支持"的口号出现。21 世纪，在美国推动的全球反恐战争中，军方发起了一项非常规的国家语言能力规划行动——"国家安全语言倡议"计划，国家语言的"安全化"（Securitization）属性和战略地位得到进一步提升。[③] 究其根本，语言在大范围、长时间的竞争中，基本上作为对抗长期竞争的新手段逐步融入了国家竞争体系，提高民族语言技能成为国家战略的重要组成部分，为提高国际地位和话语权做出了不可估量的贡献，对维护和扩大国家安全利益发挥了重要作用。

然而，语言安全战略的正确性和合理性仍然存在争议。安全范式体现了一种实用主义思想，但同时也暴露出强烈的霸权主义意识。事

---

① A. P. R. Howatt and H. G. Widdowson，*A History of English Language Teaching*，Oxford University Press，2004.

② Barbara B. Burn，"The President's Commission on Foreign Language and International Studies：Its Origin and Work"，*The Modern Language Journal*，Vol. 64，No. 1，1980，pp. 7-8.

③ "安全化"是国际关系领域哥本哈根学派提出的安全化理论中的核心概念，是指在非传统安全威胁和风险之下，国家或是政府将一些非安全事务上升为安全事务的过程。

实上，美国至今仍有一种实用的语言工具主义模式。《关键语言战略》和《国家安全语言倡议》都从语言工具的角度规划了国家语言能力，忽视了提高全体公民语言能力的目标，忽视了国内各类移民的语言需求。正如美国应用语言学中心前主席特伦斯·威利（Terence Willie）所说："从长远来看，仅仅为了服务国家利益而狭隘聚焦于国家安全和战略语言的做法，并不会提升美国的国家语言能力，当前美国需要的是正视自己在过去和当下否认语言多样化，而痴迷于语言单一化的错误做法。"① 应该说，国家语言能力规划安全范例的实践在战略意识层面上值得学习和借鉴，但语言安全的实践是语言问题的极端政治化，这反映了国家语言能力安全范式的弊端，也恰恰说明了要继续推行和完善合理有效的语言规划，为国家社会发展和全球良性竞争提供长久保障。

三 "一带一路"建设中的语言与经济互动

"一带一路"倡议既不是历史意义上的重建国际贸易路线，也不是区域发展战略、地缘战略、单向战略或简单的线性经济。这是一项改革现有国际经济治理模式和实现包容性发展的倡议②，极具包容性地纳入了各式经济结构及多样化的语言环境，是广泛践行语言与经济互助互生的一个典型政策平台。"一带一路"作为一种全新的全球治理模式和理念，提出"互利、合作、共赢"的发展理念，为应对国际金融危机、解决国际发展不平衡问题提供了新思路③，与世界总体发展相呼应，是一项最大限度地利用人类发展能动性的计划。同时，其语言文化和经济建设上的包容性也改变了全球安全治理模式，直接对未来全球经济安全有序发展产生深远影响：在方式取向上，全球经济建设更加注重互利共赢；在治理模式上，全球经济秩序将更加注重市场要素的发展；在空间形态上，将推动欧亚区域一体化向世界的拓展，深化世

---

① Terrence G. Wiley, "The Foreign Language 'Crisis' in the United States: Are Heritage and Community Languages the Remedy?", *Critical Inquiry in Language Studies*, Vol. 4, No. 2–3, 2007, pp. 179–205.

② 刘卫东：《"一带一路"战略的认识误区》，《国家行政学院学报》2016 年第 1 期。

③ 张日培等：《"一带一路"语言规划与全球语言生活治理》，《新疆师范大学学报》（哲学社会科学版）2017 年第 6 期。

界利益共同体。"一带一路"倡议因此标志着积极开展全球经济合作和促进全球经济治理变革的新时代。通过重点关注全球经济治理的公共产品出口,能够反映出中国作为负责任大国的角色和地位。[1]

同时,"一带一路"倡议的成功有赖于良性的全球经济秩序和语言文化环境,作为全球治理项目,"一带一路"在推进过程中面临诸多困难。张鑫(2016)[2]认为,这些困难表现在四个层次上:第一,在超国家层面,有许多功能看似重叠的组织,这些组织的举措和制度正在失去效力,导致监管框架落后和秩序的松散。第二,在主权国家层面,国家间的恶性竞争使所有国家无法摆脱无政府主义社会的地缘思维,有的甚至陷入了发展困境,进而使各国无法作为一个整体使用各种合法手段来最大限度地实现自身利益。第三,各国国内也缺乏发展和治理秩序。"一带一路"沿线的一些国家仍处于发展的低层次,而"一带一路"倡议能够切实帮助这部分国家改善现有困境。第四,极端主义和非传统安全问题尤为突出。"在现实主义背景下,最重要的是一个国家在世界上维护其国家安全,在各种相互交织的国际体系中维护其主权,并实现更高的相对利益,而不是在许多政治交易中实现绝对利益,他们要求国家在世界不平衡的权力流动中找到技巧和信心。最好是建立一个有利于本国、损害一些竞争国家的世界秩序。'一带一路'很可能会被这股潮流所分散,也会被这些雄心壮志所分散。"[3]而语言文化规划则是消解这类难题最稳妥、最温和的手段,这一手段也只有符合全球化的视野和情怀才能提供解决问题的出路。

四 "一带一路"语言规划参与全球经济秩序治理

与以汉语为基础的国家标准化语言规划不同,在全球经济发展视域下的语言规划在严格意义上应该是一项涉及共建"一带一路"所有国家或地区共同参与的活动,为了反映中国"一带一路"倡议作为助推全球经济良性发展的模式,国家相关研究应该从全球语言领导力的

---

① 毛艳华:《"一带一路"对全球经济治理的价值与贡献》,《人民论坛》2015年第9期。

② 张鑫:《全球治理视野下的"一带一路"》,《克拉玛依学刊》2016年第2期。

③ 何宇行:《西方国家政府改革和治理理论研究综述》,《成都行政学院学报》2014年第6期。

角度进行思考和规划，即中国应该如何利用全球语言政策为未来"一带一路"经济建设创造新机遇。目前，至少有三种可能性：即传播价值、发展定义和规则制定。

（一）传播文化价值：和谐多语生活，整合各方利益需求

现有的语言规划研究表明，现代民族国家在内外发展过程中对利益最大化的必然追求往往伴随着单一语言的强势发展冲动。通用语言推广的规划和实施，不仅有助于解决语言多样性造成的交流问题，而且还有利于社会融合和政治稳定，甚至能够实现民族语言的统一。但这一期望在实践中遭受了重大挫折。单语主义不仅没能有效地解决语言交际问题，还带来了语言之间的激烈冲突，甚至引发政治冲突。语言规划者随即将注意力转向"多语主义"。① 综合已有研究，多语主义高度赞扬语言多样性，将多语视为资源和权利②，李宇明（2016）③ 进一步指出，"多语主义是对传统国家意识的挑战，也是解决多民族国家语言问题的现代理念，更是当今全球化、多元文化时代的强烈要求"；多语主义还主张通过发展每一个人的多语能力达到解决沟通问题、维护和发展语言多样性的目的；在此基础上，多语主义者认为通过建构多样化语言分工，能够建立一种不同语言责任制，促使在不同领域中发挥语言作用。单语是一种基于约束性权威的传统整合方法，而多语是一种基于"结构"（制度所确定的关系）的现代整合方式。张静（1998）④指出，"'结构秩序'是一个权利分化后的整合秩序，是多个行动单位（个体、组织等）互动的结果，他们的同意、交换和交易构成的合约，是公共秩序的来源"。事实上，多语化追求的是语言权利分化后，通过良性互动（而非冲突）在语言生活中形成的稳定和秩序；同时，"结构性秩序"也能够凸显理论和治理实践之间的联系。因此，多语主义有理由成为全球语言领导力实现的一项共同价值观。

---

① 李宇明：《语言服务与语言产业》，《东方翻译》2016 年第 4 期。
② 周明朗：《语言意识形态和语言秩序：全球化与美中两国的多语（教育）战略》，《暨南学报》（哲学社会科学版）2009 年第 1 期。
③ 李宇明：《试论全球化与跨文化人才培养问题》，《文化软实力研究》2016 年第 3 期。
④ 张静：《政治社会学及其主要研究方向》，《社会学研究》1998 年第 3 期。

　　然而，正如戴曼纯（2014）①在描述语言规划的本质特征时指出的，"虽然新的问题不断出现，但是老的问题依然还会受到关注"，目前，许多民族国家仍在努力"解决语言问题，促进民族团结"。在使用多种语言的困境中，将有一个从理论和观念到政治实践的漫长过程。

　　面对这一困境，新中国的语言规划从理论到实践都形成了自己的特色。2006 年之前，政府通过各种法令对民族通用语言和少数民族语言政策进行了规划与调整②，随后，将国家通用语言文字和少数民族语言文字并提的政策法令不断增多，"主体性和多样性统一的和谐语言生活"逐渐成为中国语言政策文本中的常用术语。中国语言规划的成功经验应该作为确定全球语言生活管理共同价值观的参考。当然，中国的经验是基于中国的国情。从民族构成来看，中国是一个人口占多数的国家，其他少数民族与多民族国家的语言问题有很大不同；同样，全球语言指导的问题和对策与我国的问题和对策大不相同③；然而，在一个复杂多样的语言世界中，由于缺乏权威力量来解决"语言交流问题"和"避免语言冲突"的双重困境，若借鉴中国智慧和经验，"通情达理"、"和谐有序"和"多语并存"则有理由成为未来全球语言秩序调整的核心方向。

　　基于这一核心价值观，全球语言学习的目标应该是"构建和谐有序的多语言生活"。即先要更清晰、积极地描述和评估世界语言生活的多样性，并将"多语并存"列为语言治理目标，减少不同语言之间的冲突。同时，多样化的全球语言需要树立自己的地位和责任，使语言在国际事务不同领域发挥作用。本质上，语言多样性在全球交互发展中应该得到充分尊重和利用，通过加强语言交流解决全球化进程中的语言和文化冲突，保障个人生存、发展和流动所需的语言权利。

　　中国政府、中国智库和中国学者有义务以"一带一路"为契机，利用双边和多边外交、人文交流等合作平台，利用国际会议和论

---

　　① 戴曼纯：《语言政策与语言规划的学科性质》，《语言政策与规划研究》2014 年第 1 期。
　　② 李宇明：《语言生活与语言生活研究》，《语言战略研究》2016 年第 3 期。
　　③ 马磊等：《吉尔吉斯斯坦哨葫芦村东干人语言使用情况调查研究》，《双语教育研究》2015 年第 3 期。

坛、宣言、倡议和文件等各种可能的有效方式，表达和传播中国的语言生活概念，并加以宣传，以成为全球语言指导的共同价值观。

（二）定义发展问题：语言安全与经济安全发展

设置定义是一个解决问题、提高认识和促进共识的过程，通过在特定全球经济安全问题的概念和理论层面纳入语言战略，落实中国参与全球语言领导的重要机会。这是中国作为负责任的语言力量的合法角色的重要体现，也是努力争取全球语言领导话语权、领航打造良性经济秩序的重要途径。

经济全球化浪潮带来的语言竞争和冲突，加重了全球经济发展的环境安全问题，在英语全球化背景下建立多元的全球语言生态、全球和区域国际组织的语言政策、大国的语言交流与协调、濒危语言的保护与拯救、民族主义和民粹主义胁迫下的语言鸿沟、少数民族语言（母语）权利、移民语言遗产造成的信息鸿沟和丰富的空间语言冲突，语言资源开发、语言技术创新、语言产业发展等面临秩序重构。

总体来看，经济环境治理过程中最为关键的是选择一个包容性强、建设性强、易于达成最广泛共识的价值主题，并用各方都能接受的语言表达。合力启动世界语言生活管理议程，吸引更多国家参与，十分考验中国智慧、中国参与全球语言议程的能力和方式。此前母语语言权利和濒危语言保护的开展与探索不仅是全球语言教学走深的实践基础，也为定义问题、设计主题提供了有益的经验。2014 年，由中国政府主办的"世界语言大会"，分别以"语言能力与社会可持续发展、语言能力与语言教育创新，以及语言能力与国际交流合作"为论题，取得了巨大成功。基于包容性和建设性原则，除上述主题外，我们还可以从未来的语言教学、多语言生活、语言技能培训等方面探讨世界各国迫切加强和改进语言规划的原因和途径，利用语言发展共识规训经济建设共识。

面对多样化的语言，通过拟定一个共同语言解决语言交际问题的思想导致了世界范围内的"强势语言和弱势语言泛滥"[①]；语言服务是解决语言多样性问题的另一条思路，但有必要在狭义的翻译服务的基础上，进一步向更广泛领域、更多样方式、更贴合需求拓展，并将由此而形成的产业发展纳入语言和经济议题；语言科技与信息技术发展密切关联，基于语言的智能技术更是未来科技及相关产业发展的制高点，协力发展面向多语言的现代信息科技，也将为解决语言多样性中的沟通问题拓展思路、提供手段，从根本上化解经济接触引发的语言问题，以新时代下的语言规划保障全球经济安全发展。

（三）制定语言规则：推进全球经济良性发展秩序

在多主体、弱权威的情况下，非正式和非强制性是全球经济秩序的基本特征，而语言规划为中国参与全球经济秩序治理并推动治理法规建设提供了多种路径：首先，可以进一步加强与各国际组织的互动与合作，发挥国际组织作用。如参与教科文组织、利用联合国框架以启动前文提及的语言生活治理议程，定义发展问题；其次，可以通过世界级语言专题大会，在更广泛的领域和更多的语言问题上促进不同层次的共识；再次，将语言问题充分纳入双边文化交流机制，本着平等互利、民心相通的原则和目的，加强与世界各国的语言合作与交流，特别是在促进文化交流建设方面，共建"一带一路"国家和地区应逐一协调，包括制定共同语言政策、语言保护政策、语言教育政策和语言教学政策，通过长期的语言共育搭建友好语言文化关系，疏浚经贸合作内容的双边、多边协调机制；最后，培育语言发展监督群体，通过对各语言群体的政策规划和发展情况的监督和调节来传递中国理念，深化全球经济秩序治理意识，深化全球经济秩序治理议程。

---

① 周明朗：《语言意识形态和语言秩序：全球化与美中两国的多语（教育）战略》，《暨南学报》（哲学社会科学版）2009 年第 1 期。

参考文献

［1］安宇、邓建华：《"一带一路"背景下基于 SCP 范式的中国语言服务产业分析》，《湖北经济学院学报》（人文社会科学版）2018年第 4 期。

［2］巴丹等：《"汉语国际教育线上教学模式与方法"大家谈》，《语言教学与研究》2021 年第 2 期。

［3］白娟：《语言规划中的规划者研究》，《语言政策与规划研究》2015 年第 2 期。

［4］白新杰：《语言的经济属性和政治属性探究》，《北京科技大学学报》2020 年第 6 期。

［5］北京大学中国教育财政科学研究所：《2017 年中国教育财政家庭调查：中国家庭教育支出现状》，北大新闻网，http：//ciefr.pku.edu.cn/cbw/kyjb/2018/03/kyjb_ 5257.shtml，2018 年 3 月 8 日。

［6］毕红秋等：《中国共产党国际话语权构建的百年历程、基本经验及提升路径》，《贵州省党校学报》2021 年第 3 期。

［7］蔡昉：《金德尔伯格陷阱还是伊斯特利悲剧——全球公共品及其提供方式和中国方案》，《世界经济与政治》2017 年第 10 期。

［8］曹劲松：《舆论引导的话语权与实现路径》，《南京社会科学》2015 年第 1 期。

［9］曹荣：《"一带一路"背景下中国语言产业的 SCP 分析》，《广西财经学院学报》2015 年第 12 期。

［10］曹贤文、张璟玮：《语言多样性与社会经济发展相关性的再认识》，《语言文字应用》2020 年第 1 期。

［11］陈鹏：《语言产业的基本概念及要素分析》，《语言文字应用》

2012 年第 3 期。

［12］陈少徐：《论议程设置与舆论引导的关联性》，《吉林省教育学院学报》2011 年第 5 期。

［13］陈尧：《西方"双重标准"的多重根源》，《人民论坛·学术前沿》2020 年第 3 期。

［14］陈章太：《论语言资源》，《语言文字应用》2008 年第 1 期。

［15］陈正良：《国际话语权对国家软实力影响效用探赜》，《观察与思考》2017 年第 1 期。

［16］陈正良：《软实力发展战略视阈下的中国国际话语权研究》，人民出版社 2016 年版。

［17］陈志敏等：《当代外交学》，北京大学出版社 2008 年版。

［18］戴曼纯：《语言政策与语言规划的学科性质》，《语言政策与规划研究》2014 年第 1 期。

［19］戴曼纯、贺战茹：《法国的语言政策与语言规划实践——由紧到松的政策变迁》，《西安外国语大学学报》2010 年第 1 期。

［20］戴炜栋等：《新文科背景下的语言学跨学科发展》，《外语界》2020 年第 4 期。

［21］邓皓东：《塔吉克斯坦高等教育发展状况研究》，《教育现代化》2017 年第 37 期。

［22］丁从明等：《方言多样性与市场一体化：基于城市圈的视角》，《经济研究》2018 年第 11 期。

［23］董洁：《家庭中的"声音"：海外华人家庭语言规划案例二则》，《语言战略研究》2019 年第 2 期。

［24］董希骁：《从语言名称争议看中东欧语言民族主义新动向》，《国际论坛》2019 年第 1 期。

［25］杜宜阳：《智能时代国际化城市的语言生活治理》，硕士学位论文，上海外国语大学，2019 年。

［26］多斯：《塔吉克斯坦大学汉语教学现状调查研究》，硕士学位论文，南京师范大学，2018 年。

［27］范俊军、肖自辉：《语言资源论纲》，《南京社会科学》2008

年第 4 期。

　　［28］付荣文：《公众参与视角下的外语教育政策规划研究》，《上海外国语大学》2019 年第 1 期。

　　［29］高雪松、康铭浩：《国外语言政策研究的问题和路径》，《语言文字应用》2021 年第 1 期。

　　［30］工信部：《鼓励语言区块链技术的应用》，东方财富网，http：//finance. eastmoney. com/a/202009231645249529. html.

　　［31］郭书谏、沈骑：《互联网空间的世界语言活力及其成因》，《语言文字应用》2019 年第 1 期。

　　［32］郭熙：《论祖语与祖语传承》，《语言战略研究》2017 年第 3 期。

　　［33］郭英剑：《新文科与外语专业建设》，《当代外语研究》2021 年第 3 期。

　　［34］国家信息中心"一带一路"大数据中心：《"一带一路"大数据报告》，商务印书馆 2017 年版。

　　［35］国家语言文字工作委员会：《中国语言文字事业发展报告（2020）》，商务印书馆 2020 年版。

　　［36］何宇行：《西方国家政府改革和治理理论研究综述》，《成都行政学院学报》2014 年第 6 期。

　　［37］贺宏志：《发展语言产业，创造语言红利——语言产业研究与实践综述》，《语言文字应用》2012 年第 3 期。

　　［38］贺宏志、陈鹏：《语言产业导论》，首都师范大学出版社 2012 年版。

　　［39］赫琳、张丽娟：《语言经济功能再认识》，《武汉大学学报》（人文科学版）2017 年第 6 期。

　　［40］侯佛钢、张振改：《教师参与教育政策制定的困境分析及路径探索》，《教育理论与实践》2013 年第 31 期。

　　［41］胡开宝、李婵：《国内外外交话语研究：问题与展望》，《外语教学》2018 年第 6 期。

　　［42］胡小玲：《论语言产业的结构性、外部性与发展方式》，《语言文字应用》2013 年第 3 期。

［43］黄景源：《国际经济话语权及其影响因素研究》，硕士学位论文，中共中央党校，2016 年。

［44］黄少安等：《语言产业的涵义与中国语言产业发展战略》，《经济纵横》2012 年第 5 期。

［45］黄少安等：《语言经济学导论》，商务印书馆 2012 年版。

［46］黄少安等：《语言经济学及其在中国的发展》，《经济学动态》2012 年第 3 期。

［47］黄少安、苏剑：《语言经济学的几个基本命题》，《学术月刊》2011 年第 9 期。

［48］黄行、许峰：《我国与周边国家跨境语言的语言规划研究》，《语言文字应用》2014 年第 2 期。

［49］金正昆：《现代外交学概论》，中国人民大学出版社 1999 年版。

［50］康铭浩、沈骑：《国际语言政策与规划研究的新进展》，《当代外语研究》2020 年第 6 期。

［51］李葆嘉：《语言学的渊源、流派及其学科性质的变迁》，《江苏社会科学》2002 年第 5 期。

［52］李光勤等：《语言多样性与中国对外开放的地区差异》，《世界经济》2017 年第 3 期。

［53］李琳：《区域经济发展与语言能力建设》，《吉首大学学报》2020 年第 3 期。

［54］李现乐：《语言服务的显性价值与隐性价值——兼及语言经济贡献度研究的思考》，《语言文字应用》2016 年第 3 期。

［55］李现乐：《语言资源与语言经济研究》，《经济问题》2010 年第 9 期。

［56］李艳：《语言产业经济学：学科构建与发展趋向》，《山东师范大学学报》（社会科学版）2020 年第 5 期。

［57］李莹：《"一带一路"战略机遇下我国少数民族语言保护的对策研究》，《戏剧之家》2016 年第 17 期。

［58］李宇明：《海外汉语学习者低龄化的思考》，《世界汉语教

学》2018 年第 3 期。

　　［59］李宇明：《试论全球化与跨文化人才培养问题》，《文化软实力研究》2016 年第 3 期。

　　［60］李宇明：《数据时代与语言产业》，《山东师范大学学报》（社会科学版）2020 年第 5 期。

　　［61］李宇明：《语言服务与语言产业》，《东方翻译》2016 年第 4 期。

　　［62］李宇明：《语言生活与语言生活研究》，《语言战略研究》2016 年第 3 期。

　　［63］李宇明：《语言在全球治理中的重要作用》，《外语界》2018 年第 5 期。

　　［64］李宇明：《"一带一路"需要语言铺路》，《中国科技术语》2015 年第 6 期。

　　［65］李玉、赵迎迎：《语言产业的经济价值研究和发展设想》，《华东经济管理》2015 年第 6 期。

　　［66］李志丹：《试谈外交话语体系建设》，《中国社会科学报》2019 年第 3 期。

　　［67］梁昊光、张耀军：《"一带一路"语言战略规划与政策实践》，《人民论坛·学术前沿》2018 年第 10 期。

　　［68］梁凯音：《论国际话语权与中国拓展国际话语权的新思路》，《当代世界与社会主义》2009 年第 3 期。

　　［69］刘晶晶、支振锋：《西方媒体传播中的双重标准与应对》，《青年记者》2021 年第 6 期。

　　［70］刘倩等：《"一带一路"视角下语言的经济价值研究》，《财经理论与实践》2020 年第 4 期。

　　［71］刘卫东：《"一带一路"战略的认识误区》，《国家行政学院学报》2016 年第 1 期。

　　［72］刘渊博：《跨国公司的国际话语权建构》，硕士学位论文，北京外国语大学，2019 年。

　　［73］卢干奇：《关于〈国家通用语言文字法〉的几个问题》，载

周庆生等《语言与法律研究的新视野》，北京法律出版社 2003 年版。

［74］吕君奎：《语言与制度的内涵、起源及关系研究》，《新疆师范大学学报》（哲学社会科学版）2013 年第 1 期。

［75］吕俊：《翻译研究：从文本理论到权力话语》，《四川外语学院学报》2002 年第 1 期。

［76］罗慧芳：《我国语言服务产业发展与对外贸易相互关系的实证研究》，博士学位论文，中国地质大学，2018 年。

［77］马得勇：《政治传播中的框架效应——国外研究现状及其对中国的启示》，《政治学研究》2016 年第 4 期。

［78］马磊、周庆生：《吉尔吉斯斯坦哨葫芦村东干人语言使用情况调查研究》，《双语教育研究》2015 年第 3 期。

［79］毛艳华：《"一带一路"对全球经济治理的价值与贡献》，《人民论坛》2015 年第 9 期。

［80］欧明刚：《亚投行五年：回顾与展望》，《银行家》2021 年第 2 期。

［81］彭兰：《"健康码"与老年人的数字化生存》，《现代视听》2020 年第 6 期。

［82］彭爽：《语言艺术产业的态势分析及策略研究》，《东北师范大学学报》2018 年第 6 期。

［83］彭增安等：《国际汉语教材中的中国国家形象研究》，现代出版社 2020 年版。

［84］彭增安、张梦洋：《传播学视阈下的国际中文教育主体研究》，《河南社会科学》2021 年第 2 期。

［85］钱敏汝：《篇章语用学概论》，外语教学与研究出版社 2001 年版。

［86］乔钰涵等：《构筑语言创意产业健康发展的安全支撑》，《人民论坛》2020 年第 3 期。

［87］屈哨兵：《关于〈中国语言生活状况报告〉中语言服务问题的观察与思考》，《云南师范大学学报》（哲学社会科学版）2010 年第 5 期。

［88］屈哨兵：《我国语言活力和语言服务的观察与思考》，《学术研究》2018 年第 3 期。

［89］让·梯若尔：《产业组织理论》，中国人民大学出版社 2015年版。

［90］阮建青等：《语言差异与市场制度发展》，《管理世界》2017 年第 4 期。

［91］沈骑：《语言在全球治理中的安全价值》，《当代外语研究》2020 年第 7 期。

［92］史姗姗等：《国际话语权的生成逻辑》，《马克思主义与现实》2017 年第 5 期。

［93］司显柱、郭小洁：《试析中国翻译市场现状：基于柠檬市场理论》，《中国翻译》2016 年第 5 期。

［94］宋景尧：《语言经济学研究路径的演变与信息经济学视角下的新探索》，《山东大学学报》（哲学社会科学版）2019 年第 4 期。

［95］苏剑等：《语言经济学及其学科定位》，《江汉论坛》2012年第 6 期。

［96］苏金智：《日本的语言推广政策》，《语文建设》1993 年第3 期。

［97］孙浩峰、苏新春：《福建侨乡"洋留守儿童"语言生活现状调查研究——基于福清市江阴镇的田野调查》，《语言文字应用》2019 年第 2 期。

［98］孙吉胜：《中国国际话语权的塑造与提升路径——以党的十八大以来的中国外交实践为例》，《世界经济与政治》2019 年第 3 期。

［99］孙敬鑫：《"一带一路"对外话语体系建设的问题与思考》，《当代世界》2019 年第 1 期。

［100］［瑞士］索绪尔：《普通语言学教程》，高名凯译，商务印书馆 2003 年版。

［101］唐·E. 瓦尔德曼、伊丽莎·J. 詹森：《产业组织：理论与实践》（第四版），中国人民大学出版社 2014 年版。

［102］托马斯·李圣托、程京艳：《语言政策与规划的过去、现

在和未来》，《语言战略研究》2016 年第 5 期。

［103］王传英：《语言服务业发展与启示》，《中国翻译》2014 年第 2 期。

［104］王春辉：《当代世界的语言格局》，《语言战略研究》2016 年第 4 期。

［105］王春辉：《经济背后的"语言之手"》，第四届国家语言战略高峰论坛论文，南京大学，2019 年。

［106］王春辉：《突发公共事件中的语言应急与社会治理》，《社会治理》2020 年第 3 期。

［107］王春辉：《语言治理的理论与实践》，中国社会科学出版社 2021 年版。

［108］王广涛：《日本涉华舆论中的"寒蝉效应"》，https：// baijiahao. baidu. com/s？id＝1696495104371844414&wfr＝spider&for＝pc。

［109］王海兰：《语言的多层级经济力量分析》，《理论学刊》2015 年第 5 期。

［110］王海兰：《中文有效供给是全球治理的公共需求》，光明日报网，https：//news. gmw. cn/2020−08/18/content＿34094838. htm.

［111］王立非、王清然：《论语言研究中的"经济学转向"》，《外语教育研究》2017 年第 1 期。

［112］王烈琴：《世界主要国家语言规划、语言政策的特点及其启示》，《河北学刊》2012 年第 4 期。

［113］王玲、陈新仁：《语言治理观及其实践范式》，《陕西师范大学学报》（哲学社会科学版）2020 年第 5 期。

［114］王清然：《国际贸易、神经机器翻译与语言服务企业绩效》，博士学位论文，对外经济贸易大学，2019 年。

［115］王瑜、刘妍：《语言规划取向下双语教育政策价值逻辑分析》，《比较教育研究》2018 年第 11 期。

［116］［德］威廉·冯·洪堡特：《论人类语言结构的差异及其对人类精神发展的影响》，姚小平译，商务印书馆 1999 年版。

［117］韦森：《从语言的经济学到经济学的语言——评鲁宾斯坦

〈经济学与语言〉》，第三届中国经济学年会论文，复旦大学，2003年。

［118］魏晖：《新时代的语言教育管理》，《语言文字应用》2019年第1期。

［119］文秋芳：《对"国家语言能力"的再解读——兼述中国国家语言能力70年的建设与发展》，《新疆师范大学学报》2019年第5期。

［120］文秋芳：《学术国际话语权中的语言权问题》，《语言战略研究》2021年第3期。

［121］吴贤军：《中国和平发展背景下的国际话语权构建研究》，博士学位论文，福建师范大学，2015年。

［122］新华社：《习近平向"一带一路"亚太区域国际合作高级别会议发表书面致辞》，中国一带一路网，https：//www.yidaiyilu.gov.cn/xwzx/xgcdt/178059.htm.

［123］新华社：《中共中央国务院印发〈粤港澳大湾区发展规划纲要〉》，新华网，http：//www.xinhuanet.com/politics/2019－02/18/c_1124131474_5.htm。

［124］邢欣、宫媛：《"一带一路"倡议下的汉语国际化人才培养模式的转型与发展》，《世界汉语教学》2020年第1期。

［125］徐大明：《语言资源管理规划及语言资源议题》，《郑州大学学报》（哲学社会科学版）2008年第1期。

［126］许其潮：《语言经济学：一门新兴的边缘学科》，《外国语（上海外国语大学学报）》1999年第4期。

［127］杨晶：《商务谈判》，清华大学出版社2005年版。

［128］姚亚芝、司显柱：《基于大数据的语言服务行业人才需求分析》，《中国翻译》2018年第3期。

［129］殷文贵等：《新中国70年中国国际话语权的演进逻辑和未来展望》，《社会主义研究》2019年第6期。

［130］尹铂淳：《构建中国特色外宣翻译话语体系》，《公共外交（季刊）》2021年第1期。

［131］尤泽顺：《外交话语分析框架构建——以涉领土争议话语研究为例》，《山东外语教学》2019年第5期。

［132］俞可平：《全球治理引论》，《马克思主义与现实》2002 年第 1 期。

［133］约翰·克莱顿·托马斯著：《公共决策中的公民参与：公共管理者的新技能与新策略》，孙柏瑛等译，中国人民大学出版社 2005 年版。

［134］张焕萍：《论国际话语权的架构》，《对外传播》2015 年第 5 期。

［135］张慧玉：《"一带一路"背景下的中国语言服务行业：环境分析与对策建议》，《外语界》2018 年第 5 期。

［136］张纪臣：《数字时代中国文化国际话语权研究——论我国出版产业国际传播能力建设》，《中国出版》2020 年第 2 期。

［137］张静：《政治社会学及其主要研究方向》，《社会学研究》1998 年第 3 期。

［138］张克旭：《中西方主流媒体的国际议题话语权竞争——基于"华为危机事件"的实证分析》，《新闻大学》2019 年第 12 期。

［139］张日培：《新中国语言文字事业的历程与成就》，《语言战略研究》2020 年第 6 期。

［140］张日培：《治理理论视角下的语言规划——对"和谐语言生活"建设中政府作为的思考》，《语言文字应用》2009 年第 3 期。

［141］张日培、刘思静：《"一带一路"语言规划与全球语言生活治理》，《新疆师范大学学报》（哲学社会科学版）2017 年第 6 期。

［142］张士东、彭爽：《中国翻译产业发展态势及对策研究》，《东北师范大学学报》（哲学社会科学版）2016 年第 1 期。

［143］张卫国：《语言的经济学分析——一个基本框架》，中国社会科学出版社 2016 年版。

［144］张卫国：《语言政策与语言规划：经济学与语言学比较的视角》，《云南师范大学学报》（哲学社会科学版）2011 年第 5 期。

［145］张卫国：《作为人力资本、公共产品和制度的语言：语言经济学的一个基本分析框架》，《经济研究》2008 年第 2 期。

［146］张卫国、孙涛：《语言的经济力量：国民英语能力对中国对外服务贸易的影响》，《国际贸易问题》2016 年第 8 期。

［147］张鑫：《全球治理视野下的"一带一路"》，《克拉玛依学刊》2016 年第 2 期。

［148］张谊浩等：《国际金融话语权及中国方略》，《世界经济与政治》2012 年第 1 期。

［149］张宇燕、任琳：《全球治理：一个理论分析框架》，《国际政治科学》2015 年第 3 期。

［150］张志洲：《话语质量：提升国际话语权的关键》，《红旗文稿》2010 年第 14 期。

［151］张治国：《国际海事组织语言政策述评》，《当代外语研究》2020 年第 6 期。

［152］张治国：《南亚邻国不丹的语言生态及语言政策研究》，《语言战略研究》2016 年第 3 期。

［153］赵癸萍：《提升中国国际话语权重在话语创新》，《社科纵横》2017 年第 1 期。

［154］赵磊：《"文化经济学"的一带一路》，大连理工大学出版社 2016 年版。

［155］赵世举：《我国语言文字事业开拓发展的策略及路径》，《语言文字应用》2021 年第 1 期。

［156］赵世举、葛新宇：《语言经济学的维度及视角》，《武汉大学学报》2017 年第 6 期。

［157］赵世举、黄南津：《语言服务与"一带一路"》，社会科学文献出版社 2016 年版。

［158］赵雅茹：《话语权的语言学研究》，硕士学位论文，陕西师范大学，2011 年。

［159］赵颖：《语言能力对劳动者收入贡献的测度分析》，《经济学动态》2016 年第 1 期。

［160］郑建邦：《国际关系辞典》，中国广播电视出版社 1992 年版。

［161］中国翻译协会：《中国语言服务行业发展报告（2019）》，2020 年。

［162］中国翻译协会：《中国语言服务行业发展报告（2020）》，

2021 年。

［163］中华人民共和国教育部：《〈粤港澳大湾区语言生活状况报告〉有关情况》，教育部政府门户网站，http：//www. moe. gov. cn/fbh/live/2021/53486/sfcl/202106/t20210602_ 534892. html。

［164］周明朗：《语言意识形态和语言秩序：全球化与美中两国的多语（教育）战略》，《暨南学报》（哲学社会科学版）2009 年第1 期。

［165］周庆生：《国外语言政策与语言规划进程》，语文出版社2001 年版。

［166］周庆生：《中国"主体多样"语言政策的发展》，《新疆师范大学学报》（哲学社会科学版）2013 年第 2 期。

［167］左凤荣：《全球经济治理中的国际话语权》，《学习时报》2019 年第 2 期。

［168］Albert Saiz and Elena Zoido，"The Returns to Speaking a Second Language"，Working Papers，Vol 52，No. 35，2002，pp. 171–192.

［169］Albert Saiz and Elena Zoido，"The Returns to Speaking a Second Language"，*Federal Reserve Bank of Philadelphia*，2002.

［170］Ariel Rubinstein，*Economics and Language Five Essays*，Cambridge：Cambridge University Press，2000，p. 9.

［171］A. P. R. Howatt and H. G. Widdowson，*A History of English Language Teaching*，Oxford：Oxford University Press，2004.

［172］Barbara B. Burn，"The President's Commission on Foreign Language and International Studies ：Its Origin and Work"，*The Modern Language Journal*，Vol. 64，No. 1，1980，pp. 7–8.

［173］Barry R. Chiswick and Paul W. Miller，*The Economics of Language*，*International Analyses*，Oxon：Routledge，2007.

［174］Bjorn Jernudd and Jyotirindra Das Gupta，"Towards a Theory of Language Planning. Can Language be planned? Sociolinguistic Theory for Developing Nations"，edited by Bjorn H. Jernudd and Joan Rubin，（eds），University of Hawai' I Press，1971，pp. 195–215.

［175］ B. R. Giri, "Bhutan: Ethnic Policies in the Dragon Kingdom", *Asian Affairs*, Vol. 35, No. 3, 2004, pp. 353-364.

［176］ Common Sense Advisory Research, The Language Services Market: Lowell, 2005-2020.

［177］ Daniel Nettle, "Linguistic Fragmentation and the Wealth of Nations: The Fishman-Pool Hypothesis Reexamined", *Economic Development & Cultural Change*, Vol. 48, No. 2, 2000, pp. 335-335.

［178］ Deirdre N. McCloskey, "*The Rhetoric of Economics*", Second Edition, Madison: University of Wisconsin Press, 1987, p. 12.

［179］ Derek Leslie and Joanne Lindley, "The Impact of Language Ability on Employment and Earnings of Britain's Ethnic Communities", *Economica*, Vol. 68, No. 272, 2001, pp. 587-606.

［180］ Dorji Thinley and T. W. Maxwell, "The Role of English in Culture Preservation in Bhutan", *Journal of Bhutan Studies*, Vol. 28, January 2013, pp. 1-29.

［181］ Einar Haugen, "Planning for a Standard Language in Modern Norway", *Anthropological Linguistics*, Volume. 1, No. 3, 1959, pp. 8-21.

［182］ George Van Driem, "Language Policy in Bhutan", in Michael Aris and Michael Hutt, Gartmore (eds.), *Bhutan: Aspects of Culture and Development*, Scotland: Kiscadale, 1994, p. 98.

［183］ Hyejin Ku and Asaf Zussman, "Lingua Franca: The Role of English in International Trade", *Journal of Economic Behavior & Organization*, Vol. 75, No. 2, 2010, pp. 250-260.

［184］ Jacob Marschak, "Economics of Language", *Behavior Science*, Vol. 10, No. 2, 1965, pp. 135-140.

［185］ Jacques Melitz, "Language and Foreign Trade", *European Economic Review*, Vol. 52, May 2008, pp. 667-699.

［186］ James W. Tollefson and Miguel Perez-Milans, "Research and Practice in Language Policy and Planning", *The Oxford Hand book of Language Policy and Planning*, New York, NY: Oxford University Press, 2018.

［187］ James W. Tollefson， "Language Policy in a Time of Crisis and Transformation"， *Language Policies in Education： Critical Issues* （2nded. ） ew York，NY：Routledge，2013.

［188］ Johannes Lohmann， "Do Language Barriers Affect Trade?"， *Economics Letters*，Vol. 110，No. 2，2011，pp. 159-162.

［189］ Jonathan Pool， "National Development and Language Diversity"，In J. Fishman （Ed. ），*Advances in the Sociology of Language*，The Hague：Mouton，1972，pp. 213-230.

［190］ Joshua A. Fishman， "Some Contrasts between Linguistically Homogeneous and Linguistically Heterogeneous Polities"，In Joshua Fishman，Charles Ferguson，and Jyotirindra Das Gupta （Eds. ）. *Language Problems of Developing Nations*，New York：Wiley，1968，pp. 146-158.

［191］ Mark Bevir，*A Theory of Governance*，Berkeley：University of California Press，2013，pp. 1-24.

［192］ Michael A. Witt and Arie Y. Lewin， "Outward Foreign Direct Investment as Escape Response to Home Country Institutional Constraints"， *Journal of International Business Studies*，Vol. 38，No. 4，2007，pp. 579-594.

［193］ Moonhawk Kim et al. ， "Lingua Mercatoria：Language and Foreign Direct Investment"，*International Studies Quarterly*，Vol. 59，No. 2，2015，pp. 330-343.

［194］ M. Keith Chen， "The Effect of Language on Economic Behavior：Evidence from Savings Rates，Health Behaviors，and Retirement Assets"，*American Economic Review*，Vol. 103，No. 2，2013.

［195］ Neil B. Ridler and Suzanne Pons-Ridler， "An Economic Analysis of Canadian Policies：A Model and Its Implementation"，*Language Problems and Language Planning*，Vol. 10，No. 1，1986，pp. 42-58.

［196］ Nimdzi，Nimdzi 100-Language Services Industry Market Report，2006-2020.

［197］ Patrick Cadwell and Sharon O' Brien， "Language，Culture， and Translation in Disaster ICT: An Ecosystemic Model of Understanding", *Perspectives*, Volume. 24, No. 4. 2016. pp. 557-575.

[198] Robert E. Hall and Charles I. Jones, "Why Do Some CountriesProduce So Much More Output Per Worker Than Others?", *Quarterly Journal of Economics*, Vol. 114, No. 1, 1999, pp. 83-116.

[199] Robert L. Cooper, *Language Planning and Social Change*, Cambridge: Cambridge University Press, 1990, p. 182.

[200] Rodrigo Agerri et al., "Big Data for Natural Language Processing: A Streaming Approach." *Knowledge-Based Systems*, Vol. 79, 2015, pp. 36-42.

[201] Ronen Shahar, et al., "A. Links that Speak: The Global Language Network and its Association with Global Fame", *Proceedings of the National Academy of Sciences of the United States of America*, Vol. 111, No. 52, 2014.

[202] Shouhui Zhao and Richard B. Baldauf Jr., *PLANNING CHINESE CHARACTERS: Reaction, Evolution or Revolution?*, Dordrecht and New York: Springer, 2008.

[203] Shouhui Zhao and Richard B. Baldauf Jr., "Individual Agency in Language Planning: Chinese Script Reform as a Case Study", *Language Problems and Language Planning*, 2012, Vol. 36, No. 1, pp. 1 - 24.
[204] Terren G. Wiley, "The Foreign Language 'Crisis' in the United States: Are Heritage and Community Languages the Remedy?", *Critical Inquiry in Language Studies*, Vol. 4, No. 2-3, 2007, pp. 179-205.

[205] Thomas Ricento, *An Introduction to Language Policy: Theory and Method*, UK: Black well Publishing, 2006, pp. 193-200.

[206] William K. Hutchinson, "Linguistic Distance as a Determinant of Bilateral Trade", *Southern Economic Journal*, Vol. 72, No. 1, 2005, pp. 1-15.

[207] Willie Henderson, "Metaphor in Economics", *Economics*, Vol. 18, No. 4, 1982, pp. 147-157.